普及类国家古籍整理图书专项资助项目

中华传统价值观丛书

修己以敬

赵伯陶 编注

人民文学出版社

图书在版编目（CIP）数据

修己以敬／赵伯陶编注. —北京：人民文学出版社，2018
（中华传统价值观丛书）
ISBN 978-7-02-013816-6

Ⅰ.①修… Ⅱ.①赵… Ⅲ.①社会主义建设—价值论—中国—通俗读物 Ⅳ.①D616-49

中国版本图书馆 CIP 数据核字（2018）第 021362 号

责任编辑　李　俊
装帧设计　黄云香
责任印制　徐　冉

出版发行　人民文学出版社
社　　址　北京市朝内大街 166 号
邮政编码　100705
网　　址　http://www.rw-cn.com

印　　刷　三河市西华印务有限公司
经　　销　全国新华书店等

字　　数　235 千字
开　　本　880 毫米×1230 毫米　1/32
印　　张　9.25　插页 3
印　　数　1—5000
版　　次　2018 年 10 月北京第 1 版
印　　次　2018 年 10 月第 1 次印刷

书　　号　978-7-02-013816-6
定　　价　34.00 元

如有印装质量问题，请与本社图书销售中心调换。电话：010-65233595

目 录

前言 ··· 1

立身修己

太保作《旅獒》 ································· 《尚书》 3
天行健 ··· 《易》 6
天下达道 ······································· 《礼记》 7
修齐治平 ······································· 《礼记》 9
君子必诚其意 ··································· 《礼记》 11
汤之《盘铭》 ··································· 《礼记》 13
吾日三省吾身 ··································· 《论语》 15
贤哉回也 ······································· 《论语》 17
何以为士 ······································· 《论语》 18
修己以敬 ······································· 《论语》 20
君子有三戒 ····································· 《论语》 22
苍黄 ··· 墨 子 23
此之谓大丈夫 ··································· 孟 子 26
独善与兼善 ····································· 孟 子 29
遗黄琼书 ······································· 李 固 31
杨震四知 ······································· 范 晔 35
诫子侄书 ······································· 王 昶 38

题孔子像于芝佛院 …………………………… 李 贽 41
同治五年十二月十八日致沅弟书 …………… 曾国藩 44

励志勉学

博学笃行 …………………………………… 《礼记》49
君子食无求饱 ……………………………… 《论语》51
生于忧患死于安乐 ………………………… 孟 子 52
劝学 ………………………………………… 荀 子 55
贵学 ………………………………………… 刘 向 63
让县自明本志令 …………………………… 曹 操 65
诫外生书 …………………………………… 诸葛亮 75
诫当阳公大心书 …………………………… 萧 纲 77
自求诸身 …………………………………… 颜之推 79
进学解 ……………………………………… 韩 愈 82
士别三日 …………………………………… 司马光 91
送东阳马生序 ……………………………… 宋 濂 94
潍县署中寄舍弟墨第一书 ………………… 郑 燮 99
为学一首示子侄 …………………………… 彭端淑 103
黄生借书说 ………………………………… 袁 枚 106

勤俭谦和

恶盈好谦 …………………………………… 《易》111
刻桷非礼 …………………………………… 《左传》113
宋人献玉 …………………………………… 《左传》115
功成名遂身退 ……………………………… 老 子 117
知足不辱 …………………………………… 老 子 119
见笑大方 …………………………………… 庄 子 120

宥坐之器	荀 子	123
诫子书	诸葛亮	125
欲不可纵	颜之推	127
祸福无门	吴 兢	132
陋室铭	刘禹锡	135
廉耻说	欧阳修	137
训俭示康	司马光	139
俭约	袁宗道	149

忧乐生死

殉身殉道	孟 子	157
齐人有一妻一妾	孟 子	159
与子俨等疏	陶渊明	161
岳阳楼记	范仲淹	167
指南录后序	文天祥	171
贫乐庵记	耶律楚材	183
何陋轩记	王守仁	187
报刘一丈书	宗 臣	192
书座右	虞淳熙	196
读渊明传	袁宗道	199
识张幼于箴铭后	袁宏道	204

去私从善

与人为善	孟 子	209
邹忌讽齐王纳谏	《战国策》	211
去私	《吕氏春秋》	214
明王有三惧	韩 婴	217

深虑论八 ……………………………………… 方孝孺 219
改过 ……………………………………………… 王守仁 222
积善 ……………………………………………… 袁了凡 224
能容让(二则) …………………………………… 张　英 227
无怒轩记 ………………………………………… 李　绂 231

情 趣 审 美

各言其志 ………………………………………… 《论语》235
曳尾涂中 ………………………………………… 庄　子 239
王子猷(二则) …………………………………… 刘义庆 241
五柳先生传 ……………………………………… 陶渊明 243
山中与裴迪秀才书 ……………………………… 王　维 246
至小丘西小石潭记 ……………………………… 柳宗元 249
醉翁亭记 ………………………………………… 欧阳修 252
爱莲说 …………………………………………… 周敦颐 256
记承天寺夜游 …………………………………… 苏　轼 258
游武林湖山六记 ………………………………… 王士性 260
叙陈正甫《会心集》 …………………………… 袁宏道 266
湖心亭看雪 ……………………………………… 张　岱 270

关键词 …………………………………………………… 272

后记 ……………………………………………………… 281

前　言

　　在中华传统价值观中,儒家思想一直占据着主导地位,影响了一代又一代的中国人。儒家特别讲究"修身",即陶冶身心,涵养德性。修身属于《大学》所言教育之八条目的范畴,所谓"八条目"即"格物"、"致知"、"诚意"、"正心"、"修身"、"齐家"、"治国"、"平天下"八项内容。八条目呈循序渐进的态势,有手段与目的之别,并非平等。其前五项无非为"修身"而设,《大学》所谓"自天子以至于庶人,壹是皆以修身为本"即是此意。而"修身"的最终目的无非治国平天下,这就是后三项的要求了。《大学》卷首开宗明义:"大学之道,在明明德,在亲(新)民,在止于至善。"这被宋朱熹视为教育之三纲领,三纲领与八条目相辅相成,所以朱熹如此为释云:"修身以上,明明德之事也;齐家以下,新民之事也;物格知至,则知所止矣。"儒家"内圣外王"之最高目标从中可见一斑。所谓"内圣外王",属于儒家传人借用道家《庄子·天人》中的术语对儒家学说一个高度概括,质言之,即内具圣人之才德而对外施行王道。

　　儒家学说创立于春秋末期的孔子(前551—前479),小农自然经济乃是这一学说产生的物质基础,伦理纲常即人际关系的调整是儒学所关注的主要方面。今天的社会早已进入工业化的信息时代,人类共处于地球村中,复杂多变的国际关系

1

而外,如何协调人与自然的关系也成为人类不得不认真对待的问题。那么,两千五百年前产生的儒家学说所包蕴的传统价值观在今天还有用武之地吗?众所周知,中国道家奠基人老子的生活时代仅仅略早于孔子,古印度的伟人释迦牟尼(约前563—前483),古希腊的伟人苏格拉底(前469—前399),这几位伟大思想家皆诞生于公元前五六世纪左右,他们的学说分别对东、西方哲学的发展做出了不朽的贡献,对于今天社会的影响也不可忽视。然而毕竟时移世异,今人如何把握古代哲人留下的这一笔笔精神财富,如何古为今用以适应今天的现代化社会,生吞活剥或机械照搬乃至东施效颦都会因寿陵失步而贻笑大方。

冯友兰先生早在20世纪50年代中即提出"哲学命题的抽象意义与具体意义"的问题(《关于中国哲学遗产的继承问题》,见1957年7月8日《光明日报》),他认为:"《论语》中所说的'学而时习之,不亦说乎',从这句话的具体意义看,孔子叫人学的是诗、书、礼、乐等传统的东西。从这方面去了解,这句话对于现在没有多大用处,不需要继承他,因为我们现在所学的不是这些东西。但是,如果从这句话的抽象意义看,这句话就是:无论学什么东西,学了之后,都要及时的、经常的温习和实习,这就是很快乐的事。这样的了解,这句话到现在还是正确的,对于我们现在还是有用的。"对于此后某些论者以"抽象继承法"理解上述论断,冯先生在其后的《三松堂自序》中对此问题又做了解释补充,讨论了哲学的命题继承与体系继承、批判继承与抽象继承的相互关系问题,因与本书论题无涉,这里不作深论。

本书所涉及者是《大学》教育八条目中"修身"以上的"明明德"之事,当属于"内圣外王"中"内圣"的范畴,因而不涉及哲学体系的继承问题,有关哲学的"命题继承"问题恰恰很适宜本书的内容。

本书以六部分总领所选文章,除儒家经典以外,也适当选取道家、墨家、杂家的著述,至于史书中对有关人物感人事迹的记述、文人别集中的有关文章、尺牍等,只要对现代个人的品德修养有益,自然也当在斟酌入选之列。

第一部分"立身修己"入选儒家典籍中的语录或历代散文、尺牍等19篇。意图从人生奋进、图新自强、畏天慎独、忧怀天下、慎重择友、廉洁奉公、不贪富贵、诚悫务实、坚忍不拔等各个方面解析古人在处世修身方面的自我完善。

第二部分"励志勉学"入选儒家典籍中的语录或历代散文、尺牍等15篇。博学笃行、业精于勤、立身谨重、志存高远、微言入心、困知勉行、敦厉风俗、游必就士、集思广益、转益多师等,是本部分要义所在。

第三部分"勤俭谦和"入选儒家、道家典籍中的语录或历代散文、尺牍等14篇。取意于天地恶盈好谦、器盈则覆,昭示祸福相倚、知足不辱之理,希冀功成身退、慎终如始,强调欲不可纵、自守身全,从而力求俭以养德、宁静致远。

第四部分"忧乐生死"入选儒家典籍中的语录或历代散文、尺牍等11篇。古代读书人无论殉身殉道、舍生取义,还是优游林下、北窗高卧,皆不出儒家"穷达"、"出处"之义。宋范仲淹"先天下之忧而忧,后天下之乐而乐",则凸显古代读书人以天下为己任的道德担当精神。至于文天祥、张煌言等志士仁人视死如归的浩然正气,则更加完美地诠释了"慷慨赴死易,从容就义难"的难能可贵。古人身居蛮荒之地,却可以随遇而安;"大隐"、"小隐"毋须详辨,都是任天之真。在人欲横流的社会,士大夫奔走势利之途,贪得无厌,以夤缘行贿为

3

能事,虽不代表儒家文化的主流价值观,却不可小觑其恶劣影响,对之加以批判嘲讽,也属于正能量的积聚。

第五部分"去私从善"选儒家、杂家与历代散文9篇。与人为善,正视自己过失并勇于改正,也属于传统价值观中的闪光点。举贤任能,公正无私尽管理想化,但从善如流,有过则改,则是古代儒者的一种心理祈向。"夸辞不出于口,怃色不形于面",属于修养的结果;终身让路,制怒为先,则是涵养的体现。

第六部分"情趣审美"选儒家、道家与历代散文12篇。读书人精神家园的构筑,外儒内道的达观自处而外,徜徉山水以寄意玄虚,观于万物而深思慎取,也属诗意栖居的逍遥。所谓"仁者乐山,智者乐水",都是一种情感的归宿,属于脱迹尘纷的自我解放。毫无疑问,古代文人的审美情趣常常带有儒、道、佛三家的印迹,这正体现了中华传统文化的精髓。

认真地总结继承中华优秀的传统文化,绝非倡导小学生身穿非中非西大作怪的服装去摇头晃脑背诵《三字经》、《弟子规》乃至《论语》那般荒诞不经,也不是鼓吹现代人正襟危坐地拜读儒家经书那般莫名其妙,更不能仅仅沉迷于肩披一袭黄绸去祭孔拜孟那般不今不古的仪式之中。日常对传统文化典籍耳濡目染并持之以恒,潜移默化,润物无声,真正领会古人"修己以敬"的真诚,才是传统价值观入门的正路。学习古人的家国情怀,不必以今天的地域或民族意识、政治理念去诠释屈原、岳飞、文天祥、张煌言等爱国志士在"忠君"观念下的百折不挠,这或许正是"抽象意义继承"的真谛所在;然而传统价值观的大部分内容又是具体可以捉摸的,如此方能令"三省吾身"切实可行,"具体意义继承"也是传统文化包容性与现代性的体现。

本书共解题、选注有关语录或文章 80 篇,另选 8 个关键词,略作诠释,这些内容如果对读者理解中华传统价值观有所助益并培养出进一步探究的兴趣,就达到本书的目的了。

赵 伯 陶
2015 年 11 月 5 日于京北天通楼

立身修己

太保作《旅獒》[1]

〔**解题**〕本文题目系编注者据正文所拟。周武王伐纣灭商，四方臣服。周成王时，西戎远国旅国进贡大犬。太保召（shào 绍）公惧怕年幼的成王玩物丧志，就以《旅獒》为训以示警诫。《韩非子·喻老》："昔者纣为象箸而箕子怖，以为象箸必不加于土铏（盛汤的土陶器皿），必将犀玉之杯；象箸玉杯必不羹菽藿，必旄、象、豹胎；旄、象、豹胎必不衣短褐而食于茅屋之下，则锦衣九重，广室高台。吾畏其卒，故怖其始。"见微知著，防微杜渐不仅是生产力水平普遍低下的古代君主当政所必知晓，对于科技发达的今天的居位者与芸芸众生立身处世也有积极的警示作用。

西旅献獒[2]，太保作《旅獒》。

惟克商[3]，遂通道于九夷八蛮[4]。西旅厎贡厥獒[5]，太保乃作《旅獒》，用训于王[6]。曰："呜呼！明王慎德[7]，西夷咸宾[8]。无有远迩[9]，毕献方物[10]，惟服食器用[11]。王乃昭德之致于异姓之邦，无替厥服[12]；分宝玉于伯叔之国，时庸展亲[13]。人不易物，惟德其物[14]！德盛不狎侮[15]。狎侮君子，罔以尽人心；狎侮小人，罔以尽其力[16]。不役耳目[17]，百度惟贞[18]。玩人丧德[19]，玩物丧志[20]。志以道宁[21]，言以道接[22]。不作无益害有益[23]，功乃成；不贵异物贱用物[24]，民乃足。犬马非其土性不畜[25]，珍禽奇兽不育于国，不宝远物，则远人格[26]；所

3

宝惟贤,则迩人安[27]。呜呼！夙夜罔或不勤[28],不矜细行[29],终累大德[30]。为山九仞,功亏一篑[31]。允迪兹[32],生民保厥居[33],惟乃世王[34]。"

——《尚书·周书·旅獒》

[1] 太保作旅獒:太保,古代三公之一。《尚书·周官》:"立太师、太傅、太保,兹惟三公。论道经邦,燮理阴阳。"《传》:"保,保安天子于德义者。"召公姬奭(shì士)在周成王时任太保。旅獒(áo鳌),意谓因獒而陈述道义。旅,陈述;獒,高大凶猛之犬。

[2] 西旅:西戎旅国。西戎,古代西北戎族的总称。

[3] 惟:介词。相当于"以"、"由于"。克商:战胜商王朝。商纣王无道,周武王东伐,战于牧野,商军倒戈,纣王自焚鹿台,商朝亡。事见《史记·殷本纪》。

[4] 通道:谓打通道路。九夷八蛮:泛指当时周王朝周围的少数民族。

[5] 厎(zhǐ纸):奉献。厥:代词。犹"其",起指示作用。

[6] 训:教诲。王:谓周成王,即姬诵,周武王姬发之子,西周王朝第二位君主,在位二十一年。因其继位时年幼,故由周公旦辅政。一说指周武王,似非。

[7] 明王:圣明的君主。慎德:注重道德修养。

[8] 西夷:古代指我国西部地区的部族。咸:皆;都。宾:服从;归顺。

[9] 远迩(ěr尔):犹言远近。

[10] 方物:本地产物;土产。

[11] 服食器用:衣着食物与器皿用具。

[12] "王乃"二句:意谓明君明白宣将远夷之贡,以分赐异姓诸侯,使无废其职。昭,明白宣示。德之致,即"德之所致",谓远夷所贡之方物。异姓之邦,谓与周不同姓的诸侯。替,废弃。服,职务。

[13] "分宝玉"二句:意谓以宝玉分赐同姓邦国,及时用来展示亲情。伯叔之国,周王朝对同姓诸侯的称呼。时,副词。及时。庸,用。展亲,谓重视亲族的情分。

[14] "人不"二句:意谓物贵由人,有德则物贵,无德则物贱。唐孔颖

4

达疏:"言此者,戒人主,使修德也。"易,改变。

〔15〕"德盛"句:意谓有高尚品德的君主不为轻狎侮慢之事。狎(xiá侠)侮,轻慢侮弄。

〔16〕"狎侮"四句:意谓君主轻慢侮弄官员,就无人为你尽心;轻慢侮弄百姓,就无人替你尽力。君子,旧时对统治者或贵族男子的通称。常与"小人"或"野人"对举。小人,旧时指平民百姓。罔,无,没有。

〔17〕不役耳目:谓不为声色所迷惑。役,牵缠,羁束。耳目,视听。引申为声色之娱。

〔18〕百度:百事;各种制度。贞:谓正轨,正道。

〔19〕玩人丧德:谓以人为戏弄的对象,就丧失德行。

〔20〕玩物丧志:谓沉迷于所爱好的事物,就丧失远大的理想。

〔21〕志以道宁:谓志趣须遵循一定途径方能安定。

〔22〕言以道接:谓言语须遵循道义方能相互酬应。

〔23〕无益:没有利益的事。

〔24〕异物:珍奇之物。

〔25〕土性:谓某地的自然环境和生活习性。畜:饲养。

〔26〕"不宝"二句:来,至。不以远方所贡之物为宝(意谓不贪求珍异之宝),远方的部族就会来归顺。宝,名词的意动用法。格,来,至。

〔27〕"所宝"二句:意谓只以尊重贤才为要务,亲近的人就安定。迩人,近人;亲近的人。

〔28〕夙(sù素)夜:朝夕,日夜。或:有。

〔29〕不矜细行:谓不注重小事小节。

〔30〕大德:大节。

〔31〕"为山"二句:意谓堆积九仞高的山,只差一筐土而未能成功。比喻做一件事只差最后一点努力未能完成。仞(rèn刃),古代长度单位,七尺为一仞;一说八尺为一仞。篑(kuì愧),盛土的竹筐。

〔32〕允迪:认真履践或遵循。兹:这里指代召公所作《旅獒》。

〔33〕生民:人民。

〔34〕惟乃世王(wàng旺):谓世代为君主。

5

天 行 健

〔**解题**〕本文题目系编注者据正文所拟。《周易》六十四卦，包括《上经》三十卦、《下经》三十四卦以及《易传》(又称《十翼》，即《上彖》、《下彖》、《上象》、《下象》、《上系》、《下系》、《文言》、《说卦》、《序卦》、《杂卦》十篇)。《易传》是儒家学者对古代占筮用书《周易》所作的各种解释，其中《上象》与《下象》即《象传》上、下篇。所选这两句话即出自《易·乾》卦的《象传》，常被用来作为鼓励人们奋发向上的格言运用，有时又与《易·坤》卦的《象传》"地势坤，君子以厚德载物"为偶一同拈出，表达引用者所崇尚的人生价值观。天行健，谓天体运行强劲有力，以喻君子坚持不懈的人生奋进。

天行健，君子以自强不息[1]。

——《易·乾》

[1] 君子：这里泛指才德出众的人。自强不息：谓努力向上，永不停息。唐刘允济《天行健赋》："大哉乾元，神不可测。其内也刚，其外也直。直所以保合太和，刚所以运行不息，故王者奉之而垂化，君子体之而进德者也。"

天下达道

　　[解题] 这一节选自《中庸》"哀公问政"一章,题目系编注者据正文所拟。达道,即公认的准则。鲁哀公向孔子请教如何治理国家的问题,孔子以"尊贤"为起点作答,又进而从人类社会的五种伦理关系即"五常"谈起,为收到五常和谐相处的效果,就要用智、仁、勇这三种美德加以协调统领。社会上人的资质千差万别,通过"达德"实现"达道"的途径与方法或许有别,但其成功的目的则只有一个,效果并无差别。归根结底就是以个人"好学"、"力行"、"知耻"这三种自我修养为基础,进而懂得如何治理百姓,最后达到天下的大治。这与儒家所倡"修齐治平"之术(见下)也是统一的。

　　天下之达道五,所以行之者三。曰:君臣也,父子也,夫妇也,昆弟也[1],朋友之交也,五者天下之达道也[2]。知、仁、勇[3],三者天下之达德也[4],所以行之者一也[5]。或生而知之,或学而知之,或困而知之[6],及其知之,一也。或安而行之,或利而行之,或勉强而行之[7],及其成功,一也。子曰:好学近乎知,力行近乎仁[8],知耻近乎勇[9]。知斯三者,则知所以修身;知所以修身,则知所以治人;知所以治人,则知所以治天下国家矣[10]。

——《礼记·中庸》

〔1〕昆弟:即兄弟。

〔2〕五者:即"五伦",又称"五常",是属于封建时代人伦范畴的五种人际关系。《孟子·滕文公上》:"人之有道也,饱食暖衣,逸居而无教,则近于禽兽。圣人有忧之,使契为司徒,教以人伦:父子有亲,君臣有义,夫妇有别,长幼有叙,朋友有信。"

〔3〕知(zhì智):聪明;智慧。知,通"智"。仁:仁爱;相亲。属于儒家最高的道德标准,谓人与人相互亲爱。勇:勇敢。属于道德品质范畴。

〔4〕达德:通行不变的道德。唐孔颖达疏:"若行五道,必须三德。无知不能识其理,无仁不能安其事,无勇不能果其行,故必须三德也。"

〔5〕一:这里谓五道、三德的目的与效果同一。

〔6〕"或生"三句:《论语·季氏》:"孔子曰:'生而知之者,上也。学而知之者,次也。困而学之,又其次也。困而不学,民斯为下矣。'"宋邢昺疏:"此章劝人学也。'生而知之者,上也'者,谓圣人也。'学而知之者,次也'者,言由学而知道,次于圣人,谓贤人也。'困而学之,又其次也'者,人本不好学,因其行事有所困,礼不通,发愤而学之,复次于贤人也。'困而不学,民斯为下矣'者,谓知困而不能学,此为下愚之民也。"

〔7〕"或安"三句:《论语·里仁》:"子曰:'不仁者不可以久处约,不可以长处乐。仁者安仁,知者利仁。'"宋邢昺疏:"'仁者安仁'者,谓天性仁者,自然安而行之也。'知者利仁'者,知能照识前事,知仁为美,故利而行之也。"勉强(qiǎng抢),尽力而为。

〔8〕力行:努力实践。

〔9〕知耻:谓有羞恶之心。

〔10〕天下:古时多指中国范围内的全部土地;全国。国家:古代诸侯的封地称国,大夫的封地称家。也以国家为国的通称。

修齐治平

〔**解题**〕 本文题目系编注者据正文所拟。中国古代儒家认为读书人欲实现自己的政治理想,首先要加强个人修为、处理好家庭伦理关系,而道德修养作为其核心价值,具有贯穿"以天下为己任"者一生的效用。修身、齐家、治国、平天下四者属于递进关系的呈现,常被读书人简括为"修齐治平"四字。清初思想家颜元《颜元集·存治编》有云:"且学所以明伦耳。故古之小学教以洒扫应对进退之节,大学教以格致诚正之功、修齐治平之务,民舍是无以学,师舍是无以教,君相舍是无以治也。"可见在儒家传统思想中,个人修养的重要性无与伦比,道德水平低下者是难以担当治国平天下大任的。

古之欲明明德于天下者[1],先治其国。欲治其国者,先齐其家[2],欲齐其家者,先修其身。欲修其身者,先正其心[3]。欲正其心者,先诚其意[4]。欲诚其意者,先致其知[5]。致知在格物[6]。

物格而后知至,知至而后意诚,意诚而后心正,心正而后身修,身修而后家齐,家齐而后国治,国治而后天下平。

——《礼记·大学》

[1] 明明德:即彰明自己的光明之德。明德,光明之德;美德。
[2] 齐其家:治理好他的家庭。齐,整治;整理。

〔3〕正其心:谓使人心归向于正。

〔4〕诚其意:谓使人心志真诚。

〔5〕致其知:汉郑玄释为:使人知晓善恶吉凶之所终始。宋朱熹释为:推极自己的知识,欲其所知无不尽。

〔6〕格物:推究事物的道理。

君子必诚其意

〔解题〕本文题目系编注者据正文所拟。这节是对"诚意"两字的进一步阐述,反映了君子自我修养中"慎独"的重要性。所谓"慎独",即人前人后表里如一。《诗·大雅·抑》:"相在尔室,尚不愧于屋漏。"也是告诫独处一室者不应放肆自己的言行,正如俗语所说"头上三尺有青天"。《礼记·中庸》:"道也者,不可须臾离也,可离非道也。是故君子戒慎乎其所不睹,恐惧乎其所不闻。莫见乎隐,莫显乎微,故君子慎其独也。"明王阳明《传习录》上:"人若不知于此独知之地用力,只在人所共知处用功,便是作伪,便是'见君子而后厌然'。此独知处便是诚的萌芽。"

所谓诚其意者,毋自欺也。如恶恶臭[1],如好好色[2],此之谓自谦[3]。故君子必慎其独也[4]。小人闲居为不善[5],无所不至,见君子而后厌然[6],掩其不善,而著其善。人之视己,如见其肺肝然[7],则何益矣。此谓诚于中,形于外,故君子必慎其独也。曾子曰:"十目所视,十手所指[8],其严乎[9]!"富润屋,德润身[10],心广体胖[11],故君子必诚其意。

——《礼记·大学》

[1] 恶臭:谓令人难耐的臭气。
[2] 好色:谓美好的容颜。

[3] 自谦(qiè 惬):谓自我满足,心安理得。

[4] 慎其独:谓在独处中谨慎不苟。

[5] 闲居:谓避人独居。

[6] 厌(yǎn 演)然:闭藏貌。唐孔颖达疏:"厌然,闭藏其不善之事。"

[7] 肺肝:比喻内心。

[8] "十目所视"两句:谓人的言行总是处在众人的监察之下,如有不善,无法掩盖。

[9] 严:严格。

[10] "富润屋"两句:谓财富可以使居室华丽生辉,道德可以令自身受益。

[11] 心广体胖(pán 盘):因心中坦然而身体舒泰。宋朱熹集注:"心无愧怍,则广大宽平,而体常舒泰。"

汤之《盘铭》

　　〔解题〕本文题目系编注者据正文所拟。这节是对"大学之道"中的"新民"两字的进一步阐释。所谓"新民",即教民向善,日日更新。《易·系辞上》:"富有之谓大业,日新之谓盛德。"可见在儒家传统思想中,自我修养并非一劳永逸,而是一个须有不断更新且永无休止的道德自我完善过程。小至一人,大至一国,只有不断地弃旧图新,方能取得日新月异的进步。汤即成汤,为商开国之君,子姓,名履,又称天乙。以夏桀无道,讨伐得胜,建立商朝,建都于亳(今河南商丘一带),传十七代三十一王,为周所灭。盘,这里指用于沐浴盥洗的扁浅器皿。盘铭,即古代刻在盥洗盘器上的劝诫文辞。汤之《盘铭》,汉郑玄注:"盘铭,刻戒于盘也。"唐孔颖达疏:"汤沐浴之盘,而刻铭为戒,必于沐浴之盘者,戒之甚也。"

　　汤之《盘铭》曰:"苟日新,日日新,又日新。"[1]《康诰》曰[2]:"作新民。"[3]《诗》曰:"周虽旧邦,其命维新。"[4]是故君子无所不用其极[5]。

——《礼记·大学》

　　[1]"苟日新"三句:意谓如果能够每天更新,就天天更新,而且每天不间断地更新。这与人沐浴的本义相同,引申义则是道德不间断的自我完善。

［2］康诰:《尚书·周书》中的篇名。据《史记·卫世家》记述,周武王伐纣获胜,周武王的同母少弟康叔被封为卫君,管理殷商遗民,周公旦告诫康叔如何治理卫国,作《康诰》,阐述尚德慎罚、敬天爱民的道理。

　　［3］作新民:谓令殷商遗民弃旧图新。语出《尚书·康诰》:"汝惟小子,乃服惟弘王,应保殷民,亦惟助王宅天命,作新民。"大意是:你这个年轻人,宽大对待那些接受保护的殷商遗民是你的职责,也属于辅佐周成王上应天命,令这些人弃旧图新。

　　［4］"周虽旧邦"二句:意谓周国虽是古老的邦国,周文王因开始更新而终受天命。语出《诗·大雅·文王》:"文王在上,于昭于天。周虽旧邦,其命维新。"这是一首歌颂周文王接受天命创立周王朝的诗。

　　［5］无所不用其极:谓无处不用尽心力。汉郑玄注:"君子日新其德,常尽心力,不有馀也。"

吾日三省吾身

〔解题〕本文题目系编注者据正文所拟。《论语》是孔子弟子及其后学对于孔子言行思想的记述,共二十篇。传世有魏何晏集解、宋邢昺疏的《十三经注疏》本以及宋朱熹的《四书集注》本等。自省是儒家讲求道德自我修养的一项重要内容,《论语》中类似的说教凡三见,另两例见《里仁》:"子曰:'见贤思齐焉,见不贤而内自省也。'"《颜渊》:"司马牛问君子。子曰:'君子不忧不惧。'曰:'不忧不惧,斯谓之君子已乎?'子曰:'内省不疚,夫何忧何惧?'"后世儒者的类似表达,如《荀子·修身》:"见善,修然必以自存也;见不善,愀然必以自省也。"宋吕祖谦《近思录》卷二《为学》:"君子之遇艰阻,必自省于身,有失而致之乎?有所未善则改之,无歉于心则加勉,乃自修其德也。"这种内省的功夫或称"内观",《列子·仲尼》:"务外游,不知务内观。外游者,求备于物;内观者,取足于身。取足于身,游之至也;求备于物,游之不至也。"

曾子曰[1]:"吾日三省吾身[2],为人谋而不忠乎[3]?与朋友交而不信乎[4]?传不习乎[5]?"

——《论语·学而》

[1] 曾子:名参(前505—前435),字子与,春秋鲁南武城(故址在今山东枣庄一带)人,孔子弟子。

〔2〕三:这里表示多次的意思。省(xǐng醒):检查;反省。

〔3〕忠:尽心竭力。

〔4〕信:诚实不欺。

〔5〕传(chuán船):指老师所传授的学业。习:复习;演习。

贤 哉 回 也

〔解题〕本文题目系编注者据正文所拟。颜回(前521—前490),字子渊,春秋鲁人。孔子最为得意的弟子,以德行著称,被后世儒家尊为"复圣"。《论语》中有许多赞美颜回的语录,如《为政》:"子曰:'吾与回言终日,不违,如愚。退而省其私,亦足以发,回也不愚。'"《公冶长》:"子谓子贡曰:'女与回也孰愈?'对曰:'赐也何敢望回?回也闻一以知十,赐也闻一以知二。'子曰:'弗如也。吾与女弗如也。'"《雍也》:"哀公问:'弟子孰为好学?'孔子对曰:'有颜回者好学,不迁怒,不贰过。不幸短命死矣。今也则亡,未闻好学者也。'"《述而》:"子谓颜渊曰:'用之则行,舍之则藏,唯我与尔有是夫!'"其生平可参见《史记·仲尼弟子列传》。尽管孔子所谓"忧道不忧贫"是有"学也,禄在其中"的企盼与期待,但《里仁》篇所云"士志于道,而耻恶衣恶食者,未足与议也"的一番话,也并非大言欺世。精神追求永远大于物质享受,也许正是人生真谛!

子曰:"贤哉回也!一箪食[1],一瓢饮,在陋巷[2],人不堪其忧,回也不改其乐。贤哉回也!"

——《论语·雍也》

[1] 箪(dān 丹):古人盛饭食的盛器,以竹或苇编成,圆形,有盖。
[2] 陋巷:当谓狭小简陋的居室。清刘宝楠正义:"颜子陋巷,即《儒行》所云'一亩之宫,环堵之室'。解者以为街巷之巷,非也。"

何 以 为 士

〔**解题**〕本文题目系编注者据正文所拟。何谓"士"?《礼记·王制》:"王者之制禄爵:公、侯、伯、子、男,凡五等。诸侯之上大夫卿、下大夫、上士、中士、下士,凡五等。"在先秦,"士"是地位次于大夫的古代诸侯的臣属,也有上士、中士、下士的等级差别。士作为服务于诸侯的有知识阶层,其地位低于官,高于民,在四民分业中处于顶层。《汉书·食货志上》:"士农工商,四民有业。学以居位曰士,辟土殖谷曰农,作巧成器曰工,通财鬻货曰商。"士从政即为官,退居则为民,这种可官可民的尴尬处境,令先秦"士"的界限实难以确切划定,这正是子贡向孔子再三讨教的原因。孔子的回答,不计"今之从政者",有三个层次的递降,反映了当时对于"士"概念的某种模糊性。后世一般泛指读书人或知识阶层为"士",与先秦人的概念已有不同。

子贡问曰[1]:"何如斯可谓之士矣?"子曰:"行己有耻[2],使于四方[3],不辱君命[4],可谓士矣。"曰:"敢问其次。"曰:"宗族称孝焉[5],乡党称弟焉[6]。"曰:"敢问其次。"曰:"言必信,行必果,硁硁然[7],小人哉[8]!抑亦可以为次矣[9]。"曰:"今之从政者何如[10]?"子曰:"噫!斗筲之人[11],何足算也?"

——《论语·子路》

[1] 子贡:即端木赐(前520—?),字子贡,春秋卫人,孔子弟子。能言善辩,善于经商,家累千金,所至之处,可与王侯贵族分庭抗礼。曾在鲁、卫两国为相。生平可参见《史记·仲尼弟子列传》。

[2] 行己有耻:谓立身行事知道何为羞耻。

[3] 使:出使。

[4] 不辱:不辱没。

[5] 宗族:谓同宗同族之人。《尔雅·释亲》:"父之党为宗族。"

[6] 乡党:泛称家乡。周制,一万二千五百家为乡,五百家为党。弟(tì替):顺从和敬爱兄长。《论语·学而》:"入则孝,出则弟。"

[7] 硁(kēng 铿)硁然:浅陋固执貌。

[8] 小人:谓识见浅狭的人。《论语·子路》:"樊迟请学稼。子曰:'吾不如老农。'请学为圃。子曰:'吾不如老圃。'樊迟出。子曰:'小人哉!樊须也。'"金王若虚《〈论语〉辨惑二》:"其曰硁硁小人、小人樊须,从其小体为小人之类,此谓所见浅狭,对大人而言耳。"

[9] 抑:连词。但是,然而。表示转折。

[10] 从政者:谓参与政事的士。宋朱熹集注:"今之从政者,盖如鲁三家之属。"鲁三家,谓鲁大夫孟孙、叔孙、季孙三家,孔子曾讥讽三家僭越礼制,见《论语·八佾》。属,这里谓辅佐鲁三家的士。

[11] 斗筲(shāo 稍):斗与筲。斗容十升;筲,竹器,容一斗二升,皆量小的容器。常用来喻人的才识短浅,气量狭窄。

修己以敬

〔解题〕本文题目系编注者据正文所拟。儒家强调自我修养,即主动培养完善的自我人格,使言行中规中矩。其自我修养的三个层次,从敬重自身即"敬身"开始,扩充到令士大夫以上阶层的人满意,再扩充到让所有百姓安乐,尽管第三层次连尧、舜这样的圣人都很难做到完美无缺。对于后世儒家传人而言,"敬"的意义非同寻常。明吕楠《泾野子内篇》卷一三:"圣贤论学,只是一个意思,如'修己以敬',一句尽之矣。如曰'戒慎乎其所不睹,恐惧乎其所不闻',此敬也;如曰'出门如见大宾,使民如承大祭',亦敬也,如曰'战战兢兢,如临深渊,如履薄冰',亦敬也。我看起来,只是一个'修己以敬'工夫。"

子路问君子[1]。子曰:"修己以敬[2]。"曰:"如斯而已乎?"曰:"修己以安人[3]。"曰:"如斯而已乎?"曰:"修己以安百姓。修己以安百姓,尧、舜其犹病诸[4]。"

——《论语·宪问》

[1] 子路:即仲由(前542—前480),字子路,又字季路,春秋末鲁国人,孔子的学生,曾追随孔子周游列国。后死于卫国的内乱。

[2] 修己以敬:杨伯峻《论语译注》以"修养自己来严肃认真地对待工作"为译,可参考。

[3] 人:杨伯峻《论语译注》认为:"这个'人'字显然狭义的'人',没有把'百姓'包括在内。"又说:"广义的'人'指一切人群;狭义的人只指士大夫

以上阶层的人。"编注者采用此说。

　　[4] 尧、舜:唐尧和虞舜的并称,为古史传说中的圣明君主。病:难,不易。诸:代词。这里指代"以安百姓"事,用作宾语。

君子有三戒

〔解题〕本文题目系编注者据正文所拟。将人生历程分为少、壮、老三个阶段,并有针对性地提出应当警惕的内容,色、斗、得,一言以蔽之,耐人寻味。《淮南子·诠言训》:"凡人之性,少则猖狂,壮则暴强,老则好利。"汉人的议论可作孔子人生三戒这段话的注脚。关于"老则好利"一说,对于来日无多者而言似乎并不中肯,其实孔子所谓"得",不仅指欲留给子孙的财货,还有名声、地位乃至人死盖棺论定后的荣耀。清陈其元《庸闲斋笔记》卷一有云:"先大父尝言,少时读《论语》,每不服孔子'及其老也,戒之在得'二语,谓人老则一切皆淡,何须戒得?比官滁州时,年逾六十矣,有狱事以万金馈者,已峻拒之去。向者每睡,就枕即酣卧,是夜忽辗转不寐,初亦不解,已乃自批其颊,骂曰:'陈某,何不长进若此!'遂熟睡如初。旦语人曰:'我乃今始服圣人之言也。'"在市场经济日益活跃的今天,孔夫子的这一席话更有其认识价值。

孔子曰:"君子有三戒:少之时,血气未定[1],戒之在色[2];及其壮也,血气方刚,戒之在斗;及其老也,血气既衰,戒之在得。"

——《论语·季氏》

[1] 血气:谓人的元气与精力。
[2] 色:谓人的情欲、性欲。

苍 黄

墨 子

〔解题〕本文题目系编注者据正文所拟。墨子(前468？—前376？)，名翟，战国时鲁国(一说宋国)人。墨家学派创始人，主张兼爱、非攻、尚贤、尚同，力行节俭，反对儒家的繁文缛节与厚葬等，在先秦诸子中平民意识较为浓厚。《墨子》一书为墨翟的弟子或再传弟子记述墨翟言行的集录，原书七十一篇，今存五十三篇，注本以清孙诒让《墨子间诂》十五卷最为著名。"苍黄"即通常所说的青色和黄色两种颜色，墨子用来比喻事物变化不定，反复无常，从而引申出国家用人与君子择友皆须慎重，否则用臣不当则国事丧乱，交友不慎则身家辱没，终至不可收拾。晋傅玄《太子少傅箴》："夫金水无常，方圆应形，亦有櫽括，习以性成，故近朱者赤，近墨者黑。"以此作为墨子此文注脚，最为精警。《吕氏春秋·不苟论》："荆有善相人者，所言无遗策，闻于国。庄王见而问焉。对曰：'臣非能相人也，能观人之友也。观布衣也，其友皆孝悌纯谨畏令，如此者。其家必日益，身必日荣矣，所谓吉人也。'"这一段话与《墨子》的渊源，灼然可见。此外，《新序》卷五、《韩诗外传》卷九也有类似的论述，可见其影响。择友也属于个人修养的一个重要组成部分。

　　子墨子言见染丝者而叹曰：染于苍则苍，染于黄则黄，所入者变,其色亦变,五入必[1],而已则为五色矣。故染不可不慎也!

非独染丝然也,国亦有染(下略)。

非独国有染也,士亦有染。其友皆好仁义,淳谨畏令[2],则家日益[3],身日安,名日荣,处官得其理矣[4],则段干木、禽子、傅说之徒是也[5]。其友皆好矜奋[6],创作比周[7],则家日损,身日危,名日辱,处官失其理矣,则子西、易牙、竖刀之徒是也[8]。《诗》曰"必择所堪,必谨所堪"者[9],此之谓也。

——《墨子》卷一《所染》节选

[1]必:通"毕"。完,尽。

[2]淳谨:敦厚谨慎。畏令:谓畏惧法令。《商君书·算地》:"属于农则朴;朴则畏令。"

[3]日益:谓日日有所增益。《大戴礼记·文王官人》:"其礼先人,其言后人,见其所不足,曰日益者也。"王聘珍解诂:"日益,谓日有增益,犹言日新也。"

[4]处官:居官从政。《荀子·尧问》:"吾闻之也:处官久者士妒之,禄厚者民怨之。"理:谓治理得好,秩序安定。与"乱"相对。

[5]段干木:战国时魏人,隐居不仕,魏文侯敬礼之,过其门必伏轼。《吕氏春秋·开春论》:"魏文侯师卜子夏,友田子方,礼段干木,国治身逸。"禽子:即禽滑釐,战国初人,曾学于子夏,后为墨子弟子,曾受墨子之命,执守圄之器,帮助宋人守城,抵御楚人的围攻。《史记·儒林列传》:"如田子方、段干木、吴起、禽滑釐之属,皆受业于子夏之伦,为王者师。"傅说(yuè 岳):殷商之相,曾辅佐武丁,令殷中兴。以其曾筑于傅岩,为武丁所访得,故以"傅"为姓。《墨子》卷二《尚贤》:"傅说,被褐带索,庸筑乎傅岩。武丁得之,举以为三公,与接天下之政,治天下之民。"

[6]矜奋:以勇气自恃;骄傲自大。

[7]创作:制造。比周:结党营私。

[8]子西:即斗宜申,又称司马子西、子西,春秋楚大夫,因谋杀楚穆王

未成被杀。子西,另有楚公子申、郑臣公孙夏之说。易牙:雍人,名巫,又称雍巫。春秋齐桓公幸臣,擅长调味,喜谄媚逢迎,据说曾烹其子以进桓公。管仲、齐桓公死后,易牙等立公子无亏,致令齐国大乱。事见《左传·僖公十七年》。竖刀:又称竖刁,即春秋时齐桓公的宦官貂。因谀事桓公,颇受宠信。桓公卒,与易牙等立公子无亏,导致齐国内乱。后世常以"竖刁"或"竖刀"蔑称貂,泛指阉宦奸臣。

[9]"必择所堪"两句:今传《诗经》无此两句,当属逸诗。堪,胜任。一说"堪"当作"湛"(jiān 兼),通"渐",谓浸渍。《周礼·考工记·锺氏》:"锺氏染羽,以朱湛丹秫,三月而炽之。"

此之谓大丈夫

孟 子

〔解题〕本文题目系编注者据正文所拟。孟子(约前372—前289),名轲,字子舆,战国邹人。受业于子思的门徒,继承孔子学说,开宋代理学家心性说之先河,明代嘉靖间被尊为"亚圣",遂成为地位仅次于孔子的儒家传人。撰《孟子》七篇,有汉赵岐注、宋孙奭疏本,宋朱熹集注本,清焦循正义本等。"大丈夫"作为古人褒奖须眉的敬词,常被用来形容有志节、有作为的男子。孟子"富贵不能淫,贫贱不能移,威武不能屈"的"三不"价值取向反映了儒家积极的入世态度。《老子》第三十八章则如此界定"大丈夫":"前识者,道之华,而愚之始。是以大丈夫处其厚不处其薄,居其实不居其华。故去彼取此。"道家顺其自然、无为而无不为的思想尽蕴含其中。秦末刘邦见显赫的秦始皇车队发出"大丈夫当如是也"的喟叹,在实践层面流露出对人生荣华富贵的艳羡。本书所选唐韩愈《送李愿归盘谷序》"人之称大丈夫者"云云(恕不引录),也无非是读书人渴望贵极人臣的遐想,较之刘邦的帝王梦又等而下之,受到以儒家"道统"自居的韩愈嘲弄揶揄,实为应有之义。历史上真正能完全实践孟子"三不"价值观者,屈指可数,更觉其难能可贵。

景春曰[1]:"公孙衍、张仪岂不诚大丈夫哉[2]?一怒而诸侯惧[3],安居而天下熄[4]。"孟子曰:"是焉得为大丈夫乎?子未学礼乎?丈夫之冠也,父命之[5];女子之嫁也,母命之[6],往送之门,戒之曰:'往之女家[7],必敬必戒[8],无违夫子[9]!'以顺为正者[10],妾妇之道也。居天下之广居[11],立天下之正位[12],行天下之大道[13];得志,与民由之[14];不得志,独行其道。富贵不能淫[15],贫贱不能移[16],威武不能屈,此之谓大丈夫。"

——《孟子·滕文公下》

[1] 景春:孟子同时代人,操纵横之术。

[2] 公孙衍:战国著名说客,魏人,以曾仕魏官"犀首"(古官名),故又称犀首。他与张仪交恶,张仪死后,曾相秦,佩五国相印,为约长。张仪:战国时魏人(?—前309),传说曾与苏秦一同师事鬼谷子,相秦惠王,以连横之策说六国共同事秦,与苏秦合纵六国抗秦之策抗衡。后因秦惠王死,去秦为魏相一年而卒。

[3] "一怒"句:宋朱熹集注:"怒则说诸侯使相攻伐,故诸侯惧也。"诸侯,古代帝王所分封的各国君主,可世代掌握其统辖区域内的军政大权,但按礼要服从王命,定期向帝王朝贡述职,并有出军赋和服役的义务。

[4] 安居:谓安静、安定地生活。熄:比喻天下太平无战争。

[5] "丈夫"两句:古代男子二十岁行被视为成年的加冠礼,由父亲委托宾(父亲之僚友)致辞告诫。

[6] "女子"两句:谓古代女子出嫁时,由母亲加以训导。杨伯峻《孟子译注》认为"孟子此言与《仪礼·士昏礼》所载略有不同"。可参考。

[7] 女(rǔ汝)家:谓夫家。女,代词,你,通"汝"。

[8] 戒:谨慎。

[9] 夫子:古代尊称丈夫。

[10] 正:标准;准则。

[11] 广居:宽大的住所,这里用以喻仁。

[12] 正位:中正之位。这里用以喻礼。

27

[13] 大道:宽阔的道路。这里用以喻义。
[14] 与民由之:谓偕同百姓遵循大道前行。
[15] 淫:惑乱,迷惑。
[16] 移:改变,移易。

独善与兼善

孟 子

〔**解题**〕本文题目系编注者据正文所拟。"行藏"或"出处",也就是出仕和隐退的关系问题,一向为考验传统儒者积极入世抑或消极遁世的一大关节。《论语·述而》:"子谓颜渊曰:'用之则行,舍之则藏,唯我与尔有是夫!'"看来能够游刃有馀地实践这一"行藏"的理念并非轻而易举之事。清吴敬梓《儒林外史》第一回:"礼部议定取士之法:三年一科,用《五经》、《四书》八股文。王冕指与秦老看,道:'这个法却定得不好!将来读书人既有此一条荣身之路,把那文行出处,都看得轻了。'"读书人的家国意识、担当精神因八股取士而渐趋湮没,似乎有些过甚其词,然而孟子的"独善"与"兼善"说毫无自私的功利之心则可以肯定。自古以来无数的志士仁人无论舍生取义还是杀身成仁,都是建立于"道"与"义"的道德基础之上,失去这一基础或筑基不牢,"独善其身"或可勉强,"兼善天下"就万万不能了。宋朱熹集注谓:"此章言内重而外轻,则无往而不善。"后世人在引用孟子这段著名的话时,往往写作"穷则独善其身,达则兼济天下",句中动词有所变化,或许更能显示语言的魅力。

孟子谓宋句践曰[1]:"子好游乎[2]?吾语子游[3]。人知之亦嚣嚣[4];人不知亦嚣嚣。"曰:"何如斯可以嚣嚣矣?"

曰："尊德乐义,则可以嚣嚣矣。故士穷不失义,达不离道。穷不失义,故士得己焉[5];达不离道,故民不失望焉。古之人,得志,泽加于民;不得志,修身见于世[6]。穷则独善其身[7],达则兼善天下。"

——《孟子·尽心上》

[1] 宋句(gōu 勾)践:人名,生平不详。

[2] 游:即游说,谓战国时代策士们周游列国、劝说君主采纳其政治主张的一种活动。

[3] 语(yù 玉):告诉。

[4] 嚣嚣:自得无欲貌。

[5] 得己:谓不失己志。杨伯峻注:"犹言'自得'。"可参考。

[6] 见(xiàn 现):"现"的古字,显现。宋朱熹集注:"见,谓名实之显著也。此又言得己、民不失望之实。"

[7] 善:修治;治理。宋孙奭疏:"不得志则修治其身以立于世间。"

遗黄琼书

李　固

〔**解题**〕题目系据清严可均辑《全上古三代秦汉三国六朝文》。据南朝宋范晔《后汉书》，黄琼(86—164)，字世英，东汉江夏安陆(今属湖北)人，为魏郡太守黄香之子。曾以父任太子舍人，辞不就；父亲死，"服阕，五府俱辟，连年不应"。永建(126—132)中，征拜议郎，迁尚书仆射，进尚书令，官至司空，封邟乡侯，卒赠车骑将军，谥曰忠侯。李固(96—147)，字子坚，东汉汉中南郑(今属陕西)人。少好学，结交英贤，举孝廉，辟司空掾，皆不就。汉顺帝时拜议郎，在朝正直敢言，反对宦官、外戚专权，历官将作大匠、大司农，至太尉。李固以声望日高，为外戚梁冀所忌恨，终被诬下狱，论死。汉顺帝永建中，众多公卿举荐黄琼，黄琼迫不得已应聘上路。当时朝廷征聘处士多名不符实，而李固平素仰慕黄琼操守，就写了这封书信给正在路途中行进的黄琼。此书文字精炼，言简意赅，提出"峣峣者易缺，皦皦者易污"，"盛名之下，其实难副"，皆为有感而发，切中时弊，至今读之，仍觉如醍醐灌顶，精警异常。遗(wèi 卫)，送交的意思。

　　闻已度伊、洛[1]，近在万岁亭[2]，岂即事有渐，将顺王命乎[3]？盖君子谓伯夷隘，柳下惠不恭[4]，故传曰："不夷不惠，可否之间。"[5]盖圣贤居身之所珍也[6]。诚遂欲枕山栖

31

谷[7],拟迹巢、由[8],斯则可矣[9];若当辅政济民[10],今其时也。自生民以来[11],善政少而乱俗多[12],必待尧、舜之君[13],此为志士终无时矣[14]。常闻语曰:"峣峣者易缺[15],皦皦者易污[16]。"《阳春》之曲,和者必寡[17],盛名之下,其实难副。近鲁阳樊君[18],被征初至,朝廷设坛席[19],犹待神明。虽无大异[20],而言行所守无缺。而毁谤布流,应时折减者[21],岂非观听望深[22],声名太盛乎?自顷征聘之士[23],胡元安、薛孟尝、朱仲昭、顾季鸿等[24],其功业皆无所采,是故俗论皆言处士纯盗虚声[25]。愿先生弘此远谟[26],令众人叹服[27],一雪此言耳。

——《后汉书》卷六一《左周黄列传》

[1] 度:通"渡"。伊洛:即伊水与洛水。伊水,洛水支流,源出河南栾川县伏牛山北麓,东北流至偃师县南入洛水。洛水,一作雒水,即今河南洛河,为黄河支流。

[2] 万岁亭:在今河南郑州市东。亭,秦汉时乡以下、里以上的行政机构。

[3] "岂即事"两句:意谓莫非你有出仕迹象,准备顺从朝廷之命了罢。即事,任事,这里指出仕。渐,端倪;迹象。

[4] "盖君子"两句:语本《孟子·公孙丑上》:"孟子曰:'伯夷隘,柳下惠不恭。隘与不恭,君子不由也。'"大意是:伯夷因嫉恶如仇而气量褊狭,柳下惠处世随和却不够严肃。这两种做法,君子不会照搬。伯夷,商末孤竹君长子。孤竹君生前欲立叔齐为继承人,其死后,兄弟两人都不愿继承其位,先后逃至周国。周武王伐纣,两人叩马谏阻。武王灭商后,他们耻食周粟,采薇而食,饿死于首阳山。柳下惠,鲁大夫展无骇之子,名获,字季,又字禽,曾为士师(古代执掌禁令刑狱的官名),食邑柳下,谥惠,故称柳下惠。他作风正派,曾留下"坐怀不乱"的美谈。《论语·微子》:"柳下惠为士师,三黜。人曰:'子未可以去乎?'曰:'直道而事人,焉往而不三黜?枉道而事人,何必去父母之邦?'"孟子所谓"柳下惠不恭",当就此而言。

[5]"故传曰"两句:语本汉扬雄《法言·渊骞》:"'其为人也,奈何?'曰:'不屈其意,不累其身。'曰:'是夷惠之徒欤?'曰:'不夷不惠,可否之间也。'"这是扬雄赞誉蜀人李弘(字仲元)的话,后两句大意是:既不像伯夷那样气量褊狭,也不像柳下惠那样处世随意,而是折衷于两者之间。传(zhuàn撰),著作。晋张华《博物志》卷六云:"圣人制作曰经,贤者著述曰传。"这里即指扬雄《法言》。

　　[6]圣贤:泛称道德才智杰出者。居身:立身处世。

　　[7]枕山栖谷:谓隐居山林。

　　[8]巢由:相传为尧时隐士巢父(fǔ斧)和许由的并称。据说,尧曾让位于二人,皆不受。后世即以"巢由"指隐居不仕者。

　　[9]斯则可矣:意谓这样做也就可以了。据《后汉书·左周黄列传》:"永建中,公卿多荐琼……琼至纶氏(治所在今河南登封市西南),称疾不进。"这里当指黄琼称疾欲隐居一事。

　　[10]辅政济民:辅佐治理政事以救助百姓。

　　[11]生民:犹言人类诞生。

　　[12]善政:清明的政治。《书·大禹谟》:"德惟善政,政在养民。"乱俗:伤风败俗。《书·君陈》:"狃于奸宄,败常乱俗。"

　　[13]尧舜之君:唐尧和虞舜的并称,两者为古史传说中的圣明君主。《易·系辞下》:"黄帝、尧、舜,垂衣裳而天下治。"

　　[14]无时:不逢时会。

　　[15]峣(yáo姚)峣:形容性格刚直。

　　[16]皦(jiǎo绞)皦:明亮洁白。

　　[17]"阳春"两句:意谓曲高和寡。战国楚宋玉《对楚王问》:"客有歌于郢中者,其始曰《下里巴人》,国中属而和者数千人。其为《阳阿》、《薤露》,国中属而和者数百人。其为《阳春白雪》,国中属而和者不过数十人。引商刻羽,杂以流征,国中属而和者不过数人而已。是其曲弥高,其和弥寡。"阳春,古歌曲名,属于比较高雅难学的曲子。和(hè贺),跟着唱或跟着唱腔伴奏。

　　[18]鲁阳樊君:即樊英(生卒年不详),字季齐,东汉南阳鲁阳(今河南平顶山鲁山县)人。幼年习《京氏易》,后隐居于壶山,著有《易章句》。屡征

33

不起。永建二年(127),汉顺帝策书备礼征辟樊英,被迫至京,仍称疾不起。至四年三月,顺帝为樊英设坛席,待以师傅之礼,樊英不敢辞,拜五官中郎将。数月,樊英又称疾笃,诏以为光禄大夫,赐告归。《后汉书·方术列传》有传,内有云:"英初被诏命,佥以为必不降志,及后应对,又无奇谟深策,谈者以为失望。初,河南张楷与英俱征,既而谓英曰:'天下有二道,出与处也。吾前以子之出,能辅是君也,济斯人也。而子始以不訾之身,怒万乘之主;及其享受爵禄,又不闻匡救之术,进退无所据矣。'"

[19]坛席:筑坛设座席,表示礼遇隆重。

[20]大异:这里谓不同寻常的表现。

[21]应时:随时;即刻。折减:减损;减少。

[22]观听:看和听,引申为舆论。望:期待。深:苛刻,这里有要求很多的意思。

[23]自顷:近来。征聘:谓朝廷以礼招聘贤才。两汉选官有"征辟"制,朝廷召之称征,三公以下召之称辟。

[24]胡元安:即胡定(生卒年不详),字元安,颍川(今河南禹州)人,至行绝人。居丧在室,大雪绝粮,妻子皆卧在床,县令遣户曹掾送粮至,仅受其半,以此得名。事见《初学记》卷一八引《先贤行状》、《太平御览》卷四八五引《汝南先贤行状》。薛孟尝:即薛包(生卒年不详),字孟尝,汝南(今属河南)人,至孝。幼遭后母虐待,泣而不去;与兄弟等分家,自取最劣者。汉安帝建光(121—122)中,征拜侍中,称疾不起,有诏赐告归。年八十馀,以寿终。事见《后汉书·刘赵淳于江刘周赵列传》。朱仲昭:生平不详,待考。顾季鸿:即顾奉(生卒年不详),字季鸿,吴郡吴县(今属江苏)人,历官颍川太守。为三国吴顾雍的曾祖父,事见《三国志·吴书·顾雍传》裴注引《吴录》。

[25]俗论:世俗的议论。处士:这里谓有才德而隐居不仕的人。虚声:虚名。

[26]弘:光大。远谟:深远的谋略。

[27]叹服:赞叹佩服。

杨震四知

范　晔

〔**解题**〕本文题目系编注者据正文所拟。范晔（398—445），字蔚宗，南朝宋顺阳（今河南南阳淅川）人。少好学，擅书法，通音律，历尚书吏部郎、宣城太守，官至左卫将军、太子詹事。以拥立彭城王刘义康为帝，事泄被杀。《宋书》、《南史》皆有传。《后汉书》系范晔贬官宣城太守时所撰，其中帝纪与列传、传论等，用笔精炼，旨深意赅，为其得意之作。今传本一百二十卷，系合刻晋司马彪所作《续汉书志》三十卷而成。杨震（？—124），字伯起，弘农华阴（今属陕西）人。自幼从父杨宝学，博览群书，五十岁步入仕途，历官荆州刺史、东莱太守，入为太仆，迁太常，官至太尉。任内因不屈权贵，正直敢言，得罪奸佞，被罢官，中途饮鸩而卒，终年七十馀岁。汉顺帝继位，下诏平反。暮夜却金与"四知"事，后世脍炙人口，成为典故流传。无独有偶，明代柴车也有类似故事。《明史·柴车传》："车在江西时，以采木入闽，经广信。广信守，故人也，馈蜜一罂。发视之，乃白金。笑曰：'公不知故人矣。'却不受。同事边塞者多以宴乐为豪举。车恶之，遂断酒肉。其介特多此类。"可见古代为官清廉的传统不绝如缕，值得今人深思。

杨震不为子孙治产业，留下钱财，西汉疏广早开其端，据《汉书》卷七一《疏广传》："广既归乡里，日令家共具设酒食，请族人故旧宾客，与相娱乐。数问其家金馀尚有几所，趣卖以共具。居岁馀，广子孙窃谓其昆弟老人广所爱信者曰：'子孙几及君时颇立产业基址,今日饮食,费且尽。宜从丈人所,劝说君买田宅。'老人即以闲暇时为广言此计,广曰:'吾岂老悖不念子孙哉?顾自有旧田庐,令子孙勤力其中,足以共衣食,与凡人齐。今复增益之以为赢馀,但教子孙怠惰耳。贤而多财,则损其志;愚而多财,则益其过。且夫富者,众人之怨也;吾既亡以教化子孙,不欲益其过而生怨。'"古人智慧,值得今人深思!

　　杨震字伯起,弘农华阴人也[1]。……年五十,乃始仕州郡。

　　大将军邓骘闻其贤而辟之[2],举茂才[3],四迁荆州刺史、东莱太守[4]。当之郡,道经昌邑[5],故所举荆州茂才王密为昌邑令,谒见[6],至夜怀金十斤以遗震[7]。震曰:"故人知君[8],君不知故人,何也?"密曰:"暮夜无知者。"震曰:"天知,神知,我知,子知。何谓无知!"密愧而出。后转涿郡太守[9]。性公廉[10],不受私谒[11]。子孙常蔬食步行[12],故旧长者或欲令为开产业[13],震不肯,曰:"使后世称为清白吏子孙[14],以此遗之,不亦厚乎!"

——《后汉书》卷五四《杨震列传》节选

　　[1]弘农:汉代郡名,辖境相当于今河南宜阳以西、黄河、华山以南,陕西柞水以东,治弘农县。华阴:汉代县名,以在华山之北,故址在今陕西省华阴市。

　　[2]大将军邓骘(zhì 志):字昭伯(?—121),南阳新野(今河南新野南)人,太傅邓禹孙。以妹邓绥为汉和帝刘肇皇后,历官车骑将军,仪同三司,升大将军,封上蔡侯。后为宦官诬陷,绝食死。《后汉书》卷一六有传。大将军,武官名,东汉时位在三公之上,位尊势大,多由贵戚担任。辟(bì 毕):征召;荐举。

　　[3]茂才:即秀才,汉时开始与孝廉并为举士的科名,东汉时避光武帝

刘秀讳改称"茂才"。

　　[4] 荆州刺史:东汉荆州的最高行政长官。汉武帝时,分全国为十三部(州),部置刺史。荆州,汉代辖境约相当于今湖北、湖南两省及河南、贵州、广西、广东省区部分地,东汉治所在汉寿(今湖南常德市东北)。东莱太守:东汉东莱郡的最高行政长官。东莱,辖境相当于今山东胶莱河以东,岠嵎山以北与乳山河以东地区,东汉治所黄县(今山东龙口市东南)。

　　[5] 昌邑:东汉昌邑县,治所在今山东巨野县南昌邑乡。

　　[6] 谒见:通名剌会见。后泛指进见地位或辈分高的人。

　　[7] 遗(wèi卫):馈赠。

　　[8] 故人:汉代人对门生故吏的自称。杨震曾经举荐王密为茂才,故称。

　　[9] 涿郡太守:东汉涿郡的最高行政长官。涿郡,西汉置,治所在涿县(今河北涿州市),西汉成帝末辖境相当于今北京市房山以南,河北易县、清苑以东,安平、河间以北,霸州、任丘以西地区。

　　[10] 公廉:谓公正清廉。《史记·酷吏列传》:"都为人勇,有气力,公廉,不发私书;问遗无所受,请寄无所听。"

　　[11] 私谒:谓因私事而干谒请托。

　　[12] 蔬食:粗食,以蔬菜为食。

　　[13] 故旧长者:旧交中年纪大或辈分高的人。产业:谓私人财产,如田地、房屋、作坊等等。

　　[14] 清白吏:谓品行纯洁、没有污点的官员。

37

诫子侄书

王 昶

〔解题〕这一节选自《三国志》,题目为编者所拟,原书长,此为节选开首一部分。王昶(？—259),字文舒,三国时太原郡晋阳县(今山西太原)人。曹魏时官至徐州刺史,封武亭侯。西晋时位至司空。著有《治论》、《兵书》等。卒谥穆侯。《三国志》撰者陈寿以"开济识度"四字评价王昶。古人重视家庭教育,长辈对于晚辈寄予重望,往往通过书信立为存照,语重心长。这里面固然有专制社会封建士大夫对于一人犯罪动辄株连全家乃至九族的恐惧,但期望子孙世其家风,光宗耀祖也是重要原因,《晋书·谢安传》有一段谢安与谢玄的叔侄间的对话,发人深省:"(谢玄)少颖悟,与从兄朗俱为叔父安所器重。安尝戒约子侄,因曰:'子弟亦何豫人事,而正欲使其佳?'诸人莫有言者。玄答曰:'譬如芝兰玉树,欲使其生于庭阶耳。'"

夫人为子之道,莫大于宝身全行[1],以显父母。此三者人知其善,而或危身破家[2],陷于灭亡之祸者,何也？由所祖习非其道也[3]。夫孝敬仁义[4],百行之首[5],行之而立[6],身之本也。孝敬则宗族安之,仁义则乡党重之,此行成于内,名著于外者矣。人若不笃于至行[7],而背本逐末,以陷浮华焉[8],以成朋党焉[9];浮华则有虚伪之累,朋党则有彼此之患。此二者之戒,昭然著明,而循覆车滋众[10],逐末弥甚,皆由惑当时之誉,昧目前之利故也。夫富贵声名,人情所乐,而君子或得而不处,何也?恶不由其道耳[11]。患人知进而不知退,知欲而不知足,故有困辱之累,悔吝之咎[12]。语曰:"如不知足,则失所欲。"[13]故知足之足常足矣[14]。览往事之成败,察将来之吉凶,未有干名要利[15],欲而不厌[16],而能保世持家[17],永全福禄者也。欲使汝曹立身行己[18],遵儒者之教,履道家之言,故以玄默冲虚为名[19],欲使汝曹顾名思义,不敢违越也。古者盘杅有铭[20],几杖有诫[21],俯仰察焉[22],用无过行[23];况在己名,可不戒之哉!夫物速成则疾亡[24],晚就则善终。朝华之草[25],夕而零落;松柏之茂,隆寒不衰。是以大雅君子恶速成[26],戒阙党也[27]。

——《三国志》卷二七《王昶传》节选

[1] 宝身:珍惜身躯。全行:谓品行完美无缺。

[2] 危身:谓危及于身。破家:谓使家庭毁灭。

[3] 祖习:宗奉学习。

[4] 孝敬:孝顺父母,尊敬亲长。仁义:友爱他人。

[5] 百行:各种品行。

[6] 而立:三十岁。语本《论语·为政》:"子曰:'吾十有五而志于学,三十而立。'"

[7] 笃(dǔ 睹):专一。至行:卓绝的品行,此指孝敬仁义。

[8] 浮华:品行轻浮,与孝敬仁义之道相悖。

[9] 朋党:谓同类的人为利益而结成集团干坏事。

[10] 循:沿着,顺着。覆车:翻车,比喻失败。滋:愈益;更加。

[11] "夫富贵"数句:语本《孟子·滕文公下》:"古之人未尝不欲仕也,又恶不由其道。不由其道而往者,与钻穴隙之类也。"

39

[12]悔吝:灾祸。《易·系辞上》:"悔吝者,忧虞之象也。"咎:追究罪责。

[13]语:谓俗话、谚语或古书中的话。"如不知足"二句:《史记·范雎蔡泽列传》:"欲而不知足,失其所以欲;有而不知止,失其所以有。"

[14]故知之之足常足矣:语本《老子》第四十六则:"罪莫大于可欲,祸莫大于不知足,咎莫大于欲得。故知足之足,常足。"

[15]干名要(yāo腰)利:求取名位与利益。

[16]欲而不厌:欲望难以满足。

[17]保世:谓保持爵禄、宗族或王朝的世代相传。持家:保持家业。

[18]汝曹:你们。立身行己:谓立身行事。

[19]玄默:谓沉静不语。冲虚:恬淡虚静。王昶为其子侄取名也渗透着人文关怀,《三国志》本传谓:"其为兄子及子作名字,皆依谦实,以见其意,故兄子默字处静,沈字处道,其子浑字玄冲,深字道冲。"堪称用心良苦。外儒内道的追求,凸显了王昶对于子侄辈的殷切期望。

[20]盘杅(yú鱼):即"盘盂",圆盘与方盂的并称,用于盛物。古代亦于其上刻文纪功或自励。

[21]几杖:用于依靠的小桌子和手杖。

[22]俯仰:低头和抬头,引申为一举一动。《后汉书·崔骃传》:"远察近览,俯仰有则,铭诸几杖,刻诸盘杅。"

[23]用:介词,犹言以,表示凭借或者原因。过行:错误的行为。

[24]速成:谓在短期内很快完成事功。

[25]朝华:早晨开的花朵。

[26]大雅:古代称德高而有大才的人。

[27]戒阙党也:谓以阙党童子为戒。《论语·宪问》:"阙党童子将命。或问之曰:'益者与?'子曰:'吾见其居于位也,见其与先生并行也,非求益者也,欲速成者也。'"大意是:阙党的一个童子到孔子处传达消息。有人问孔子:"这小孩是肯求上进者吗?"孔子回答:"我见他坐在位上毫无顾忌,又见他与长辈并肩而行,这不是求上进者的作为,只不过是个想走捷径的人罢了。"阙党,即阙里,据说为孔子居处,是其讲学之所。

题孔子像于芝佛院

李 贽

〔**解题**〕李贽(1527—1602),原名载贽,号卓吾,又号宏甫,别号温陵居士,泉州晋江(今福建泉州)人,回族。李贽是明代中后期的思想家、文论家,他接受佛教禅宗影响,又受阳明心学及其泰州学派熏染,大胆怀疑孔孟之道,提倡个性解放,以"异端"自居,影响巨大。著有《焚书》六卷、《续焚书》五卷以及《藏书》、《续藏书》等。这篇《题孔子像于芝佛院》短小精悍,于幽默风趣中提倡独立思考,大胆怀疑,富于解放个性的启蒙意识。作者反对将孔子偶像化,绝非如禅宗中人"呵佛骂祖"般的随意,而是从"盲从"角度找到"尊孔"可笑的突破口,属于旧时文人士大夫立身修己中另类思考,至今仍有其认识价值。芝佛院故址在今湖北麻城东三十里,李贽在此出家并著述讲学十余年,在佛家寺院张挂儒家祖师孔子的画像,其行动本身的反讽意味也不言而喻。

人皆以孔子为大圣[1],吾亦以为大圣;皆以老、佛为异端[2],吾亦以为异端。人人非真知大圣与异端也,以所闻于父师之教者熟也;父师非真知大圣与异端也,以所闻于儒先之教者熟也[3];儒先亦非真知大圣与异端也,以孔子有是言也。其曰"圣则吾不能"[4],是居谦也。其曰"攻乎异端"[5],是必为老与佛也[6]。

儒先亿度而言之[7],父师沿袭而诵之,小子矇聋而听之[8]。万口一词,不可破也;千年一律[9],不自知也。不曰"徒诵其言",而曰"已知其人"[10];不曰"强不知以为知",而曰"知之为知之"[11]。至今日,虽有目[12],无所用矣。

余何人也,敢谓有目?亦"从众"耳[13]。既从众而圣之,亦从众而事之,是故"吾从众"事孔子于芝佛之院。

——《续焚书》卷四

[1] 孔子:即孔丘(前551—前479),字仲尼,春秋鲁国陬邑(今山东曲阜)人。其先世为宋国贵族。居鲁曾任相礼(司仪)、委吏(管理粮仓)、乘田(管理畜养)一类的小官,鲁定公时升任中都宰、司寇。后以不满时政去官周游列国,归死于鲁。他熟悉古代典籍,做过整理工作,聚徒讲学,有弟子三千人之众,其中有七十二贤人。其学说以"仁"为核心,以"礼"为手段,创立了儒家学派,对后世影响巨大。《史记》卷四七有《孔子世家》。大圣:古人对道德完善、智能超绝、通晓万物之道者的称谓。《荀子·哀公》:"所谓大圣者,知通乎大道,应变而不穷,辨乎万物之情性者也。"

[2] 老:即老子,或称老聃,春秋战国时楚苦县人,曾为周藏书室史官,著《老子》五千馀言,为道家学说的创始人,也被后世道教尊为祖师。《史记》有传。这里即指道教。佛:即佛教,公元前六世纪至前五世纪古印度的迦毗罗卫(今尼泊尔境内)王子释迦牟尼创立。大约在我国东汉明帝时期传入华夏。异端:古代儒家称其他学说、学派为异端。

[3] 儒先:即先儒。

[4] 圣则吾不能:这是孔子自谦的话,语本《孟子·公孙丑上》:"昔者子贡问于孔子曰:'夫子圣矣乎?'孔子曰:'圣则吾不能,我学不厌而教不倦也。'子贡曰:'学不厌,智也;教不倦,仁也。仁且智,夫子既圣矣乎。'"

[5] 攻乎异端:谓对非儒家学说的批评。语本《论语·为政》:"子曰:'攻乎异端,斯害也已。'"宋朱熹集注:"异端,非圣人之道,而别为一端,如杨、墨是也。"

[6] 是必为老与佛也:孔子时代,道教尚未形成,佛教也未传入,将孔

子所谓"异端"说成是老与佛,正反映了儒先的无知。

　　[7]亿度(duó夺):测度;揣测。

　　[8]矇(méng萌)聋:目不见,耳不闻。喻糊里糊涂。

　　[9]千年一律:犹言千古一律。

　　[10]"不曰徒诵其言"二句:意谓只知记诵孔孟之言,而不去理解其精义。语本《孟子·万章下》:"以友天下之善士为未足,又尚论古之人。颂其诗,读其书,不知其人,可乎?是以论其世也,是尚友也。"这里化用其意,讽刺儒先对于儒学真义的无知。

　　[11]"不曰强不知以为知"二句:意谓不懂装懂,因无知而盲从。语本《论语·为政》:"子曰:'由!诲女知之乎?知之为知之,不知为不知,是知也!'"这里化用其意,讽刺儒先自以为是。

　　[12]有目:有眼力,即有判断力。

　　[13]从众:意谓同意众人的做法。这里即俗所谓"随大流",显然有自我调侃的意味。

43

同治五年十二月十八日致沅弟书

曾国藩

〔解题〕这是曾国藩在周家口致其九弟(族中大排行)曾国荃的家书,时间为同治五年十二月十八日(1867年1月23日)。曾国藩(1811—1872),字伯涵,号涤生,湖南湘乡人。道光十八年(1838)进士,历官两江总督、直隶总督、武英殿大学士,封一等毅勇侯。在清廷镇压太平天国中创立湘军,后又参与剿灭捻军,推进洋务运动,为晚清"四大名臣"之一。卒谥文正。曾国荃(1824—1890),字沅甫,号叔纯,为曾国藩三弟。咸丰二年(1852)贡生,为湘军主要将领之一,官至两江总督兼通商大臣。

同治五年,曾国荃起任湖北巡抚,帮办军务,协调镇压捻军。这一年的十二月初六日,东捻军在湖北钟祥大败清提督郭松林军,郭松林几为捻军所俘,仅侥幸逃归。十二月初十日与十二日曾国荃曾连致三函于其兄,抱怨自己运气欠佳,曾国藩即回此函加以劝慰。最终,曾国荃以镇压捻军不力,称病退职。在这封家书中,曾国藩以一"忍"字现身说法,鼓励其弟"咬定牙根,徐图自强"。其间政治立场等因素,这里姑且不论,只是"好汉打脱牙和血吞"一说,不无立身处世的认识价值,类似于今天人们所常所的"情商"。所谓"忍"之一说,源于《书·周书·君陈》:"必有忍,其乃有济;有容,德乃大。"军国大事自然是"小不忍则乱大谋",欲使家庭和谐亦须忍字当头。《旧唐书·孝友传》:"郓州寿张人张公艺,九代同居……麟德中,高宗有事泰山,路过郓州,亲幸其宅,问其义由。其人请纸笔,但书百馀'忍'字。高宗为之流涕,赐以缣帛。"可见"忍"之一事,无论巨细,谈何容易!曾国藩这封书信诚属兄长开导兄弟的肺腑之言,是真情的流露!

  弟之忧灼[1],想犹甚于初十以前。然困心横虑[2],正是磨砺英雄玉汝于成[3]。李申夫尝谓余怄气从不说出[4],一味忍耐,徐图自强。因引谚曰:"好汉打脱牙和血吞。"此二语是余生平咬牙立志之诀,不料被申夫看破。余庚戌、辛亥间,为京师权贵所唾骂[5];癸丑、甲寅,为长沙所唾骂[6];乙卯、丙辰间,为江西所唾骂[7];以及岳州之败、靖江之败、湖口之败[8],盖打脱牙之时多矣,无一次不和血吞之。弟此次郭军之败[9],三县之失[10],亦颇有打脱门牙之象。来信每怪运气不好,便不似好汉声口[11]。惟有一字不说,咬定牙根,徐图自强而已。

       ——《曾国藩家书·军事篇·部署策略》节选
        (学苑出版社1999年版第797页)

  [1] 忧灼:忧虑焦急。
  [2] 困心横虑:通作"困心衡虑",意谓心意困苦,忧虑满胸;亦指费尽心思。语出《孟子·告子下》:"困于心,衡于虑,而后作。"宋朱熹集注:"事势穷蹙,以至困于心,横于虑,然后能奋发而兴起。"
  [3] 磨砺:在磨刀石上磨擦,引申为磨练。玉汝于成:亦作"玉女于成",简作"玉成",意谓助之使成,有成全的意味。语本宋张载《西铭》:"富贵福泽,将厚吾之生也;贫贱忧戚,庸玉女于成也。"
  [4] 李申夫:即李榕(1818—1890),原名李甲先,字申夫,剑州(今四川剑阁)人。咸丰二年(1852)进士,改翰林院庶吉士,转礼部主事。咸丰九年(1859),曾国藩奏调湘军营务,以军功授浙江盐运使、湖北按察使、湖南布政使。怄(òu沤)气:闹情绪,生闷气。

［5］"余庚戌"二句：谓道光三十年庚戌（1850）与咸丰元年辛亥（1851）间，太平天国军兴，曾国藩因"深痛内外臣工诡谀欺饰，无陈善责难之风"，应诏陈言，上疏咸丰帝，引来京师权贵的不满。

［6］"癸丑甲寅"二句：谓咸丰三年癸丑至四年甲寅（1853—1854），太平天国攻占南京，立为首都，天下震动。曾国藩在长沙筹建湘军，严明纪律，惹来地方官府上下的责难。

［7］"乙卯丙辰"二句：谓咸丰五年乙卯（1855）至六年丙辰（1856）间，曾国藩湘军水师被太平天国石达开等困于江西南昌一带，筹饷艰辛，难以为力，并引起江西地方官员的抗拒。

［8］岳州之败：咸丰四年（1854）三月间，太平军进攻湖南，曾国藩湘军陆军、水师在岳州迎战太平军，皆遭溃败，此为湘军初次失利。靖江之败：咸丰四年四月初，湘军水师与太平军激战于靖港市，西南风起，为太平军所乘，战船皆为所焚或被掠，曾国藩羞愤中两次投水自尽，被部下所救。湖口之败：咸丰五年（1855）二月间，太平军石达开部与湘军水师在九江东部的湖口激战，焚毁湘军大量船只，曾国藩座船亦被俘获，曾国藩投江，被部下救起。湘军水师损失殆尽。

［9］郭军之败：同治五年十二月初六日（1867年1月11日），东捻军赖文光等在湖北钟祥大败清廷提督郭松林军，郭松林中埋伏为捻军生俘，因伤足被弃于道，逢旧部负逃归。

［10］三县之失：东捻军一度攻占云梦、应城、天门等处，但不久又失去。参见中国人民大学出版社《清史编年》第十卷"同治朝"第296页。

［11］声口：口气。

励志勉学

博 学 笃 行

〔解题〕 这一节选自《中庸》"哀公问政"一章,题目系编注者据正文所拟。"学习"的本义是小鸟学飞,源于《礼记·月令》:"鹰乃学习。"陈澔集说:"学习,雏学数飞也。"鸟只有会飞方能生存,人期望在社会中谋生,也要如同小鸟学飞一样,而且要不断"学习",广泛深入的学习实在不可或缺。学习要主动,《论语》对此有多方论述,如"学而不思则罔,思而不学则殆"(《为政》)。"博学而笃志,切问而近思,仁在其中矣"(《子张》)。"君子博学于文,约之以礼,亦可以弗畔矣夫"(《雍也》)。学习的最终目的是为了"用",而"学以致用"又非一蹴而就,中间须有探讨、思索、辨识的三个环节,方能保障实践成功。而这一目的的实现,还要讲求方法,"人一己百"的执著努力,即使是愚笨者或柔弱者也能取得明显的效果。明王阳明《传习录》卷上:"知者行之始,行者知之成;圣学只一个功夫,知行不可分作两事。"

博学之[1],审问之[2],慎思之[3],明辨之[4],笃行之[5]。有弗学[6],学之弗能,弗措也[7];有弗问,问之弗知,弗措也;有弗思,思之弗得,弗措也;有弗辨,辨之弗明,弗措也;有弗行,行之弗笃,弗措也。人一能之己百之[8],人十能之己千之。果能此道矣。虽愚必明,虽柔必强。

——《礼记·中庸》

［1］博学:谓广泛地学习。

［2］审问:谓对学问的深入探讨与追求。

［3］慎思:谓谨慎思考。

［4］明辨:谓辨识清楚。

［5］笃行:谓切实履行。

［6］有弗学:即"不学则已"的意思,下文"有弗问"、"有弗思"、"有弗辨"、"有弗行"取义略同。有,或许。弗,不。

［7］措:弃置;搁置。

［8］人一能之己百之:即"人一己百",意谓别人化一分气力,自己用百倍力量。即以百倍的努力赶上别人。

君子食无求饱

〔解题〕这一节选自《论语》,题目系编注者据正文所拟。在物质条件相对落后的春秋时代,饮食起居绝非小事。孔子曾赞誉他的得意学生颜回说:"贤哉回也!一箪食,一瓢饮,在陋巷,人不堪其忧,回也不改其乐。贤哉回也!"(《论语·雍也》)又曾说:"士志于道,而耻恶衣恶食者,未足与议也。"(《论语·为政》)连吃饭问题都难以保障的上古时代,将慎言慎行与追求道义置于第一的位置,体现了古代儒家对于自我修养的真诚与坚持。在温饱问题已经基本解决的今天,如何摆正物质享受与追求真理两者的关系问题,仍是值得我们深思的,不可掉以轻心!

子曰:"君子食无求饱,居无求安,敏于事而慎于言[1],就有道而正焉[2],可谓好学也已。"[3]

——《论语·学而》

[1] 敏:勤勉。
[2] 有道:指有才艺或有道德的人。三国魏何晏集解引孔安国曰:"有道,有道德者。"正:纠正,匡正。
[3] 好(hào 浩)学:喜爱学习。

生于忧患死于安乐

孟 子

〔**解题**〕这一篇节选自《孟子》,题目系编注者据正文所拟。人材的成长与家国之勃兴皆因困苦而来,这一辩证关系,自孟子以来,古人每有议论。宋欧阳修《五代史·伶官传序》:"《书》曰:'满招损,谦得益。'忧劳可以兴国,逸豫可以亡身,自然之理也。"何以如此?唐初魏徵早有解析,他曾上《论时政疏》给唐太宗,提出其治国方略,其第二条就说:"凡百元首,承天景命,莫不殷忧而道著,功成而德衰,有善始者实繁,能克终者盖寡,岂其取之易而守之难乎!昔取之而有馀。今守之而不足,何也?夫在殷忧,必竭诚以待下;既得志,则纵情以傲物。竭诚则吴越为一体,傲物则骨肉为行路。虽董之以严刑,震之以威怒,终苟免而不怀仁,貌恭而不心服。怨不在大,可畏惟人。载舟覆舟,所宜深慎。奔车朽索,其可忽乎?"治国如此,人材的成长历程也充满艰辛困苦,否则就难以担当大任。在文中,孟子连用六个历史人物的成功事例说明"天将降大任于是人"所必经的磨练之路,对于今天也有积极的认识价值。如何正确地对待人生挫折,变被动为主动,是我们迎接一切挑战所当预先思考的问题。

孟子曰:"舜发于畎亩之中[1],傅说举于版筑之间[2],胶鬲举于鱼盐之中[3],管夷吾举于士[4],孙叔敖举于海[5],百里奚举于市[6]。故天将降大任于是人也[7]，必先苦其心志[8]，劳其筋骨[9]，饿其体肤[10]，空乏其身[11]，行拂乱其所为[12]，所以动心忍性[13]，曾益其所不能[14]。人恒过[15]，然后能改；困于心，衡于虑，而后作[16]；征于色，发于声，而后喻[17]。入则无法家拂士[18]，出则无敌国外患者，国恒亡。然后知生于忧患而死于安乐也。"

——《孟子·告子下》

[1] 舜发于畎（quǎn 犬）亩之中：相传舜曾耕于历山，并以此获得尧帝的赏识。据《史记》卷一《五帝本纪》，舜躬耕历山的辛勤与对父母的诸多孝行感动了尧帝，终于禅让帝位给舜。发，提拔；举荐。畎亩，田地。

[2] 傅说（yuè 悦）举于版筑之间：相传"说"这个人曾经在傅岩筑土墙，为武丁（殷商国王名，后世称为高宗）寻访而得，举以为相，终于令殷商中兴。因说被举于傅岩，故以"傅"为姓，称傅说。事见《书·说命》、《史记》卷三《殷本纪》。版筑，古代两种筑土墙的工具，这里即指筑土墙。方法是用两版相夹，填泥其中，以杵捣实成墙。

[3] 胶鬲（gé 隔）举于鱼盐之中：商纣王之臣，据《国语·晋语》以及《吕氏春秋》中《诚廉》、《贵因》篇，仅知他为商纣时代的贤臣。另据汉赵岐注："胶鬲，殷之贤臣，遭纣之乱，隐遁为商。文王于鬻贩鱼盐之中得其人，举之以为臣也。"鱼盐，这里当借指经营鱼盐的小商人。

[4] 管夷吾举于士：管仲（？—前645），名夷吾，字仲，春秋齐国颍上（颍水之滨）人。初为公子纠侍从，公子纠为公子小白所杀，管仲为友人鲍叔牙荐于齐桓公（小白），被拜为相，终于使齐国国富兵强，一匡天下，齐桓公遂成为春秋五霸之首。士，古代指掌管刑狱的官员。

[5] 孙叔敖举于海：传说春秋时楚国的孙叔敖隐耕于僻远之地，被人荐之于楚庄王为令尹（宰相），发展农业，楚国因而富强。海，古人认为陆地四周皆为海，故用以指僻远之地。

[6] 百里奚举于市：春秋时虞国大夫，虞国亡后被俘，曾由晋入秦，又逃于楚，隐于市井，被秦穆公用五张羊皮赎回，委以国政，人称"五羖大夫"，

与蹇叔等共助秦穆公成就霸业。

[7] 大任:重任,重要职务。

[8] 苦其心志:谓令其意志刻苦。苦,形容词作动词。

[9] 劳其筋骨:谓使其身体受劳累。筋骨,韧带及骨骼,这里引申指身体。劳,动词的使动用法。以下"饿"、"空乏"用法略同。

[10] 饿其体肤:使其躯体挨饿。体肤,身体和皮肤,这里指躯体。

[11] 空(kòng控)乏其身:汉赵岐注:"使其身乏资绝粮。"空乏,困穷;贫穷。

[12] 行拂乱其所为:谓每有行动就遭受干扰。拂乱,违反其意愿以乱之。

[13] 动心忍性:谓不顾外界阻力,坚持下去。汉赵岐注:"所以动惊其心,坚忍其性,使不违仁。"

[14] 曾益其所不能:增加他原来不具备的能力,曾,通"增"。

[15] 人恒过:人经常会犯错误。恒,经常;常常。下文"恒"用法同。

[16] "困于心"三句:意谓精神困苦,思虑堵塞,然后方能奋发而有所作为。衡,汉赵岐注云:"衡,横也,横塞其虑于胸中。"

[17] "征于色"三句:意谓人的气质或情绪表现在脸色上,吐露于言语中,才能被人所了解。

[18] 法家:守法度的世臣。拂(bì必)士:辅佐的贤士。拂,通"弼",辅佐。宋朱熹集注:"法家,法度之世臣也;拂士,辅弼之贤士也。"

劝 学

荀 子

〔解题〕这篇《劝学》节选自《荀子》首篇,是千古传诵的名篇,一向为历代读书人所尊崇。荀子(前313?—前238),名况,战国赵人,学者称之为荀卿,后因避汉宣帝刘询讳,或改称孙卿。据说他五十岁始游学于齐,三为稷下祭酒,以遭谗去齐至楚,官兰陵(今山东枣庄一带)令,并卒于此。其学以孔子为宗,主张性恶说,与孟子性善说适相反对。今传《荀子》三十二篇,韩非、李斯为其门人。其事见《史记》卷七四《孟子荀卿列传》。

《劝学》一篇原文较长,一般入录皆为节选。论证严谨,说理透彻,多方设喻与排比罗列修辞手法的大量运用,增加了本文的说服力。

持之以恒的问学可以培育优良品德,增长能力;有所持择,专心致志,就会成效显著。劝学之旨在历代皆不乏嗣音,如汉代《长歌行》:"百川东到海,何时复西归。少壮不努力,老大徒伤悲。"唐代孟郊《劝学》诗:"击石乃有火,不击元无烟。人学始知道,不学非自然。万事须己运,他得非我贤。青春须早为,岂能长少年。"虞世南《劝学篇》有云:"自古贤哲,勤乎学而立其名。若不学,即没世而无闻矣。"至于传为宋真宗赵恒的《劝学篇》,更为世人所熟知:"富家不用买良田,书中自有千钟粟。安居不用架高堂,书中自有黄金屋。娶妻莫恨无良媒,书中自有颜如玉。出门莫恨无人随,书中车马多如簇。男儿欲遂平生志,《五经》常向窗前读。"劝学功利性目的的大胆展示,反映了古人在这一问题上务实态度逐步加强。

君子曰:学不可以已[1]。青,取之于蓝而青于蓝[2];冰,水为之而寒于水。木直中绳[3],𫐓以为轮[4],其曲中规[5],虽有槁暴[6],不复挺者,𫐓使之然也。故木受绳则直,金就砺则利[7],君子博学而日参省乎己[8],则知明而行无过矣[9]。

故不登高山,不知天之高也;不临深谿[10],不知地之厚也;不闻先王之遗言[11],不知学问之大也。干越、夷貉之子[12],生而同声,长而异俗,教使之然也。诗曰:"嗟尔君子,无恒安息。靖共尔位,好是正直。神之听之,介尔景福。"[13]神莫大于化道,福莫长于无祸[14]。

吾尝终日而思矣,不如须臾之所学也[15];吾尝跂而望矣[16],不如登高之博见也。登高而招[17],臂非加长也,而见者远;顺风而呼,声非加疾也[18],而闻者彰[19]。假舆马者[20],非利足也[21],而致千里;假舟楫者[22],非能水也[23],而绝江河[24]。君子生非异也,善假于物也。

南方有鸟焉,名曰蒙鸠[25],以羽为巢而编之以发,系之苇苕[26],风至苕折,卵破子死。巢非不完也,所系者然也。西方有木焉,名曰射干[27],茎长四寸,生于高山之上而临百仞之渊;木茎非能长也,所立者然也。蓬生麻中,不扶而直[28];白沙在涅,与之俱黑[29]。兰槐之根是为芷[30],其渐之滫[31],君子不近,庶人不服[32]。其质非不美也,所渐者然也。故君子居必择乡,游必就士[33],所以防邪辟而近中正也[34]。

物类之起,必有所始[35]。荣辱之来,必象其德[36]。肉腐出虫,鱼枯生蠹[37]。怠慢忘身[38],祸灾乃作。强自取柱,柔自取束[39]。邪秽在身,怨之所构[40]。施薪若一,火就燥也[41];平地若一,水就湿也[42]。草木畴生[43],禽兽群焉,物各从其类也。是故质的张而弓矢至焉[44],林木茂而斧斤至焉[45],树成荫而众鸟息焉,醯酸而蜹聚焉[46]。故言有召祸也,行有招辱也,君子慎其所立乎[47]!

积土成山,风雨兴焉[48];积水成渊[49],蛟龙生焉[50];积善成德,而神明自得[51],圣心备焉[52]。故不积跬步[53],无以致千里;不积小流,无以成江海。骐骥一跃[54],不能十步;驽马十驾[55],功在不舍。锲而舍之[56],朽木不折;锲而不舍,金石可镂[57]。蚓无爪牙之利[58],筋骨之强,上食埃土,下饮黄泉[59],用心一也[60]。蟹八跪而二螯[61],非蛇鳝之穴无可寄托者[62],用心躁也[63]。是故无冥冥之志者,无昭昭之明;无惛惛之事者,无赫赫之功[64]。行衢道者不至[65],事两君者不容[66]。目不能两视而明[67],耳不能两听而聪[68]。螣蛇无足而飞[69],鼫鼠五技而穷[70]。诗曰:"尸鸠在桑,其子七兮。淑人君子,其仪一兮。其仪一兮,心如结兮。"[71]故君子结于一也[72]。

昔者瓠巴鼓瑟而流鱼出听[73],伯牙鼓琴而六马仰秣[74]。故声无小而不闻,行无隐而不形[75],玉在山而草木润,渊生珠而崖不枯[76]。为善不积邪,安有不闻者乎[77]?

——《荀子·劝学》

[1] 已:停止,废弃。

[2] 青取之于蓝而青于蓝:意谓青色的染料从蓝草叶中提取,却比蓝草的颜色更深。此与下一句"冰寒于水",皆比喻人只有通过学习才能比学习以前更有进步。

[3] 木直中(zhòng 仲)绳:谓木材笔直符合墨线。中,符合。绳,木工

57

用以测定直线的墨线。

[4] 輮(róu揉)以为轮：谓将直木经火烤变弯曲制成车轮。輮,通"煣",用火烤木材使弯曲。

[5] 其曲中规：它的曲率合乎圆规。规,圆规,画圆形的工具。《吕氏春秋·分职》："巧匠为宫室,为圆必以规,为方必以矩,为平直必以准绳。"

[6] 槁暴(pù铺)：枯干,晒干。

[7] 金就砺则利：谓刀剑等金属物在磨石上磨后就会锋利。金,武器,如刀剑等。《淮南子·说山训》："砥石不利而可以利金。"汉高诱注："金,刀剑之属。"就,靠近。砺,砺石,磨刀石。

[8] 参省(xǐng醒)乎己：对自己参验省察。

[9] 知(zhì智)：同"智",谓智慧。《礼记·中庸》："好学近乎知。"行：行为。

[10] 深谿：深谷。

[11] 先王：指上古贤明君王。遗言：这里犹言古训。

[12] 干越：春秋时的吴国和越国。干,亦作邗,本国名,后为吴所灭,故用以称吴。夷貉(mò默)：即夷貊,古代对东方和北方民族之称,这里当泛指各少数民族。

[13] "诗曰"数句：见《诗·小雅·小明》最末一节。此诗为周王朝一位出使远方牢骚满腹的官吏所作。宋朱熹《诗集传》："大夫以二月西征,至于岁暮而未得归,故呼天而诉之,复念其僚友之处者,且自言其畏罪而不敢归也。"所引诗句大意是："你们这些官员啊,不要总想图安逸。恭谨地履行你的职守,崇尚这正直之道。神明审察到,就会以洪福佐助你。"荀子引用此诗,意在劝学。俞樾《荀子诗说》："荀子之意,以人性本恶,必以学正之,故引此诗以正之。"靖共,即靖恭,谓恭谨地奉守。共,通"恭"。好,爱好,崇尚。是,指示代词"这"。神,神明。听,审察。介,佐助。景福,洪福;大福。

[14] "神莫大于化道"二句：意谓学问的熏陶可使求学者的气质发生变化,达到一种神妙莫测的境界;修身自能远祸,无祸就是最大的幸福。化道,谓受道的教化,彻悟于道。唐杨倞注："为学则自化道,故神莫大焉;修身则自无祸,故福莫长焉。"

[15] 须臾：片刻,短时间。

［16］跂(qǐ起):踮起脚跟。

［17］招:打手势呼人。

［18］疾:急剧而猛烈。

［19］彰:明显;显著。

［20］假:凭借;依靠。舆马:车马。

［21］利足:善于行走。

［22］舟楫:泛指船只。

［23］能水:谓泅水。

［24］绝:横度;越过。

［25］蒙鸠:即鹪鹩,一种鸟名。形小,体长约三寸。羽毛赤褐色,略有黑褐色斑点。尾羽短,略向上翘。以昆虫为主要食物。善于用苇草编织鸟巢,故俗称巧妇鸟。

［26］系:悬挂。苇苕(tiáo条):芦苇。

［27］射(yè业)干:多年生草本,夏季开花,花被橘红色,有深红斑点。根可入药。

［28］"蓬生麻中"二句:意谓蓬草生于麻中,不须扶持就能生长得很直。蓬,叶形似柳叶,边缘有锯齿。麻,大麻,茎秆挺直。

［29］"白沙在涅"二句:意谓白色的沙砾落于黑泥中,就混同黑泥的颜色。涅,黑泥。

［30］兰槐:香草名,即白芷,古人常用为香料佩带。

［31］其渐(jiān坚)之滫(xiǔ朽):意谓假如将兰芷浸入臭水中。其,连词,表示假设。渐,浸泡。滫,酸臭的陈淘米水,这里泛指污臭之水。

［32］庶人:平民,百姓。服:佩带。

［33］游必就士:意谓外出交游必接近有学问的贤良之士。

［34］邪辟:品行不端的人。中正:正直之士。

［35］"物类之起"二句:意谓万物皆以类聚,必由一初始原因所致。

［36］"荣辱之来"二句:意谓一个人的享誉与蒙羞,必与他的德行相关。象,体现,表现。

［37］枯:这里谓干鱼。蠹(dù杜):蛀虫。

［38］怠慢忘身:因懈怠轻忽而忘记切身的利害。

59

[39] "强自取柱"二句:意谓刚强的东西容易自己折断,柔弱的东西容易被约束。柱,通"祝",折断。束,约束;限制。

[40] "邪秽在身"二句:意谓人有邪恶污秽的品行,就会招来仇怨在身。构,造成。

[41] "施薪若一"二句:意谓将柴薪同样铺排在那里,火焰总是先向较为干燥的柴薪烧去。

[42] "平地若一"二句:意谓同为平地,水总是先向较为潮湿的地方流去。《易·乾》:"水流湿,火就燥。"

[43] 畴:同"俦",同类。或谓"畴"通"稠",稠生,即丛生,亦可通。

[44] 质的:箭靶。

[45] 斧斤:泛指各种斧子。

[46] 醯(xī西)酸:醋酸。蜹(ruì瑞):同"蚋",蚊类害虫。体形似蝇而小,吸人畜血液。

[47] 立:谓立身,即处世、为人。

[48] "积土成山"二句:意谓少量的土看不出作用,然而一旦堆积成山,就能积云生雨,影响气候。与以下两句皆比喻学习有一个从量变到质变的过程,效果从而显现。

[49] 渊:深潭。

[50] 蛟龙:古代传说的两种动物,居深水中。相传蛟能发洪水,龙能兴云雨。

[51] 神明:谓人的精神,心思。

[52] 圣心:圣人的心怀。

[53] 跬(kuǐ亏上声)步:即跬步,半步,跨一脚。

[54] 骐骥(qí jì其寄):骏马。

[55] 驽(nú奴)马:劣马。十驾:谓马驾车走十天的路程。

[56] 锲(qiè窃):用刀刻。

[57] 镂(lòu陋):雕刻。

[58] 螾(yǐn蚓):同"蚓",即蚯蚓。

[59] 黄泉:地下的泉水。

[60] 用心一也:谓专心一意。

[61] 八跪:八足。跪,足。原作"六跪",今正。螯(áo 獒):螃蟹等节肢动物变形的第一对脚,形状如钳,能开合,用来取食或自卫。

[62] 蟺(shàn 善):通"鳝"、"鱓",即黄鳝。

[63] 躁:浮躁。

[64] "是故无冥冥之志者"四句:意谓不专心致志的学习,就无显著的成效;不精诚专一,就不会有显赫的业绩。冥冥,专心致志貌。昭昭,显著。惛(hūn 婚)惛,专一。赫赫,显赫盛大貌。

[65] 衢(qú 瞿)道:歧路,岔路。

[66] 不容:不能容纳。

[67] 目不能两视而明:意谓眼睛不能同时注视两样东西而看得清楚。明,看清楚。

[68] 耳不能两听而聪:意谓耳朵不能同时听两种声音而听得清楚。聪,听觉灵敏。

[69] 螣(téng 腾)蛇:即腾蛇,传说中一种能飞的蛇。

[70] 鼫(shí 石)鼠:原作"梧鼠",通"鼯鼠","鼯"又当作"鼫",今径改。据说鼫鼠有五种技能,却皆不能精,等于无用。穷:困窘。

[71] "诗曰"数句:见《诗·曹风·鸤鸠》首节。唐孔颖达疏:"言有鸤鸠之鸟,在于桑木之上为巢,而其子有七兮。鸤鸠养之,能平均用心如壹。以兴人君之德,养其国人,亦当平均如壹。"宋朱熹《诗集传》:"诗人美君子之用心均平专一。"荀子引用此诗,意在讲治学须始终用心均平专一。尸鸠,即鸤鸠,俗称布谷鸟,以其鸣声似"布谷",又鸣于播种时,故相传为劝耕之鸟。淑人,善人。仪,仪态举止。心如结,比喻用心专一。

[72] 结于一:谓为学精神集中于一点,心无旁骛。

[73] 瓠(hù 互)巴:又作"瓠芭",传说春秋时楚国的著名琴师。《列子·汤问》:"瓠巴鼓琴,而鸟舞鱼跃。"流鱼:即沉鱼。流,用同"沉"。

[74] 伯牙:春秋时楚国精于琴艺的人。六马仰秣(mò 末):形容乐声美妙,正在吃食的马亦仰首倾听。秣,牲口的饲料。以上两喻谓学问精深自能感动万物。

[75] "故声无小而不闻"二句:意谓声音即使微小也会被听到,行为纵然隐蔽也总能显露。比喻学问无论大小,总会有成效。

[76]"玉在山而草木润"二句:意谓有玉石的山上草木就会滋润,能产珍珠的深潭崖岸也不显干枯。比喻有学问者气质外露,举止不凡。

[77]"为善不积"二句:意谓难道是做善事未能积累吗,否则哪有不为人知的道理。比喻治学贵在坚持。

贵 学

刘 向

〔解题〕这一篇节选自汉代刘向《说苑》,题目系编注者据正文所拟。刘向(前77? —前6),初名更生,字子政,汉彭城(今江苏徐州)人。《说苑》是刘向校书中据皇家与民间所藏有关典籍整理而成,内容颇具故事性,多为对话体的杂著,反映了汉代儒家思想。活到老,学到老,孔子即有"发愤忘食,乐以忘忧,不知老之将至云尔"(《论语·述而》)的自我写照。北齐颜之推对此更有所发挥,其《颜氏家训·勉学》有云:"然人有坎壈,失于盛年,犹当晚学,不可自弃。孔子云:'五十以学《易》,可以无大过矣。'魏武、袁遗,老而弥笃,此皆少学而至老不倦也。曾子七十乃学,名闻天下;荀卿五十,始来游学,犹为硕儒;公孙弘四十馀,方读《春秋》,以此遂登丞相;朱云亦四十,始学《易》、《论语》;皇甫谧二十,始受《孝经》、《论语》:皆终成大儒,此并早迷而晚寤也。世人婚冠未学,便称迟暮,因循面墙,亦为愚耳。幼而学者,如日出之光,老而学者,如秉烛夜行,犹贤乎瞑目而无见者也。"唐周昙《春秋战国门·师旷》:"老能劝学照馀生,似夜随灯到处明。往行前言如不见,暗中无烛若为行。"可见古人对于学习贯彻终生重要性的认识。

晋平公问于师旷曰[1]:"吾年七十,欲学,恐已暮矣。"师旷曰:"暮何不炳烛乎[2]?"平公曰:"安有为人臣而戏其君乎?"师旷曰:"盲臣安敢戏其君乎?臣闻之,少而好学,如日出之阳;壮而好学,如日中之光;老而好学,如炳烛之明。炳烛之明,孰与昧行乎[3]?"平公曰:"善哉!"

——《说苑》卷三《建本》节选

[1] 晋平公:即姬彪(前?—前532),春秋时晋悼公之子,在位二十六年。即位之初曾一度恢复晋国的霸业,后期大兴土木,堕于政事,至大权旁落,为此后三家分晋埋下祸因。师旷:春秋时晋国的乐师,字子野,据说生而目盲,但善辨声乐。《左传·襄公十四年》、《国语·晋语八》有其事迹。

[2] 炳烛:义略同"秉烛",谓持烛以照明。三国魏曹丕《又与吴质书》:"少壮真当努力,年一过往,何可攀援?古人思炳烛夜游,良有以也。"汉《古诗十九首》:"人生不满百,常怀千岁忧。昼短苦夜长,何不秉烛游。"

[3] 昧行:谓暗中行走。

让县自明本志令

曹 操

〔解题〕曹操(155—220),字孟德,小字阿瞒,沛国谯(今安徽亳州)人。后以镇压黄巾军起家,建安元年(196)迎汉献帝都许昌,挟天子以令诸侯,统一黄河流域,位至丞相、大将军,封魏王。其子曹丕代汉称帝,追尊曹操为太祖武帝。善于用兵,军事之馀,亦擅长文学。

在秦代,只有皇后与皇太子发文称"令",至汉代,诸侯王皆可称"令"。明建安以后,曹操任大将军封武平侯,即有《置屯田令》发布,可见这一文体书写者身份的每况愈下,也是汉末人臣势力逐渐上升的体现。这篇令当作于建安十五年(210)年末,时曹操已是汉丞相,朝廷欲加封其四县,食邑三万户,曹操让三县并申明本志,表示决不放弃军权,就有了这篇《让县自明本志令》。作者在文章中非常自负地追叙自己于乱世中的奋斗历程,踌躇满志、顾盼自雄中实话实说,毫无矫饰之态。其人生主观意志与客观情势如何相互促进,乃至不屈不挠,华丽转身,至今对于读者无疑仍有相当的励志作用。

孤始举孝廉[1],年少。自以本非岩穴知名之士[2],恐为海内人之所见凡愚[3],欲为一郡守[4],好作政教[5],以建立名誉,使世士明知之[6]。故在济南[7],始除残去秽[8],平心选举[9]，违迕诸常侍[10]。以为强豪所忿[11]，恐致家祸，故以病还[12]。

去官之后，年纪尚少，顾视同岁中[13]，年有五十，未名为老。内自图之[14]，从此却去二十年，待天下清，乃与同岁中始举者等耳。故以四时归乡里[15]，于谯东五十里[16]，筑精舍[17]，欲秋夏读书，冬春射猎，求底下之地[18]，欲以泥水自蔽[19]，绝宾客往来之望，然不能得如意。

后征为都尉[20]，迁典军校尉[21]。意遂更欲为国家讨贼立功[22]，欲望封侯作征西将军[23]，然后题墓道言[24]："汉故征西将军曹侯之墓。"此其志也。而遭值董卓之难，兴举义兵[25]。是时合兵[26]，能多得耳，然常自损[27]，不欲多之。所以然者，多兵意盛，与强敌争，倘更为祸始[28]。故汴水之战数千[29]，后还到扬州更募[30]，亦复不过三千人，此其本志有限也。

后领兖州[31]，破降黄巾三十万众[32]。又袁术僭号于九江[33]，下皆称臣，名门曰建号门，衣被皆为天子之制[34]，两妇预争为皇后。志计已定[35]，人有劝术使遂即帝位，露布天下[36]。答言"曹公尚在，未可也"。后孤讨禽其四将[37]，获其人众，遂使术穷亡解沮[38]，发病而死[39]。及至袁绍据河北[40]，兵势强盛，孤自度势[41]，实不敌之。但计投死为国[42]，以义灭身，足垂于后[43]。幸而破绍，枭其二子[44]。又刘表自以为宗室[45]，包藏奸心，乍前乍却[46]，以观世事，据有当州[47]。孤复定之，遂平天下。身为宰相[48]，人臣之贵已极，意望已过矣[49]。

今孤言此，若为自大，欲人言尽，故无讳耳[50]。设使国家无有孤，不知当几人称帝，几人称王[51]。或者人见孤强盛，又性不信天命之事[52]，恐私心相评[53]，言有不逊之志[54],妄相忖度[55],每用耿耿[56]。

齐桓、晋文所以垂称至今日者[57],以其兵势广大,犹能奉事周室也[58]。《论语》云:"三分天下有其二,以服事殷,周之德可谓至德矣"[59],夫能以大事小也。昔乐毅走赵[60],赵王欲与之图燕。乐毅伏而垂泣,对曰:"臣事昭王,犹事大王。臣若获戾,放在他国,没世然后已,不忍谋赵之徒隶,况燕后嗣乎。"[61]胡亥之杀蒙恬也[62],恬曰:"自吾先人及至子孙,积信于秦三世矣。今臣将兵三十馀万,其势足以背叛,然自知必死而守义者,不敢辱先人之教以忘先王也。"[63]孤每读此二人书,未尝不怆然流涕也[64]。

孤祖、父以至孤身,皆当亲重之任[65],可谓见信者矣。以及子桓兄弟[66],过于三世矣。孤非徒对诸君说此也,常以语妻妾,皆令深知此意。孤谓之言:"顾我万年之后[67],汝曹皆当出嫁,欲令传道我心[68],使他人皆知之。"孤此言皆肝鬲之要也[69]。所以勤勤恳恳叙心腹者,见周公有《金縢》之书以自明[70],恐人不信之故。然欲孤便尔委捐所典兵众以还执事[71],归就武平侯国[72],实不可也。何者?诚恐己离兵为人所祸也。既为子孙计,又已败则国家倾危[73],是以不得慕虚名而处实祸,此所不得为也。

前朝恩封三子为侯[74],固辞不受,今更欲受之,非欲复以为荣,欲以为外援,为万安计[75]。孤闻介推之避晋封[76],申胥之逃楚赏[77],未尝不舍书而叹[78],有以自省也[79]。奉国威灵[80],仗钺征伐[81],推弱以克强,处小而禽大[82],意之所图,动无违事[83],心之所虑,何向不济[84]。遂荡平天下[85],不辱主命[86],可谓天助汉室,非人力也。然封兼四县[87],食户三万[88],何德堪之[89]。江湖未静,不可让位,至于邑土,可得而辞。今上还阳夏、柘、苦三县[90],

67

户二万,但食武平万户。且以分损谤议[91],少减孤之责也。

——《曹操集·文集》卷二

[1] 孤:古代诸侯君王的自称,曹操时封武平侯,故自称孤。举孝廉:察举为汉代选拔官吏的制度,由官吏荐举,经过考核,任以官职。孝廉为当时求仕者必由之途,孝谓善事父母者,廉谓清洁有廉隅者。《三国志·武帝纪》:"年二十,举孝廉为郎,除洛阳北部尉,迁顿丘令。"

[2] 岩穴:谓岩穴之士,即隐士。古时隐士多山居,故称。

[3] 海内:国境之内,全国。古人认为天下疆土四面临海,故称。凡愚:平庸愚昧。

[4] 郡守:郡的长官,主一郡之政事。秦废封建设郡县,郡置守、丞、尉各一人。守治民,丞为佐。汉因之。

[5] 政教:政治与教化。

[6] 世士:当世之士;文士。

[7] 济南:济南国,东汉灵帝熹平三年,河间王刘利之子刘康被封为济南王。曹操于汉灵帝末年曾作济南相。

[8] 除残去秽:扫除残馀,荡涤污秽,比喻指彻底革新。

[9] 平心选举:意谓用心公平地选拔孝廉、贤良、方正等方面的人材向汉廷举荐。

[10] 违迕(wǔ午):抵触。常侍,谓中常侍,宫内宦官官名。东汉由宦官专任,传达诏令与掌管文书,权势极大。《后汉书·宦者传·张让》:"是时让、忠及夏恽、郭胜、孙璋、毕岚、栗嵩、段珪、高望、张恭、韩悝、宋典十二人,皆为中常侍,封侯贵宠,父兄子弟布列州郡,所在贪残,为人蠹害。"

[11] 强豪:犹豪强,指有权势而强横的人。忿:怨恨。

[12] 故以病还:谓托病还乡。《三国志·武帝纪》裴注引《魏书》云:"于是权臣专朝,贵戚横恣。太祖不能违道取容。数数干忤,恐为家祸,遂乞留宿卫。拜议郎,常托疾病,辄告归乡里。"

[13] 同岁:汉代称同一年被荐举为孝廉者。

[14] 内自图之:谓内心暗自盘算谋划。

[15] 四时:谓春、夏、秋、冬四季。归:归属。

[16] 谯东:谓曹操家乡谯郡(今安徽亳州)以东。

[17] 精舍:书斋。

[18] 底下:犹低下。底,通"低"。

[19] 泥水自蔽:谓从事种植,与外界隔绝不往来。

[20] 征:即征聘,谓朝廷以礼招聘贤才。都尉:汉代郡守的辅官,掌兵维持地方治安。

[21] 典军校尉:东汉西园八校尉之一,为汉灵帝所置,掌宿卫禁军。

[22] 讨贼:谓镇压黄巾军。

[23] 封侯:封拜侯爵。征西将军:东汉末将军称号,四征将军之一。

[24] 墓道:墓前或墓室前的甬道。

[25] "而遭值董卓之难"二句:汉灵帝中平六年(189),灵帝刘宏死,陇西豪强董卓乘乱率兵入洛阳,废少帝刘辨,立献帝刘协,京都大乱。这一年的十二月,曹操在已吾起兵五千征讨董卓,初平元年(190)正月,以渤海太守袁绍为盟主的各路诸侯联合讨董卓,董卓徙天子都长安,焚烧洛阳。

[26] 合兵:意谓各方联兵抗董卓。

[27] 自损:谓自我节制。

[28] 倘更为祸始:意谓或许成为祸端。

[29] 汴水之战数千:当时董卓兵强,袁绍等不敢应战,奋武将军曹操独引数千兵至荥阳汴水(今河南荥阳东北)迎战董卓部将徐荣失利,士卒死伤甚多,曹操亦为流矢所中,乘夜逃去。

[30] 扬州更募:汴水战后,曹操因损兵折将过多,就与夏侯惇等到扬州募兵,刺史陈温、丹杨太守周昕与兵四千馀人,至龙亢,士卒多叛,后复收兵得千馀人。下文"不过三千人",当是龙亢兵变后曹操领兵之总数。扬州,西汉武帝时所置十三刺史部之一,辖境相当于今安徽淮水与江苏长江以南以及江西、浙江、福建三省,湖北英山、黄梅、广济,河南固始、商城等县市地。东汉治所在历阳(今安徽和县),末年移治寿春(今安徽寿县)、合肥(今安徽合肥市西北)。

[31] 后领兖(yǎn 演)州:初平三年(192),董卓被司徒王允等设计杀死,青州黄巾军百万众入兖州,杀刺史刘岱,鲍信等迎曹操领兖州牧。领,汉代以后,以地位较高的官员兼理较低的职务,谓之"领",也称"录"。兖州,

69

西汉十三刺史部之一,辖境约相当于今山东西南部与河南东部地区,东汉时治所在昌邑(今山东巨野东南)。

[32] 破降黄巾三十万众:初平三年冬,曹操迫降黄巾军三十万,收其精锐,号青州兵,是曹操真正起家之始。黄巾,东汉末年张角所领导的农民军,因头包黄巾而得名,倡言"苍天已死,黄天当立"。

[33] 袁术僭(jiàn 建)号于九江:袁术(?—199),字公路,东汉汝阳(今河南汝南)人,出身于"四世三公"的官僚家庭,为袁绍从弟。汉灵帝时为虎贲中郎将,董卓乱时,在长江、淮河以南一带形成割据势力,汉献帝建安二年(197),割据淮南早有称帝之心的袁术在九江寿春僭号,自称"仲家",以九江太守为淮南尹,置公卿百官,郊祀天地。建安四年,粮尽众散,欲走青州,为刘备截击,复还寿春,呕血而死。僭号,冒用帝王的称号。九江,谓九江郡,秦置,治所寿春(今安徽寿县),辖境在今安徽、河南淮河以南,湖北黄冈以东以及江西全省,以境内有九江得名。

[34] 衣被:这里单指衣服、冠戴。

[35] 志计:谋划。

[36] 露布:谓公布文书。

[37] 讨禽:讨伐、擒获。禽,同"擒"。四将:指袁术所部桥蕤、李丰、梁纲、乐就四人。

[38] 穷亡:困顿逃窜。解沮(xiè jǔ 谢举):犹瓦解。

[39] 发病而死:据《后汉书》卷七五《袁术传》,建安四年(199)六月,袁术败走江亭,愤慨结病,呕血而死。

[40] 袁绍:字本初(?—202),袁术从兄。汉灵帝时为佐军校尉,董卓乱起,出奔冀州,曾为诸侯盟主共同讨董卓。董卓死,袁绍据有河北,建安七年与曹操战于官渡,兵败,病发而死。河北:泛指今黄河以北地区。袁绍曾据有冀、青、幽、并四州之地,相当于今河北、山西两省以及山东、河南两省的一部分地区。

[41] 度(duó 夺)势:推测形势。

[42] 但计:只考虑。投死:舍命报效。

[43] "以义灭身"二句:意谓如果能够为正义而死,足可以后世扬名。以义灭身,与"舍生取义"略同。

［44］"幸而破绍"二句：建安五年，曹操在官渡（今河南中牟东北）出奇制胜，以两万左右的兵力大败袁绍的十万之众，袁绍仅以八百骑仓皇逃回河北，两年以后，因兵败忧郁而死。袁绍的两个儿子袁谭、袁尚自相残杀，争斗不休。建安十年，曹操击杀袁谭，平定冀州。建安十二年，曹操北征乌桓，逃往辽东的袁尚、袁熙为公孙康所杀。枭（xiāo 销），即枭首示众，旧时谓斩头而悬挂在杆上示众。

［45］刘表：字景升（142—208），东汉山阳高平（今山东邹县西南）人，据称为西汉景帝之子鲁恭王刘馀之后。汉献帝初平元年（190）任荆州刺史，据有今湖北、湖南大部地区，是当时较有影响的割据势力。建安十三年（208），曹操南征，表病死。曹军到襄阳，刘表子刘琮举州降曹操。宗室：这里谓与汉君主同宗族之人，犹言皇族。

［46］乍前乍却：形容首鼠两端，犹豫不定。《三国志》卷六《刘表传》："太祖与袁绍方相持于官渡，绍遣人求助，表许之而不至，亦不佐太祖，欲保江汉间，观天下变。"

［47］当（dàng 荡）州：本州。这里即指荆州。

［48］宰相：古人称辅助皇帝、统领群僚、总揽政务的最高行政长官，这里谓丞相。据《三国志》卷一《武帝纪》，建安十三年（208）夏六月，以曹操为丞相。

［49］意望：愿望，希望。这里指曹操欲为征西将军的初志。

［50］"若为自大"三句：意谓好像是妄自尊大的话，但为了使他人无话可说，就毫无顾忌地直言了。

［51］"不知当几人称帝"二句：意谓东汉末天下大乱，有实力者皆欲出人头地，称王称霸。《三国志》卷二一《王粲传》："天下大乱，豪杰并起，在仓卒之际，强弱未分，故人各各有心耳。当此之时，家家欲为帝王，人人欲为公侯。"

［52］天命：古人以为君权神授，统治者自称受命于天，谓之天命。

［53］私心相评：意谓带有偏见的议论以至诽谤。

［54］不逊之志：傲慢无礼的欲望，这里谓代汉自立的企图。

［55］妄相忖度（duó 夺）：谓妄加揣测。

［56］每用耿耿：意谓每每因此烦躁不安，心事重重，不能释怀。

71

[78] 舍书而叹:同"废书而叹",意谓因书中内容感慨叹息而放下书,中止阅读。《史记·孟子荀卿列传序》:"余读孟子书,至梁惠王问'何以利吾国',未尝不废书而叹也。"

[79] 自省(xǐng 醒):自行省察。

[80] 奉国威灵:谓凭借国家显赫的声威。

[81] 仗钺:手持黄钺,表示将帅的权威。引申指统帅军队。征伐:讨伐。

[82] "推弱以克强"二句:即以弱克强、以少胜多的意思。

[83] 动无违事:意谓行动没有违背礼仪的事。语本《左传·昭公二十年》:"若有德之君,外内不废,上下无怨,动无违事,其祝史荐信,无愧心矣。"杨伯峻注:"违事,违礼之事。"

[84] 不济:不成功。

[85] 荡平:扫荡平定。

[86] 不辱主命:谓不辱没君主的使命。主,这里当指汉献帝。

[87] 封兼四县:意谓封地兼有四县之地。四县,谓武平、阳夏(治今河南太康)、柘(治今河南柘城)、苦(治今河南鹿邑)。

[88] 食户三万:意谓靠封邑三万户所缴租税生活。

[89] 何德堪之:意谓自己德薄,难以接受如此重赏。

[90] 上还:上缴。

[91] 分损谤议:减少他人的非议。

诫外生书

诸葛亮

〔解题〕 诸葛亮(181—234),字孔明,琅邪阳都(今山东沂南)人。曾隐居于隆中(今湖北襄阳西),自比管仲、乐毅,有"卧龙"之誉。东汉末刘备三顾始见,为刘备提出割据荆、益,联合孙权,抗拒曹操之策略,辅佐刘备立业蜀中,与东吴、曹魏成三分鼎足之势。曹丕代汉后,刘备称帝于成都,以诸葛亮为丞相。刘备死后,诸葛亮又辅佐后主刘禅,封武乡侯,领益州牧。修法度,整官制,屡次北伐曹魏,以恢复中原为己志,鞠躬尽瘁,死而后已,卒于五丈原军中,谥忠武侯。在后世的戏曲、小说中,诸葛亮是被神化的人物,特别是《三国志通俗演义》,"状诸葛之多智而近妖"(鲁迅语),于是一个燮理阴阳、神机莫测,能够呼风唤雨的虚幻人物就诞生了。其实作为历史人物的诸葛亮就是一位著名的政治家与军事家,至于文学地位,其人其文虽不及"三曹"彪炳后世,但《出师表》脍炙人口,一片忠心可鉴!训诫子侄等书信亦语重心长。清光绪间云南剑川人赵藩题成都武侯祠一联云:"能攻心则反侧自消,从古知兵非好战;不审势即宽严皆误,后来治蜀要深思。"言简意赅,将诸葛亮的用兵、理政才华和盘托出,堪称千古名联。"外生"即外甥,虽非同姓,却也属于亲密的晚辈。这篇《诫外生书》不务雕饰,直言无隐,文学色彩不浓,但于实践指导意义非同寻常,至今仍可悬诸座右,以为处世格言。

夫志当存高远[1],慕先贤[2],绝情欲,弃疑滞[3],使庶几之志[4],揭然有所存[5],恻然有所感[6]。忍屈伸[7],去细碎[8],广咨问[9],除嫌吝[10],虽有淹留[11],何损于美趣?何患于不济[12]?若志不强毅,意不慷慨[13],徒碌碌滞于俗[14],默默束于情,永窜伏于凡庸[15],不免于下流矣[16]。

——《诸葛亮集·文集》卷一

[1] 高远:高尚远大。

[2] 先贤:先世的贤人。

[3] 疑滞:迟疑不决。

[4] 庶几(jī基)之志:谓向往贤才的志向。语本《易·系辞下》:"颜氏之子,其殆庶几乎。"颜氏之子,指颜回。后因以"庶几"借指贤才。

[5] 揭然:显露貌。

[6] 恻然:悲伤貌。

[7] 屈伸:进退。

[8] 细碎:谓琐碎杂事。

[9] 咨问:咨询;请教。

[10] 嫌吝:猜疑悔恨。

[11] 淹留:谓屈居下位。

[12] 不济:不成功。

[13] 慷慨:情绪激昂。

[14] 碌碌:平庸无能貌。滞:积聚。

[15] 窜伏:逃匿;隐藏。凡庸:平庸。

[16] 下流:比喻众恶所归的地位。

诫当阳公大心书

萧 纲

〔解题〕 萧纲(503—551),字世缵,小字六通,梁武帝第三子,由于长兄萧统早死,中大通三年(531)被立为太子。太清三年(549),侯景之乱,梁武帝被囚饿死,萧纲即位,即南朝梁简文帝。大宝二年(551)为侯景所害。萧纲文学才华出众,在当时影响很大。

当阳公大心即萧大心(523—551),字仁恕,为萧纲第二子,中大通四年(532),以皇孙封当阳公。大宝元年(550),封浔阳王,次年为侯景将任约所害。这封书属于父教子的家信,强调学习的重要性固然可贵,但最后四句所涉及的文艺理论问题,更有认识价值。文未必如其人,正如同"字如其人"的不确定性一样。文学的理想性与现实人生是有相当距离的,"文章且须放荡"的道理或许正在于此。

汝年时尚幼[1],所阙者学[2],可久可大[3],其唯学欤!所以孔丘言[4]:"吾尝终日不食,终夜不寝,以思,无益,不如学也。"[5]若使墙面而立[6],沐猴而冠[7],吾所不取。立身之道,与文章异,立身先须谨重[8],文章且须放荡[9]。

——严可均《全上古三代秦汉三国六朝文·全梁文》卷一一

[1] 年时:岁月,借代年岁。

[2] 阙(quē缺):空缺,没有。

[3] 可久可大:意谓贤人的德业。语本《易·系辞上》:"有亲则可久,有功则可大;可久则贤人之德,可大则贤人之业。"

[4] 孔丘:即孔子(前551—前479),名丘,字仲尼。

[5] "吾尝终日不食"数句:语出《论语·卫灵公》,是孔子强调学习的话。

[6] 墙面而立:面对墙壁站立。

[7] 沐猴而冠:猕猴戴帽子,比喻外表虽装扮得很像样,但本质却掩盖不了。常用来讽刺依附权势、窃据名位之人。《汉书·项籍传》:"人谓楚人沐猴而冠耳,果然。"唐颜师古注:"言虽着人衣冠,其心不类人也。"

[8] 谨重:谨慎稳重。

[9] 放荡:放纵,不受约束。

自 求 诸 身

颜之推

〔**解题**〕这一篇节选自《颜氏家训》,题目系编注者据正文所拟。颜之推(531—595?),字介,琅邪临沂(今属山东)人。梁元帝时,官至散骑侍郎。梁亡,流寓北齐,为黄门侍郎。隋文帝时,以疾终。颜之推身处动乱时代,历经梁、周、齐、隋四朝,目睹当时士大夫子弟游手好闲、浮浪无能,特意撰写《颜氏家训》二十篇以训诫子弟。颜之推作为古代著名教育家,其论学宗旨以儒家经典为基础,兼及百家之言,即所谓"明《六经》之指,涉百家之书",并且非常注意知识的学以致用。所选此篇中"若能常保数百卷书,千载终不为小人也","不得以有学之贫贱,比于无学之富贵也",这些发自肺腑的文字,至今仍有非同寻常的教育意义。

有客难主人曰[1]:"吾见强弩长戟,诛罪安民[2],以取公侯者有矣[3];文义习吏[4],匡时富国[5],以取卿相者有矣[6];学备古今,才兼文武,身无禄位[7],妻子饥寒者,不可胜数[8],安足贵学乎?"主人对曰:"夫命之穷达[9],犹金玉木石也;修以学艺[10],犹磨莹雕刻也[11]。金玉之磨莹,自美其矿璞[12],木石之段块[13],自丑其雕刻[14];安可言木石之雕刻,乃胜金玉之矿璞哉?不得以有学之贫贱,比于无学之富贵也。且负甲为兵[15],咋笔为吏[16],身死名灭者如牛毛,角立杰出者如芝草[17];握素披黄[18],吟道咏德[19],苦辛无益者如日蚀[20],逸乐名利者如秋荼[21],岂得同年而语矣[22]。且又闻之:生而知之者上,学而知之者次[23]。所以学者,欲其多知明达耳[24]。必有天才,拔群出类[25],为将则闇与孙武、吴起同术[26],执政则悬得管仲、子产之教[27],虽未读书,吾亦谓之学矣[28]。今子即不能然,不师古之踪迹[29],犹蒙被而卧耳[30]。"

——《颜氏家训》卷三《勉学》节选

[1] 难(nàn 南去声):责难;诘问。主人:作者自称。

[2] 诛罪:讨伐有罪者。安民:安抚人民。

[3] 公侯:功勋爵位。

[4] 文义:文辞。习吏:学习做官。

[5] 匡时:匡正时世;挽救时局。

[6] 卿相:高官显位。

[7] 禄位:俸禄与爵次。这里泛指官位俸禄。

[8] 不可胜(shēng 升)数:不计其数,极言其多。

[9] 穷达:困顿与显达。

[10] 修以学艺:谓学习六艺,即学习礼、乐、射、御、书、数。

[11] 磨莹:磨治光亮。

[12] 自美:自以为美。矿璞:未经熔炼成器的金属矿石,未经雕琢加工的玉石。

[13] 段块:木与石的段状与块状形态。

[14] 自丑:自以为丑。

[15] 负甲为兵:谓身披铠甲从军。

[16] 咋(zé 择)笔为吏:谓拿起笔杆当官做吏。咋笔,犹操笔,古人构思为文时常以口咬笔杆,故称。

[17] 角立杰出:卓然特立,成就突出。芝草:灵芝,菌属,较为罕见,古人以为瑞草,服之能成仙。

[18] 握素披黄:犹言握铅抱椠,谓勤于写作、校勘读书。素,白绢,古代用以书写。黄,雌黄,古代用以校点书籍。

[19] 吟道咏德:谓道德修养。

[20] 日蚀:即日食,月球运行到地球和太阳的中间时,太阳的光被月球挡住,不能射到地球上来,这种现象叫日食。这里比喻不常见到。

[21] 逸乐名利:闲适安乐,名利兼收。秋荼(tú涂):荼至秋而繁茂,因以比喻繁多。荼,苦菜。

[22] 同年而语:犹言相提并论。

[23] "生而知之者上"二句:意谓生来就知道的是上等,学习然后知道的则属于次一等。语本《论语·季氏》:"孔子曰:'生而知之者上也,学而知之者次也;困而学之,又其次也;困而不学,民斯为下矣。'"

[24] 知(zhì智):聪明;智慧。明达:对事理有明确透彻的认识。

[25] 拔群出类:即出类拔萃,形容卓越出众,不同一般。拔,超出。

[26] 为将则阇与孙武、吴起同术:意谓为将领兵暗中与孙武、吴起同一水平。阇,不期然,无意识。孙武,春秋时齐人,以兵法求见吴王阖庐,用为将,威震楚、齐、晋,传世《孙子兵法》八十二篇。吴起(?—前378),战国时卫国人,曾从学于曾参,后仕魏文侯为将,攻秦,拔五城,为魏相所忌,奔楚,楚悼王用为令尹,富国强兵,终为宗室大臣忌恨,被杀。

[27] 执政则悬得管仲、子产之教:意谓掌管国家政事可以揣测到管仲、子产的经验。悬,揣测。管仲(?—前645),名夷吾,字仲,春秋齐国颍上(颍水之滨)人。辅佐齐桓公一匡天下,成为五霸之首。子产(?—前522),春秋时郑国人,名侨,字子产,又称公孙侨,在郑国执政三朝,周旋于晋、楚两大国间,为孔子所推重。二人皆是春秋时期著名政治家。

[28] "虽未读书"二句:语本《论语·学而》中子夏之语:"虽曰未学,吾必谓之学矣。"

[29] 踪迹:谓前贤的遗迹、榜样。

[30] 蒙被而卧:头和身体蒙盖于被中而睡,比喻一无所见。

进学解

韩 愈

[解题] 韩愈(768—824),字退之,河内河阳(今河南孟州市)人,昌黎为韩氏郡望,遂有韩昌黎之称,卒谥文,后世多以韩文公称之。唐德宗贞元八年(792)登进士第,贞元十六年(800)参加吏部试,通过铨选,历官国子监四门博士、监察御史,贬阳山令,迁刑部侍郎,贬潮州刺史,诏为国子监祭酒,转兵部、吏部侍郎。其学通贯六经百家,唐代古文运动代表人物,为文汪洋恣肆,居唐宋八大家之首。

这篇《进学解》写于唐宪宗元和八年(813)作者再任国子监博士时,年已四十六岁。所谓"进学",即使学业有进步,语本《礼记·学记》:"善待问者如撞钟,叩之以小者则小鸣,叩之以大者则大鸣,待其从容,然后尽其声;不善答问者反此。此皆进学之道也。"所谓"解",作为一种文体,以辨释疑惑,解剖纷难为主,属论辩类。本文假设国子先生与学生的对话,抒发一己怀才不遇的人生坎坷而外,阐明进德修业的道理,正面的积极因素仍占有主导地位。文章属于辞赋的一种,句式讲究对偶,用韵自然流畅,读来铿锵有力,琅琅上口,其中"业精于勤,荒于嬉;行成于思,毁于随"的对句,具有格言的效力,今天仍可置诸座右。

国子先生晨入太学[1],招诸生立馆下[2],诲之曰[3]:业精于勤[4],荒于嬉[5];行成于思[6],毁于随[7]。方今圣贤相逢[8],治具毕张[9],拔去凶邪[10],登崇畯良[11]。占小善者率以录[12],名一艺者无不庸[13],爬罗剔抉[14],刮垢磨光[15]。盖有幸而获选,孰云多而不扬[16]。诸生业患不能精,无患有司之不明[17],行患不能成,无患有司之不公。"

言未既[18],有笑于列者曰:"先生欺余哉!弟子事先生[19],于兹有年矣[20]。先生口不绝吟于六艺之文[21],手不停披于百家之编[22]。记事者必提其要[23],纂言者必钩其玄[24]。贪多务得[25],细大不捐[26],焚膏油以继晷[27],恒兀兀以穷年[28]。先生之业,可谓勤矣。觝排异端[29],攘斥佛老[30]。补苴罅漏[31],张皇幽眇[32]。寻坠绪之茫茫,独旁搜而远绍[33]。障百川而东之,回狂澜于既倒[34]。先生之于儒,可谓有劳矣[35]。沉浸醲郁[36],含英咀华[37]。作为文章,其书满家[38]。上规姚姒,浑浑无涯[39]。周诰殷盘,佶屈聱牙[40]。《春秋》谨严[41],《左氏》浮夸[42]。《易》奇而法[43],《诗》正而葩[44]。下逮庄骚,太史所录,子云相如,同工异曲[45]。先生之于文,可谓闳其中而肆其外矣[46]。少始知学,勇于敢为;长通于方,左右具宜[47]。先生之于为人,可谓成矣。然而公不见信于人,私不见助于友,跋前踬后,动辄得咎[48]。暂为御史,遂窜南夷[49];三年博士,冗不见治[50]。命与仇谋,取败几时[51]。冬暖而儿号寒,年丰而妻啼饥。头童齿豁,竟死何裨[52]!不知虑此,而反教人为?"

先生曰:"吁!子来前。夫大木为杗[53],细木为桷[54],欂栌侏儒[55],椳闑扂楔[56],各得其宜,施以成室者[57],匠氏之工也[58];玉札丹砂[59],赤箭青芝[60],牛溲马勃[61],败鼓之皮[62],俱收并蓄,待用无遗者,医师之良也;登明选

83

公[63],杂进巧拙[64],纡馀为妍[65],卓荦为杰[66],校短量长[67],惟器是适者[68],宰相之方也[69]。昔者孟轲好辩[70],孔道以明[71],辙环天下,卒老于行[72];荀卿守正,大论是宏,逃谗于楚,废死兰陵[73]。是二儒者,吐辞为经[74],举足为法[75],绝类离伦[76],优入圣域[77]。其遇于世何如也?今先生学虽勤而不繇其统[78],言虽多而不要其中[79],文虽奇而不济于用[80],行虽修而不显于众,犹且月费俸钱[81],岁靡廪粟[82],子不知耕,妇不知织,乘马从徒[83],安坐而食,踵常途之促促,窥陈编以盗窃[84]。然而圣主不加诛[85],宰相不见斥,兹非其幸欤!动而得谤,名亦随之,投闲置散[86],乃分之宜[87]。若夫商财贿之有亡,计班资之崇庳[88],忘己量之所称,指前人之瑕疵[89],是所谓诘匠氏之不以杙为楹[90],而訾医师以昌阳引年[91],欲进其豨苓也[92]。"

——《昌黎先生集》卷一二

[1] 国子先生:即国子博士,唐代为正五品上官,主管经学教育。这里为韩愈的自称。太学:唐代国子监下辖国子、太学、广文、四门、律、书、算七学,各置博士,这里的太学即指国子学,用其古称。

[2] 诸生:谓国子学众学生。《新唐书》卷四四《选举上》:"国子学,生三百人,以文武三品以上子孙、若从二品以上曾孙及勋官二品、县公、京官四品带三品勋封之子为之。"馆:学舍。

[3] 诲(huì 惠):教导;训诲。

[4] 业精于勤:谓学业的精进在于勤奋。

[5] 荒于嬉(xī 希):谓学业的荒废因戏乐游玩所致。

[6] 行成于思:谓品德的养成在于能思考。行,品行,德行。今天用为成语,多解释为做事成功要动脑筋。

[7] 毁于随:谓品德的败坏由于轻率、不能坚定。

84

〔8〕圣贤相逢:谓圣主与良臣风云际会,共同治国。这属于旧时颂圣的套话。

〔9〕治具毕张:意谓治国的措施全部举用。治具,治国的措施。

〔10〕拔去:去除。凶邪:邪恶之人。

〔11〕登崇:举用推尊。畯(jùn俊)良:优秀人才。畯,通"俊"。

〔12〕占(zhàn战)小善者率以录:意谓有一点优长的人全都加以录用。占,具有。率,一概;都。

〔13〕名一艺者无不庸:意谓独擅一技之长的人没有不被任用的。名,独擅。庸,任用。

〔14〕爬罗剔抉:意谓对于人才搜罗发掘,挑拣选择。

〔15〕刮垢磨光:意谓培养人才时加以磨砺而使之高尚纯洁。

〔16〕"盖有幸而获选"二句:意谓只有本领稍差而侥幸被任用者,哪有有本事而不被举荐的人呢。扬,举用;荐举。

〔17〕有司:官吏。古代设官分职,各有专司,故称。

〔18〕既:完,尽。

〔19〕事:侍奉。

〔20〕于:到。兹:今,现在。

〔21〕吟:诵读。六艺:这里谓儒家的"六经",即《礼》、《乐》、《书》、《诗》、《易》、《春秋》。

〔22〕披:翻阅。百家:谓学术上的各种派别,如诸子百家。

〔23〕记事者:谓史籍一类的书。提其要:摘出其中要领。

〔24〕纂言者:谓学术论著类的书。钩其玄:探索其中的微言妙义。

〔25〕贪多务得:谓对于学问贪求多而志在必得。

〔26〕细大不捐:小的大的都不舍弃。

〔27〕焚膏油以继晷(guǐ诡):即"焚膏继晷",形容夜以继日地勤奋学习、工作等。膏,油脂之属,指灯烛;晷,日光。

〔28〕恒兀兀以穷年:意谓经年累月长久勤勉向学。兀兀,犹矻矻,勤勉貌。

〔29〕觝(dǐ抵)排:抵拒排斥。异端:古代儒家称其他学说、学派为异端。《论语·为政》:"子曰:'攻乎异端,斯害也已。'"宋朱熹集注:"异端,非

85

圣人之道,而别为一端,如杨、墨是也。"

[30] 攘(rǎng 嚷)斥:排斥;驱除。佛老:佛家和道家的并称。佛家以佛陀为祖,道家以老子为祖,故称。

[31] 补苴(jū 居)罅(xià 夏)漏:谓弥补事物的缺陷和漏洞。苴,补,填塞。罅,裂缝,缝隙。

[32] 张皇:使光大。幽眇:精深微妙。

[33] "寻坠绪之茫茫"二句:意谓寻求茫茫失去统绪的儒家学说,独自广泛搜寻以远承圣贤之道。坠绪,谓行将绝灭的儒家仁义学说。韩愈《原道》:"尧以是传之舜,舜以是传之禹,禹以是传之汤,汤以是传之文武、周公,文武、周公传之孔子,孔子传之孟轲,轲之死,不得其传焉。"由此可知,韩愈以为儒家之道,自孟子而后,则模糊不清了。茫茫,模糊不清。旁搜,广泛搜求。远绍,远承古人。

[34] "障百川而东之"二句:意谓引导百家之说归于儒家一统,令来势凶猛的异端邪说得到制约。障,堵住。东之,使向东流。回,挽转。既倒,谓已经倾泻的狂澜。

[35] 有劳:有功劳。

[36] 沉浸醲(nóng 浓)郁:意谓潜心于浓厚馥郁的儒家经典中。醲,浓厚。

[37] 含英咀(jǔ 举)华:比喻欣赏、体味或领会诗文的精华。咀,品味。

[38] "作为文章"二句:意谓创制的文章著述堆满家中。作为,创制。

[39] "上规姚姒(sì 四)"二句:意谓从上取法于《尚书》中广大无边的《虞书》与《夏书》等。规,取法。姚,虞舜的姓,指代《尚书》中的《虞书》。姒,夏禹的姓,指代《尚书》中《夏书》。浑浑,广大貌。

[40] "周诰(gào 告)殷盘"二句:意谓《尚书》中的殷商与周代文献的文句艰涩,不通顺畅达。周诰,《尚书·周书》中有《大诰》、《康诰》、《酒诰》、《召诰》、《洛诰》等篇,这里即代表《周书》。商盘,《尚书·商书》中有《盘庚》上、中、下三篇,这里即代表《商书》。佶(jí 吉)屈聱(áo 敖)牙,形容文词艰涩难读。

[41] 春秋谨严:《春秋》为编年体史书,相传孔子据鲁史修订而成。所记起鲁隐公元年,迄鲁哀公十四年西狩获麟,凡十二公(隐、桓、庄、闵、僖、文、

宣、成、襄、昭、定、哀），二百四十二年。续事简略，用字寓褒贬，故曰"谨严"。

[42] 左氏浮夸：《左传》又名《左氏春秋》，相传为春秋时鲁左丘明所撰，记自鲁隐公元年至鲁悼公四年间二百五十馀年史事。《春秋》、《左传》原为二书，至晋杜预始以《左传》附于《春秋》，并为之作注。唐初编《五经音义》，《左传》取杜预《注》、孔颖达《正义》，是为通行本，与《公羊传》、《穀梁传》合称《春秋》三传。《左传》文辞铺叙夸张，内容有超越《春秋》处，故曰"浮夸"。

[43] 易奇而法：《易经》，又称《周易》，古代占卜书，儒家重要经典。内容包括经、传两部分，有六十四卦、三百八十四爻。西汉经传别行，以后合一，唐孔颖达有《周易正义》。《易经》卦象变化多端，故曰"奇"；但其概括事物变迁有一定规律，故曰"法"。

[44] 诗正而葩（pā趴）：《诗经》为我国最早的诗歌总集，共收西周初至春秋中叶的民歌及朝庙乐章三百零五篇，分为风、小雅、大雅、颂四体。汉代传诗者有齐、鲁、韩（今文）与毛（古文）四家，以毛诗独传至今。《诗经》思想内容醇正，《论语·为政》："《诗》三百，一言以蔽之，曰：'思无邪。'"故曰"正"。《诗经》文辞华美，故曰"葩"（华美）。

[45] "下逮庄骚"四句：意谓向下取法，从《庄子》、《离骚》到汉司马迁《史记》以及扬雄、司马相如的文章，皆各有特色，却同样美妙。逮，及，到。庄，即《庄子》，书名，又名《南华真经》，道家著作。今存三十三篇，相传内篇七篇为庄子所作，外篇十五篇、杂篇十一篇为其弟子与后人所作。有晋郭象注。骚，即《离骚》，楚辞篇名，战国楚屈原所作，开创了中国文学上的"骚"体诗歌形式，对后世影响深远。有汉王逸《楚辞章句》、宋朱熹《楚辞集注》。太史所录，即《史记》，汉司马迁撰，一百三十篇，记事起黄帝，止于汉武，首尾三千年，为我国第一部纪传体通史。子云，即扬雄（前53—18），字子云，蜀郡成都人。博通群籍，长于辞赋，著有《太玄》、《法言》等。《汉书》卷八七有传。相如，即司马相如（前179—前118），字长卿，蜀郡成都人。著有《子虚》、《上林》、《大人》等赋，文辞华丽，多有讽喻。《史记》卷一一七、《汉书》卷五七皆有传。

[46] 闳（hóng洪）其中而肆其外：即闳中肆外，谓诗文内容宏富而文笔发挥尽致。

[47]"少始知学"四句:意谓从幼小知学开始,就勇于担当,长大以后,通晓礼义,适应世务,能够左右逢源。

[48]"跋前踬(zhì质)后"二句:意谓进退两难,一做事就获罪或受到责怪。跋前踬后,即跋胡疐后,语本《诗·豳风·狼跋》:"狼跋其胡,载疐其尾。"意即狼往前跑,脚踩颔下垂肉,向后逃,又被尾巴绊住。后以"跋胡疐尾"比喻进退两难。跋,跌倒。踬,音义皆通"疐",跌倒,绊倒。

[49]"暂为御史"二句:韩愈于唐德宗贞元末官监察御史,因上疏谏宫市,被贬阳山令。窜,放逐。南夷,谓南方远地区,这里即指阳山(今属广东)。

[50]"三年博士"二句:意谓做了三年国子博士,因职务闲散,难以见到政绩。冗(rǒng容上声),闲散。治,政绩。

[51]"命与仇谋"二句:意谓命运与仇敌会合,将不时遭受挫折。谋,会合。几时,多少时候,这里有随时随刻的意思。

[52]"头童齿豁"二句:意谓头发秃了,牙齿脱缺,到死又有何补益呢。童,头秃。裨(bì必),补益。

[53]甍(máng芒):屋的正梁。

[54]桷(jué决):方形的椽子。

[55]欂栌(bó lú博卢):柱上承托栋梁的方形短木,即斗拱。侏儒:梁上短柱。

[56]椳(wēi威):承托门轴的门臼。闑(niè臬):古代门中央所竖短木。扂(diàn店):门闩。楔(xiē蝎):门两边的木柱。

[57]施:用。

[58]匠氏:工匠。

[59]玉札:药名,玉泉的别名。明李时珍《本草纲目·金石二·玉》:"今仙经三十六水法中,化玉为玉浆,称为玉泉,服之长生不老,然功劣于自然泉液也。"丹砂:即朱砂,矿物名。色深红,古代道教徒用以化汞炼丹,中医作药用。

[60]赤箭:天麻的别名,中医以块茎入药,治眩晕、头痛、抽搐痉挛、小儿惊风等症。青芝:一种贵重的中药材,相传生于泰山,又名龙芝。据说可明目,补肝气,安精魂。

[61] 牛溲:即牛遗,车前草的别名。马勃:一名屎菇,生于湿地及腐木的菌类。牛溲、马勃皆至贱,均可入药。

[62] 败鼓之皮:即败鼓皮,可入药。明李时珍《本草纲目·兽一·败鼓皮》(集解)引宗奭曰:"此是穿败者,不言是何皮,马、驴皮皆可为之,当以黄牛皮者为胜……今用处绝少,尤好煎胶。"

[63] 登明选公:进用贤明的人,举荐公平。

[64] 杂进巧拙:谓量材而用,对于人才合理使用。

[65] 纡馀:迂回曲折,形容人有才气从容不迫。妍(yán 研):聪慧。

[66] 卓荦(luò 洛):超绝出众。杰:才智超群的人。

[67] 校(jiào 轿)短量长:谓衡量人物的长处和短处。

[68] 惟器是适:意谓根据人才的适应性为他选择职务。

[69] 宰相:古人称辅助皇帝、统领群僚、总揽政务的最高行政长官。方:谓治国的方略。

[70] 孟轲好辩:《孟子·滕文公下》:"公都子曰:'外人皆称夫子好辩,敢问何也?'孟子曰:'予岂好辩哉?予不得已也。'"孟轲,即孟子(约前372—前289),名轲,字子舆,战国邹人。受业于子思的门徒,继承孔子学说,开宋代理学家心性说之先河,明代嘉靖间被尊为"亚圣",遂成为地位仅次于孔子的儒家传人。

[71] 孔道:谓由孔子倡始的儒家之道。

[72] "辙环天下"二句:意谓孟子为弘扬孔子的儒家学说,曾游说齐宣王、梁惠王等,皆不能用,最终与其门人万章等著述《孟子》七篇。辙,车迹。卒,终究。

[73] "荀卿守正"四句:意谓荀子坚守孔子的儒家理念,弘扬其学说,在齐国为祭酒,因受谗言而到楚国作兰陵令,终于被废,死在那里。荀卿,即荀子(前313?—前238),名况,战国赵人,学者称之为荀卿,后因避汉宣帝刘询讳,或改称孙卿。据说他五十岁始游学于齐,三为稷下学宫祭酒,以遭谗去齐适楚,官兰陵(今山东枣庄一带)令,并卒于此。其学以孔子为宗,主张性恶说,与孟子性善说适相反对。今传《荀子》三十二篇,韩非、李斯为其门人。守正,谓恪守儒家正道。大论,正大的议论,这里指儒家学说。弘,弘扬。

[74] 吐辞:谓言论。经:经典。

[75] 举足:谓行动。法:法则。

[76] 绝类离伦:谓在儒学中出众超群。

[77] 优入圣域:意谓进入圣人的境界绰绰有馀。

[78] 先生:作者自称。不繇(yóu由)其统:没有承续儒家的道统。繇,通"由"。

[79] 不要(yāo邀)其中(zhòng众):意谓说话不能达到预计的目的。要,探求。中,箭射着目标。

[80] 不济于用:不顶用,难以成事。

[81] 俸钱:旧时官吏所得的薪金。

[82] 靡(mí迷):耗费。廪(lǐn凛)粟:特指公家供给官吏的粮食。

[83] 乘马从徒:谓出门骑马,有下属随从。

[84] "踵常途之促促"二句:意谓拘谨地按照老路行走,沿袭古人旧说而无创见。踵,跟随。常途,平常的道路。促促,拘谨小心貌。陈编,指古籍、古书。

[85] 圣主:对当代皇帝的尊称。

[86] 投闲置散:置于闲散职位,意谓不被重用。

[87] 乃分(fèn奋)之宜:谓理所应当之事。

[88] "若夫商财贿之有亡"二句:意谓至于计量俸禄的有无与计较官职的高低。商,计量。财贿,俸禄。班资:官阶和资格。崇庳(bì毕):即崇卑,谓高低,高下。

[89] "忘己量之所称(chèn趁)"二句:意谓忘记自我能力与何者相称,却去挑剔前行者的缺失。称,相当;符合。前人,前面的人,或指为贵显者。亦通。瑕疵(cī此阴平),玉的斑痕,这里比喻人的过失。

[90] 诘(jié结):责备,质问。杙(yì艺):一头尖的短木,木桩。楹(yíng盈):厅堂的前柱。

[91] 訾(zǐ子):指责。昌阳:菖蒲别名,多年生草本植物。生在水边,根茎可做香料,中医用为健胃剂。引年:延长年寿。

[92] 豨苓(xī líng西灵):即猪苓,又称豕零,药草名,多孔菌科植物,利水渗湿,主治小便不利,水肿胀满,泄泻,淋浊,带下。

士 别 三 日

司马光

〔解题〕这一篇节选自《资治通鉴》,题目系编注者据正文所拟。司马光(1019—1086),字君实,号迂叟,宋陕州夏县(今山西夏县)人,宋仁宗宝元元年(1038)进士,历仕仁宗、英宗、神宗三朝,反对王安石新法。宋哲宗即位,入朝为相,尽改新法,恢复旧制。卒赠太师,谥文正,追封温国公。司马光为北宋著名政治家、史学家与文学家。他主持编纂《资治通鉴》二百九十四卷,为我国重要的编年史著作。《通鉴》通贯古今,上起春秋末韩、赵、魏三家分晋(前403),下迄五代(后梁、后唐、后晋、后汉、后周)末年赵匡胤灭后周以前(959),记述凡一千三百六十二年的历史。以年月为经,以史实为纬,为治中国史学者的必读之书。本文所记乃三国吴吕蒙读书事,其最早见于《三国志》卷五四《吕蒙传》裴松之注引晋虞溥《江表传》。原文颇长,司马光加以剪裁,叙事省约紧凑。读书的功利性目的以外,其作用还可提振个人的精神气度,难以造假作伪。宋苏轼《和董传留别》诗:"粗缯大布裹生涯,腹有诗书气自华。"读书妙处尽在不言之中!

初,权谓吕蒙曰[1]:"卿今当涂掌事[2],不可不学。"蒙辞以军中多务。权曰:"孤岂欲卿治经为博士邪[3]!但当涉猎[4],见往事耳[5]。卿言多务,孰若孤!孤常读书,自以为大有所益。"蒙乃始就学。及鲁肃过寻阳[6],与蒙论议[7],大惊曰:"卿今者才略[8],非复吴下阿蒙[9]!"蒙曰:"士别三日[10],即更刮目相待[11],大兄何见事之晚乎[12]!"肃遂拜蒙母,结友而别[13]。

——《资治通鉴》卷六六节选

[1] 权:孙权(182—252),字仲谋,吴郡富春(今浙江富阳)人,建安十三年(208)与刘备合力大败曹操于赤壁,奠定了三国鼎立的基础,黄龙元年(229)称帝,建都建业(今南京),国号吴。吕蒙:字子明(178—219),汝南富陂(今安徽阜阳西南)人。从周瑜破曹操于乌林,拜偏将军。后定计袭取南郡,下荆州,擒关羽,封孱陵侯。

[2] 卿:古代君对臣、长辈对晚辈的称谓。当涂:谓掌权。掌事:掌管事务。

[3] 治经:研究经学。博士:古代学官名,由经学精深的人充任。

[4] 涉猎:谓读书治学,但作一般的阅览或探索,不求深入研究掌握。

[5] 往事:过去的事情。《荀子·成相》:"观往事,以自戒,治乱是非亦可识。"

[6] 鲁肃:字子敬(172—217),临淮东城(今安徽定远东南)人,经周瑜推荐,辅佐孙权,坚持联合刘备共拒曹操的策略。周瑜死后,代领其兵,授奋武校尉。卒后,吴、蜀皆为举哀。寻阳:县名,三国吴属蕲春郡,治所在今湖北黄梅县西南。

[7] 与蒙论议:《三国志》卷五四《吕蒙传》:"鲁肃代周瑜,当之陆口,过蒙屯下。肃意尚轻蒙,或说肃曰:'吕将军功名日显,不可以故意待也,君宜顾之。'遂往诣蒙。酒酣,蒙问肃曰:'君受重任,与关羽为邻,将何计略,以备不虞?'肃造次应曰:'临时施宜。'蒙曰:'今东西虽为一家,而关羽实熊虎也,计安可不豫定?'因为肃画五策。肃于是越席就之,拊其背曰:'吕子明,吾不知卿才略所及乃至于此也。'遂拜蒙母,结友而别。"

[8] 才略:才能和谋略。

[9] 吴下:泛指吴地。阿:名词前缀,用在人名、或姓的前面,有亲昵的

意味。

［10］士:智者、贤者,后泛指读书人与知识阶层。

［11］刮目:拭目,谓改变旧看法。

［12］大兄:旧时对朋辈的敬称。见事:识别事势。

［13］"肃遂拜蒙母"二句:古代挚友相访,行登堂拜母礼,结通家之好,表示友谊的笃厚。

送东阳马生序

宋　濂

〔**解题**〕 宋濂(1310—1381),字景濂,因祖籍金华潜溪,遂号潜溪。生于浦江(今属浙江)。幼年嗜学,曾师从吴莱、柳贯、黄溍诸名师。元末至正间召为翰林院编修,以亲老为辞,隐居龙门山著书十馀年。朱元璋兵取婺州(今浙江金华),宋濂出山佐之,入明修《元史》,为总裁官。后因受胡惟庸一案牵连,病死在发配夔州(今重庆奉节)途中。明英宗正统间追谥文宪。《明史》卷一二八有传,称其为"开国文臣之首",文名远播于高丽、日本、安南。

明太祖洪武十一年(1378),已经致仕一年的宋濂到南京去朝见朱元璋,其邻乡晚辈、太学生马君则问学于宋濂,后者即写下这一篇赠序对后生晚辈加以勉励,语重心长,情见乎辞。现身说法的坦诚,对比手法的运用以及朴素简练的文笔,皆增加了文章的说服力。宋濂刻苦勤学的精神,至今仍有不可磨灭的认识价值。东阳,位于今浙江省中部,与浦江相邻。

余幼时即嗜学,家贫,无从致书以观[1],每假借于藏书之家[2],手自笔录,计日以还。天大寒,砚冰坚,手指不可屈伸,弗之怠[3]。录毕,走送之[4],不敢稍逾约。以是人多以书假余,余因得遍观群书。

既加冠[5],益慕圣贤之道[6],又患无硕师、名人与游[7]，尝趋百里外，从乡之先达执经叩问[8]。先达德隆望尊[9]，门人弟子填其室[10]，未尝稍降辞色[11]。余立侍左右，援疑质理[12]，俯身倾耳以请。或遇其叱咄[13]，色愈恭，礼愈至，不敢出一言以复。俟其欣悦，则又请焉。故余虽愚，卒获有所闻[14]。

当余之从师也，负箧曳屣[15]，行深山巨谷中。穷冬烈风[16]，大雪深数尺，足肤皲裂而不知[17]。至舍，四肢僵劲不能动[18]，媵人持汤沃灌[19]，以衾拥覆[20]，久而乃和[21]。寓逆旅[22]，主人日再食[23]，无鲜肥滋味之享。同舍生皆被绮绣[24]，戴朱缨宝饰之帽[25]，腰白玉之环，左佩刀，右备容臭[26]，烨然若神人[27]。余则缊袍敝衣处其间[28]，略无慕艳意[29]，以中有足乐者，不知口体之奉不若人也[30]。

盖余之勤且艰若此。今虽耄老[31]，未有所成，犹幸预君子之列[32]，而承天子之宠光[33]，缀公卿之后[34]，日侍坐备顾问[35]，四海亦谬称其氏名[36]，况才之过于余者乎？今诸生学于太学[37]，县官日有廪稍之供[38]，父母岁有裘葛之遗[39]，无冻馁之患矣[40]。坐大厦之下而诵诗书，无奔走之劳矣。有司业、博士为之师[41]，未有问而不告、求而不得者也。凡所宜有之书，皆集于此，不必若余之手录、假诸人而后见也。其业有不精、德有不成者，非天质之卑[42]，则心不若余之专耳，岂他人之过哉？

东阳马生君则，在太学已二年，流辈甚称其贤[43]。余朝京师[44]，生以乡人子谒余[45]，撰长书以为贽[46]，辞甚畅达[47]。与之论辨，言和而色夷[48]，自谓少时用心于学甚劳，是可谓善学者矣。其将归见其亲也，余故道为学之难以告之。谓余勉乡人以学者，余之志也。诋我夸际遇之盛而骄乡人者[49]，岂知予者哉。

——《宋文宪公全集》卷三二

[1] 致书:获取书籍。

[2] 假借:借。

[3] 弗之怠:即"弗怠之",否定句式宾语提前,以强调不敢懈怠之心。之,代指"手自笔录"一事。

[4] 走送之:急速送还。走,跑。

[5] 加冠:古代男子二十岁举行加冠之礼,以示成人。这里即指二十岁。

[6] 圣贤之道:这里指孔子儒家学说。圣贤,圣人和贤人的合称,古代特指孔子及其传人。

[7] 患:忧虑。硕师:博学有名望的老师。

[8] 先达:谓治学有成就的前辈。叩问:请教。

[9] 德隆望尊:道德高尚,名声显赫。

[10] 门人弟子:泛指从学者。

[11] 未尝稍降辞色:谓言辞与态度一向极其严肃。降,谦抑。辞色,言辞与脸色。

[12] 援疑质理:谓提出疑问,究诘道理。

[13] 叱咄(duō 多):大声斥责。

[14] 卒:终于。获有所闻:谓从所听到的获取学识。

[15] 负箧(qiè 怯)曳屣(xǐ 喜):背负书箱,拖着鞋子。形容求学的艰辛。

[16] 穷冬:隆冬;深冬。

[17] 皲(jūn 军)裂:皮肤因寒冷干燥而破裂。

[18] 僵劲:僵直坚硬。

[19] 媵(yìng 硬)人:这里指婢女。汤:热水。沃灌:冲洗浸泡。

[20] 衾(qīn 亲):大被。拥覆:围盖。

[21] 和:指身体舒适。谓从寒冻中缓过来。

[22] 逆旅:客舍。

［23］主人：留宿客人的店主。日再食：谓一天吃两顿。

［24］同舍(shè 社)生：谓同学。舍，学舍。被(pī 披)绮(qǐ 起)绣：穿着绣有彩色花纹的丝织品衣服。

［25］朱缨：红帽穗。宝饰：谓以宝石为饰物。

［26］容臭(xiù 秀)：香囊。

［27］烨(yè 页)然：光彩鲜明貌。神人：谓姿容等非常人所及者。

［28］缊(yùn 韵)袍：以乱麻为絮的袍子。形容贫者所服。敝衣：破旧衣服。

［29］慕艳：谓极度羡慕。

［30］口体之奉：指对衣与食的享用。

［31］耄(mào 冒)老：老年人。《礼记·曲礼上》："八十、九十曰耄。"宋濂时年六十九岁，称"耄老"略带夸张。

［32］预……之列：身在……之中。君子：这里指有一定声望且有官阶的读书人。

［33］宠光：谓恩宠。

［34］缀公卿之后：意即当了官，义同"预君子之列"。

［35］侍坐：在尊长近旁陪坐，这里指在朝中陪侍皇帝。备顾问：谓准备接受帝王的咨询并提出意见。

［36］四海：犹言天下，全国各处。谬称：不适当的称誉，这里是谦词。

［37］太学：古代中央最高学府，明代称国子学，后改称国子监(jiàn 建)。

［38］县官：古代天子之别称。此谓朝廷。廪稍(lǐn shāo 凛烧)：旧指公家按时供给的粮食。语本《仪礼·聘礼》"惟稍受之"，汉郑玄注："稍，廪食也。"

［39］裘葛：皮衣与布衣。遗(wèi 魏)：赠送。明初国子监生待遇优厚，《明史》卷六九《选举一》："厚给廪饩，岁时赐布帛文绮、袭衣巾靴。正旦元宵诸令节，俱赏节钱。孝慈皇后积粮监中，置红仓二十馀舍，养诸生之妻子。历事生未娶者，赐钱婚聘，及女衣二袭，月米二石。诸生在京师岁久，父母存，或父母亡而大父母、伯叔父母存，皆遣归省，人赐衣一袭，钞五锭，为道里费。其优恤之如此。"

[40] 冻馁(něi 内上声):谓饥寒交迫。

[41] 司业:明代国子监祭酒(正官)的佐官,一人,秩正六品,与祭酒共掌诸生训导之政令。博士:国子监属官,有五经博士五人,秩从八品。

[42] 天质:天然资质。卑:低下。

[43] 流辈:这里指国子学的同辈。

[44] 朝:朝见皇帝。京师:这里谓南京,明永乐十八年(1420)以前为明廷首都。

[45] 乡人子:同乡人的子弟。浦江与东阳在明代同属金华府,故称同乡。谒(yè 页):拜见。

[46] 长书:长信。贽(zhì 志):古人初次拜见尊长所送的礼物。

[47] 畅达:流畅通达。

[48] 言和:言语和顺。色夷:神色平和。

[49] 诋:毁谤。际遇:机遇;时运。

潍县署中寄舍弟墨第一书

郑　燮

[解题] 郑燮(1693—1766),字克柔,号理庵,又号板桥,扬州兴化(今属江苏)人。乾隆元年(1736)进士,历官山东范县、潍县知县,乾隆十八年(1753)罢官归里。工诗擅画,曾自订润格,以卖画为生,为扬州八怪之一。

郑燮于乾隆十一年(1746)调任潍县知县,时年五十四岁。潍县即今山东潍坊市,清代属莱州府。郑墨是作者的堂弟,小于作者二十五岁,生平不详。在郑燮集中,有许多封寄郑墨的书信,可见兄弟情谊非同一般。这封家书专谈读书,区分了浏览与精读的不同,对于今天仍不无启发意义。浏览与精读,随目的的不同,各有妙趣,缺一不可。如何读书,也须运用之妙,存乎一心!

读书以过目成诵为能[1],最是不济事[2]。眼中了了[3],心下匆匆,方寸无多[4],往来应接不暇,如看场中美色[5],一眼即过,与我何与也[6]。千古过目成诵,孰有如孔子者乎? 读《易》至韦编三绝[7],不知翻阅过几千百遍来,微言精义[8],愈探愈出,愈研愈入,愈往而不知其所穷[9]。虽生知安行之圣[10],不废困勉下学之功也[11]。东坡读书不用两遍[12],然其在翰林读《阿房宫赋》至四鼓,老吏苦之,坡洒然不倦[13]。岂以一过即记,遂了其事乎! 惟虞世南、张睢俱下,前辈宿儒,无能及之。"

〔15〕陋:谓见识贫乏。

〔16〕史记:汉司马迁著,一百三十篇,记事起自黄帝,止于汉武帝,上下三千年,有本纪、表、书、世家、列传体裁,是我国第一部纪传体通史;因文字语言叙述生动,形象鲜明,在中国文学史上也有显著的地位。

〔17〕项羽本纪:见于《史记》卷七,从项羽与其叔父项梁起兵抗秦到与刘邦争天下失败,乌江自刎,叙述了项羽这位失败英雄的短暂一生。本纪乃纪传体史书中帝王的传记。

〔18〕钜鹿之战:秦军围困赵军于钜鹿,项羽破釜沉舟,与秦军九战,大破秦军;诸侯军皆作壁上观,拜见项羽时,"无不膝行而前,莫敢仰视。项羽由是始为诸侯上将军,诸侯皆属焉"。鸿门之宴:公元前206年刘邦攻占秦都咸阳后,派兵守函谷关。不久项羽率四十万大军攻入,进驻鸿门,准备进攻刘邦,经项羽叔父项伯调解,刘邦亲至鸿门会见项羽,项羽留宴,险象环生,最终,刘邦机智脱逃。垓(gāi 该)下之会:楚汉相争中的最后的关键一战,刘邦围困项羽于垓下(今安徽灵璧东南),项羽兵少食尽,陷入四面楚歌的境地,终于兵败,于乌江自刎。

〔19〕可欣可泣:谓有时令人喜悦,有时又使人感动流泪。

〔20〕没分晓:谓没有分辨能力。钝汉:蠢人。

〔21〕小说家言:泛指性质不同的各种杂记琐言。这里主要指志怪、传奇一类的小说家言。在古代大多是助闲聊的谈资,不是正经的书。

〔22〕传奇恶曲:明清以唱南曲为主的长篇戏曲以及民间俗曲等。这是旧时正统文人士大夫文学观念的反映。

〔23〕打油诗词:旧体诗的一种,内容和词句通俗诙谐、不拘于平仄韵律。相传为唐代张打油所创,故称。

〔24〕寓目:犹过目;观看。

〔25〕龌龊(wò chuò 卧啜):卑鄙,丑恶。

为学一首示子侄

彭端淑

〔解题〕 彭端淑（1699—1779），字乐斋，号仪一，眉州丹棱（今四川丹棱）人。雍正十一年（1733）进士，历官吏部郎中，充顺天乡试同考官，出为广东肇罗道，后辞官家居十馀年，主讲锦江书院。所谓"为学"，即做学问，治学，作者以平易近人的口吻，语重心长地教诲子侄勤勉为学，又通过蜀之贫富两僧南海之行的果与不果的对比，总结出"易"与"难"的辩证关系，发人深省。文章中以"为之，则难者亦易矣，不为，则易者亦难矣"这一对句劝学，也强调了治学不能只停留于口头上，必须身体力行，勇于实践，方能获得成功。

天下事有难易乎？为之，则难者亦易矣；不为，则易者亦难矣。人之为学有难易乎？学之，则难者亦易矣；不学，则易者亦难矣。

吾资之昏不逮人也[1]，吾材之庸不逮人也[2]，旦旦而学之[3]，久而不怠焉，迄乎成[4]，而亦不知其昏与庸也。吾资之聪倍人也[5]，吾材之敏倍人也，屏弃而不用，其与昏与庸无以异也。圣人之道，卒于鲁也传之[6]。然则昏庸聪敏之用，岂有常哉[7]？

蜀之鄙有二僧[8]：其一贫，其一富。贫者语于富者曰[9]:"吾欲之南海[10],何如?"富者曰:"子何恃而往[11]?"曰:"吾一瓶一钵足矣[12]。"富者曰:"吾数年来欲买舟而下[13],犹未能也。子何恃而往?"越明年[14],贫者自南海还,以告富者,富者有惭色。

西蜀之去南海,不知几千里也。僧富者不能至而贫者至焉。人之立志,顾不如蜀鄙之僧哉[15]!是故聪与敏,可恃而不可恃也,自恃其聪与敏而不学者,自败者也。昏与庸,可限而不可限也[16];不自限其昏与庸而力学不倦者,自力者也[17]。

——《白鹤堂稿·杂著》

[1] 资:谓天资,即天赋资质。昏:昏聩;糊涂。逮:比得上。

[2] 材:资质。庸:平凡,平庸。

[3] 旦旦:天天。

[4] 迄(qì器):副词。终于。

[5] 倍:谓加倍超越。

[6] "圣人之道"二句:意谓孔子的学说,最终是由较为迟钝的门徒曾参继承传于后世。《论语·先进》:"参也鲁。"鲁,谓迟钝。《史记》卷六七《仲尼弟子列传》:"曾参,南武城人,字子舆,少孔子四十六岁。孔子以为能通孝道,故授之业。作《孝经》,死于鲁。"

[7] 常:谓固定不变。

[8] 蜀之鄙:谓巴蜀(今四川)的边远地区。

[9] 语(yù遇):告诉。

[10] 南海:特指南海观音所在处,即普陀山,中国佛教四大名山之一,地处今浙江舟山市普陀区,属舟山群岛。为观音菩萨教化众生的道场。

[11] 何恃:凭借什么。

[12] 一瓶一钵:旧时僧人出行所带的食具,瓶盛水,钵盛饭,用以化缘。

[13] 买舟:雇船。

[14] 越明年:到了第二年。

[15] 顾:却;反而。
[16] 限:谓限定。
[17] 自力:尽自己的力量。

黄生借书说

袁　枚

〔解题〕袁枚(1716—1797),字子才,号简斋、随园老人,钱塘(今浙江杭州)人。清代著名文学家。

"说"作为一种文体,是用来阐述某种道理或主张的文章。这篇文章就一位晚生后学黄生向作者借书而借题发挥,提出"书非借不能读"的著名论断,并联系自己的治学经历,进而讲述专心读书的必要性,在今天仍有相当的认识价值。旧题晋葛洪所作《西京杂记》卷二记述汉匡衡借书事很引人深思:"邑人大姓文不识,家富多书,衡乃与其佣作而不求偿。主人怪,问衡,衡曰:'愿得主人书遍读之。'主人感叹,资给以书,遂成大学。""凿壁偷光"的勤学故事令匡衡扬名后世,其实"为佣求读"更可见其人求知欲的迫切。汉代图书多为竹、帛抄写而成,收藏与借阅皆极其不便;随着纸张的日益普及、雕板乃至活字印刷术的发明,书籍至明清时代的流通,绝非昔日可比,但对于贫穷的读书人而言,"读万卷书"又谈何容易!没有公共图书馆藏设施是重要原因,私人间的借阅或借抄是当时图书流通的重要形式。随着科技的进步,今天纸质文本的图书已经极大丰富而外,电子文献的日新月异与互联网的无处不在,已令阅读不再是所有读书人的奢望,然而国人的读书风气却有江河日下的趋势。这的确是一个引人深思的问题!

黄生允修借书[1],随园主人授以书而告之曰[2]:"书非借不能读也。子不闻藏书者乎?七略四库[3],天子之书,然天子读书者有几?汗牛塞屋[4],富贵家之书,然富贵人读书者有几?其他祖父积、子孙弃者无论焉[5]。非独书为然,天下物皆然。非夫人之物而强假焉[6],必虑人逼取,而惴惴焉摩玩之不已[7],曰:'今日存,明日去,吾不得而见之矣。'若业为吾所有[8],必高束焉[9],庋藏焉[10],曰'姑俟异日观'云尔[11]。"

余幼好书,家贫难致[12]。有张氏藏书甚富。往借,不与,归而形诸梦。其切如是[13]。故有所览辄省记[14]。通籍后[15],俸去书来[16],落落大满[17],素蟫灰丝[18],时蒙卷轴[19]。然后叹借者之用心专,而少时之岁月为可惜也!"

今黄生贫类予,其借书亦类予;惟予之公书与张氏之吝书[20],若不相类。然则予固不幸而遇张乎,生固幸而遇予乎?知幸与不幸,则其读书也必专,而其归书也必速。为一说,使与书俱。

——《小仓山房文集》卷二二

[1] 黄生允修:名黄允修的读书人,生平不详。
[2] 随园主人:袁枚自称。随园,袁枚的别墅名。袁枚《随园诗话补遗》卷一:"余买小仓山废园,旧为康熙间织造隋公之园,故仍其姓,易'隋'为'随',取'随时之义大矣哉'之意。"
[3] 七略四库:谓古代天子的图书收藏。七略,汉刘歆所撰我国最早的图书目录分类著作名,分《辑略》、《六艺略》、《诸子略》、《诗赋略》、《兵书略》、《术数略》和《方技略》,属于当时汉廷藏书的总览。四库,古代宫廷藏书之所。《新唐书·艺文志一》:"两都各聚书四部,以甲、乙、丙、丁为次,列经、史、子、集四库。"清乾隆间所修《四库全书》,即分经、史、子、集四部,收书三千五百馀种,为古代大型丛书。

[4] 汗牛塞屋:谓书籍存放时可堆至屋顶,运输时可使牛马累得出汗,可见藏书之富。

[5] 无论:不必说。

[6] 夫(fú 扶)人:这个人。强(qiǎng 抢)假:谓勉强借用。

[7] 惴惴(zhuì 坠):担忧害怕的样子。

[8] 业:已经。

[9] 高束:即束之高阁,把东西捆起来放在高高的阁楼上面,谓收藏不用。

[10] 庋(guǐ 诡)藏:收藏;置放。

[11] 姑俟异日观:姑且等来日再观赏。异日,犹来日;以后。云尔:用于语尾,表示如此而已。

[12] 难致:难以获取。

[13] 切:迫切。

[14] 省(xǐng 醒)记:记忆。

[15] 通籍:原指宫门处的登记簿,姓名在上即可自由出入。此指初做官,意谓朝中已有了名籍。

[16] 俸去书来:意谓用做官的俸禄买来书籍。

[17] 落落:形容多而连续不断的样子。

[18] 素蟫(yín 银):书籍中的蛀虫,白色,故称。灰丝:沾了灰尘的蜘蛛网。

[19] 卷(juàn 倦)轴:隋唐时谓裱好有轴可卷舒的书籍或字画等,宋以后特别是明清书籍多装订成册。这里即指代书籍。

[20] 公书:意谓不以藏书为私产,可供人借阅。

勤俭谦和

恶盈好谦

〔解题〕本文题目系编注者据正文所拟。《谦》之卦象为艮下坤上,艮是山的象征,坤是地的象征,山本应处于地上,今反居其下,正是"谦"之真义所在。徐志锐《周易大传新注》解释此卦象说:"这一卦象反映天道本来居上,但能谦退下降而交于地,才更显现出它的光明。""持盈保泰"谓处在极盛时要谦逊谨慎以保持平安,属于后世人对于"盈"与"谦"另一种诠释,改"恶盈"为"持盈",变通中反映了人们俯首现实的无奈。"持盈"语本《老子》:"持而盈之,不若其以。"可见保守成业的"持盈"又谈何容易!《彖》的断卦之辞所谓"鬼神害盈而福谦,人道恶盈而好谦",就是针对人性弱点有感而发,并非无的放矢。为人"谦退"且始终如一,是人生"保泰"之基础,时刻也不能忘怀!

《谦》:亨[1]。君子有终[2]。

《彖》曰[3]:谦,亨。天道下济而光明[4],地道卑而上行[5]。天道亏盈而益谦[6],地道变盈而流谦[7],鬼神害盈而福谦[8],人道恶盈而好谦[9]。谦尊而光,卑而不可逾[10],君子之终也。

《象》曰[11]:地中有山,谦。君子以裒多益寡,称物平施[12]。

——《易·谦》

〔1〕亨:通达;顺利。唐孔颖达疏:"'谦'者,屈躬下物,先人后己,以此待物,则所在皆通,故曰'亨'也。"

〔2〕君子有终:意谓贵族之谦让始终一贯。

〔3〕彖(tuàn团去声):《周易》中断卦之辞称"彖"。《易·乾》:"《彖》曰:'大哉乾元,万物资始。'"唐孔颖达疏:"夫子所作《彖辞》,统论一卦之义,或说其卦之德,或说其卦之义,或说其卦之名……案褚氏、庄氏并云:'彖,断也,断定一卦之义,所以名为《彖》也。'"

〔4〕天道:犹天理,天意。下济:谓利泽下施,长养万物。唐孔颖达疏:"下济者谓降下济生万物也。"光明:照耀;辉映。唐孔颖达疏:"光明者,谓三光垂耀而显明也。"

〔5〕地道:大地的特征和规律。卑:低,与高相对。上行:上升。

〔6〕亏盈而益谦:意谓减损盈满者,增益谦退者。

〔7〕变盈而流谦:意谓改变盈满者,使谦退流布。

〔8〕害盈而福谦:意谓令骄盈者受害,令谦退者受福。

〔9〕人道:为人之道,谓一定社会中要求人们遵循的道德规范。恶盈而好谦:意谓厌恶骄慢而喜爱谦退。

〔10〕"谦尊而光"二句:意谓谦退处于尊位就有荣光,居于卑位也不可超越。

〔11〕象:《周易》专用语,谓解释卦象的意义,即"象传"。这里是解释六十四卦卦名卦义的"大象"。

〔12〕"君子以裒(póu剖阳平)多益寡"二句:意谓君子削减有余以补不足,根据物品的多少,做到施与均衡。裒,减少。

刻桷非礼

〔解题〕本文题目系编注者据正文所拟。《左传》又称《春秋左氏传》或《左氏春秋》,据说为春秋时鲁国的左丘明所撰。以《春秋》为纲叙事,记述从鲁隐公元年(前722)至鲁哀公二十七年(前468)共二百五十馀年的史实,比《春秋》经文多出十三年。

鲁庄公二十四年(前670)的春天,鲁庄公为其父鲁桓公庙的方形椽子上雕刻花纹,从而引发了其掌匠大夫御孙的一番直言进谏。"刻桷"在今天看来,也许并非什么了不起的大事,但古人以此事议论去侈从俭的必要性,"非礼"的因素而外,也不无防微杜渐的用心。《左传》中的这一则小故事,可以令我们体会到见微知著的必要性。无论任何社会,节俭皆要从小事做起,方能卓有成效!

二十四年春[1],刻其桷[2],皆非礼也[3]。御孙谏曰[4]:"臣闻之:'俭,德之共也[5];侈,恶之大也。'先君有共德而君纳诸大恶,无乃不可乎[6]!"

——《左传·庄公二十四年》

[1] 二十四年春:即鲁庄公二十四年(前670)的春天。鲁庄公,即姬同(前706—前662),鲁桓公子,鲁国的第十六位国君。

[2] 刻其桷(jué决):指为鲁桓公庙的方形椽子雕刻花纹。按,《左传·庄公二十三年》:"秋,丹桓公之楹。""丹楹"与"刻桷"实为装修桓公庙一事,所以下文有"皆非礼也"的断语。据《国语·鲁语上》三国吴韦昭注:

"庄公娶于齐,曰哀姜,哀姜将至,当见于庙,故丹柱刻桷以夸之也。"

[3] 皆非礼也:《春秋穀梁传·庄公二十三年》:"礼,天子、诸侯黝垩,大夫仓,士黈,丹楹,非礼也。"又《春秋穀梁传·庄公二十四年》:"礼,天子之桷,斫之砻之,加密石焉。诸侯之桷,斫之砻之。大夫斫之。士斫本。刻桷,非正也。"

[4] 御孙:鲁大夫,即匠师庆。

[5] 共(hóng洪):大。共,通"洪"。杨伯峻《春秋左传注》:"共读为洪,大也。旧读共为恭,不妥。说详俞樾《平议》。"

[6] 无乃:相当于"莫非"、"恐怕是",表示委婉测度的语气。

宋人献玉

[解题] 本文题目系编注者据正文所拟。《礼记·玉藻》："君子无故，玉不去身，君子于玉比德焉。"古人对于玉的爱好可见一斑。子罕以不贪为宝，并非否定玉的固有价值，而是在居官廉洁与获玉两者的价值比较中毅然选择了前者。汉刘向《新序》卷七也转述了《左传》的这则故事，在其下又有一则郑相却鱼的故事："昔者，有馈鱼于郑相者，郑相不受。或谓郑相曰：'子嗜鱼，何故不受？'对曰：'吾以嗜鱼，故不受鱼。受鱼失禄，无以食鱼；不受得禄，终身食鱼。'"人非圣贤，可见政治上有奖惩严明的制度性制约才是"公生明，廉生威"的有效保障，否则一切无从谈起！

宋人或得玉[1]，献诸子罕[2]。子罕弗受。献玉者曰："以示玉人[3]，玉人以为宝也，故敢献之。"子罕曰："我以不贪为宝，尔以玉为宝，若以与我，皆丧宝也。不若人有其宝[4]。"稽首而告曰[5]："小人怀璧，不可以越乡[6]。纳此以请死也[7]。"子罕置诸其里[8]，使玉人为之攻之[9]，富而后使复其所[10]。

——《左传·襄公十五年》

[1] 宋人：宋国人。宋为春秋十二诸侯之一，辖有今河南东部以及今山东、江苏、安徽三省交界的部分地区。

[2] 子罕：即乐喜，又称司城子罕，执掌宋国国政。司城，即司空，宋国

官名。

[3] 玉人:雕琢玉器的工人。

[4] 人有其宝:谓各人保有自己认为的宝物。

[5] 稽(qǐ起)首:古时一种跪拜礼,叩头至地,是九拜中最恭敬者。

[6] 越乡:谓穿越乡里。晋杜预注:"言必为盗所害。"

[7] 请死:这里是请求免于一死的意思。晋杜预注:"请免死。"

[8] 其里:这里指子罕的乡里。

[9] 攻:即攻玉,谓将玉石琢磨成器。

[10] 复其所:谓令献玉的宋人回到家乡。

功成名遂身退

老 子

〔解题〕本文题目系编注者据正文所拟。老子即老聃,或谓其姓李名耳,字伯阳,为春秋末楚苦县(今安徽涡阳)人,曾为周藏书室的史官。著《老子》五千言,又名《道德经》,其中含有丰富的哲学思想。作为中国道家的创始人,老子一向受到传统文人的尊崇,儒道互补或外儒内道得到多数文人士大夫的认同,其原因就在于老子思想中对立面相互依存又能够相互转化的朴素辩证法思想。所谓"有无相生,难易相成,长短相形"以及"祸兮福所倚,福兮祸所伏"等论述。本篇文字对于人生奋争须适可而止的积极意义显而易见。

持而盈之,不若其以[1]。揣而锐之,不可长保[2]。金玉满堂,莫之能守[3]。富贵而骄,自遗其咎[4]。功成、名遂、身退[5],天之道[6]。

——《老子》第九章

[1] "持而盈之"二句:意谓保守成业,不如适可而止。盈,满,充满。《史记》卷二四《乐书》:"满而不损则溢,盈而不持则倾。凡作乐者,所以节乐。""不若其以",或作"不如其已","以"与"已",古字相通。

[2] "揣(zhuī 锥)而锐之"二句:意谓捶击令其尖锐,锋芒难以长久保持。

[3]"金玉满堂"二句:意谓积累下大量财物,未必能够长久持有。金玉满堂,极言财富之多。唐白居易《读〈道德经〉》诗:"金玉满堂非己物,子孙委蜕是他人。"

[4]"富贵而骄"二句:意谓有财有势就骄傲放纵,无异于自己留下祸根。咎(jiù 旧),灾祸,不幸之事。

[5]功成:大功告成。名遂:名誉地位遂心称意。身退:谓不居功且收敛自身。

[6]天之道:谓自然界变化的规律。

知足不辱

老 子

名与身熟亲[1]？身与货熟多[2]？得与亡熟病[3]？是故甚爱必大费[4]，多藏必厚亡[5]。故知足不辱[6]，知止不殆[7]，可以长久。

——《老子》第四十四章

[1] 名：声名。身：生命。熟：通"孰"，疑问代词，哪个，表示选择。下同。亲：亲近。

[2] 货：财物，金钱珠玉布帛的总称。多：重；重要。

[3] 得：意谓名利的取得。亡：意谓生命的丧失。病：祸害。

[4] 甚爱必大费：意谓过分爱名就要付出巨大的耗费。

[5] 多藏必厚亡：意谓财货收藏丰富就必然招致惨重的损失。

[6] 知足不辱：意谓自己知道满足就不会招致羞辱。

[7] 知止不殆：意谓适可而止就能避免危险。殆，危亡；危险。

见 笑 大 方

庄　子

〔解题〕本文题目系编注者据正文所拟。庄子,即庄周(约前369—前286),战国宋蒙(今河南商丘)人。曾为漆园吏,拒绝楚相的礼聘。著有《庄子》,唐代天宝以后又称《南华真经》,今传三十三篇,计有内篇七篇、外篇十五篇、杂篇十一篇。一般认为内篇为庄子所撰,外篇、杂篇为其弟子以及道家后学所作。

庄子继承了老子的道家思想,主张清静无为,常借寓言的形式来表达自己的哲学见解,其文风汪洋恣肆,文学色彩极浓。这篇文章中的河伯起初因孤陋寡闻而自以为是,但很快认识到自己的局限性,在事实面前幡然悔悟,其认识价值不言而喻。这只是庄子的一则寓言,在历史中也真有见识短浅、鼠目寸光如河伯者。《史记·西南夷列传》:"滇王与汉使者言曰:'汉孰与我大?'及夜郎侯亦然。以道不通故,各自以为一州主,不知汉广大。"从此留下了"夜郎自大"的成语。"能人背后有能人",即使真有本事也不能骄傲自大,否则就可能被现实碰得头破血流!

秋水时至[1],百川灌河[2]。泾流之大[3],两涘渚崖之间,不辩牛马[4]。于是焉河伯欣然自喜[5],以天下之美为尽在己。顺流而东行,至于北海[6],东面而视,不见水端,于是焉河伯始旋其面目[7],望洋向若而叹曰[8]:"野语有之曰[9]：'闻道百，以为莫己若'者[10]，我之谓也。且夫我尝闻少仲尼之闻，而轻伯夷之义者[11]，始吾弗信；今我睹子之难穷也[12]，吾非至于子之门，则殆矣[13]，吾长见笑于大方之家[14]。"北海若曰："井鼃不可以语于海者[15]，拘于虚也[16]；夏虫不可以语于冰者，笃于时也[17]；曲士不可以语于道者[18]，束于教也[19]。今尔出于崖涘，观于大海，乃知尔丑[20]，尔将可以语大理矣[21]。"

——《庄子·秋水》

［1］时至：按时而至。

［2］河：谓黄河。

［3］泾（jīng 经）流：直流而下的水波。

［4］"两涘（sì 四）渚（zhǔ 主）崖之间"二句：意谓水阔岸远，隔水分辨不清牛与马的区别。涘，水边，岸。渚，小洲；水中的小块陆地。

［5］于是：在这个时候。河伯：传说中的黄河之神，姓冯（píng 平），名夷，另有冰夷、冯迟之说。

［6］北海：当指渤海。

［7］旋：回转。

［8］望洋：又作"望羊"、"望佯"、"望阳"（古汉语双声叠韵的联绵词常以同音字互假），仰视貌；远视貌。若：传说中的海神名。

［9］野语：俚语；俗语。

［10］"闻道百"二句：意谓听说一百种道理，就自认为没有人能够比得上自己。

［11］"且夫我尝闻少仲尼之闻"二句：意谓我曾听说过有以为孔子的学问无多，轻视伯夷道德修养的人。且夫，犹况且，承接上文，表示更进一层的语气。少，与下文"轻"，皆为形容词的意动用法。仲尼，即孔子。闻，知识，引申为学问。伯夷，商末孤竹君长子。孤竹君生前欲立叔齐为继承人，其死后，兄弟两人都不愿继承其位，先后逃至周国。周武王伐纣，两人叩马谏阻。武王灭商后，他们耻食周粟，采薇而食，饿死于首阳山。兄弟二人是

古代备受推崇的道德模范。

[12] 难穷:谓难以穷尽。

[13] 殆:危险。

[14] 大方之家:谓见多识广、明晓大道的人。

[15] 鼃(wā蛙):通"蛙"。清王引之曰:"鼃,本作鱼,后人改之也。"

[16] 拘于虚:比喻孤处一隅,见闻狭隘。虚,通"墟",指所居之处。

[17] 笃(dǔ堵):专注,引申为限制、局限。

[18] 曲士:乡曲之士,比喻孤陋寡闻的人。

[19] 束于教:谓受名教约束。或谓"教"乃指"曲士"所接受的教育,亦通。

[20] 丑:鄙陋,低劣。

[21] 大理:犹言大的道理。

宥坐之器

荀 子

〔解题〕本文题目系编注者据正文所拟。所谓"宥坐之器",即欹器,是一种因注水多少而使其重心发生变易的悬置平衡器皿,"虚则欹,中则正,满则覆",作者借以说明儒家过犹不及的中庸思想,对于今人仍有极高的认识价值。宥(yòu右),通"右"。

孔子观于鲁桓公之庙[1],有欹器焉。孔子问于守庙者曰:"此为何器?"守庙者曰:"此盖为宥坐之器。"孔子曰:"吾闻宥坐之器者,虚则欹[2],中则正,满则覆[3]。"孔子顾谓弟子曰:"注水焉!"弟子挹水而注之[4],中而正,满而覆,虚而欹。孔子喟然而叹曰[5]:"吁!恶有满而不覆者哉[6]!"子路曰[7]:"敢问持满有道乎[8]?"孔子曰:"聪明圣知[9],守之以愚[10];功被天下[11],守之以让[12];勇力抚世[13],守之以怯[14];富有四海[15],守之以谦。此所谓挹而损之之道也[16]。"

——《荀子·宥坐》

[1]鲁桓公:(约前731—前694年),姬姓,名允,《世本》作轨,鲁惠公之子,鲁隐公之弟,春秋时期鲁国第十五位国君。公元前711年,鲁隐公被杀,鲁桓公即位。公元前694年,齐襄公指使公子彭生杀死鲁桓公。

123

［2］虚则欹(qī 七):谓空的时候就倾斜不正。

［3］满则覆:谓水装满后就会倾覆。

［4］挹(yì 意):以瓢舀取。

［5］喟(kuì 愧)然:叹息貌。

［6］恶(wū 乌)有:哪有。恶,疑问代词,相当于"何"、"安"、"怎么"。

［7］子路:即仲由(前542—前480),字子路,又字季路,春秋末鲁国人,孔子的学生,曾追随孔子周游列国。后死于卫国的内乱。

［8］持满:犹持盈,谓保守成业。

［9］圣知:即圣智,谓聪明睿智,无所不通。亦指具有非凡的道德智慧者。

［10］守之以愚:即守愚,谓保持愚拙,不事巧伪。

［11］功被天下:功德造福天下人,谓立有莫大的功劳。

［12］守之以让:谓保持逊让态度,不自我夸耀。

［13］抚世:盖世。

［14］守之以怯:谓以胆小、怯懦的外在表现示人。

［15］富有四海:谓成为一国之君主。

［16］挹:通"抑",谓抑制;谦退。唐杨倞注:"挹,亦退也。'挹而损之'犹言损之又损。"

诫 子 书

诸葛亮

〔解题〕这是一篇语重心长教训儿子的书信。澹泊与宁静作为人生修身之要,为治学者所必备,否则将一事无成。耐得住寂寞,不为外界声华所干扰,是成大事者的必由之路。著名学者钱锺书说过:"大抵学问是荒江野老屋中二三素心人商量培养之事,朝市之显学必成俗学。"静心澄虑是干好一切事情的起点,"每临大事有静气",非如此不足以成功。《淮南子》卷九《主术训》:"君人之道,处静以修身,俭约以率下。静则下不扰矣,俭则民不怨矣;下扰则政乱,民怨则德薄;政乱则贤者不为谋,德薄则勇者不为死。"诸葛亮对儿子的谆谆教诲,当与《淮南子》的这一段话有关联。

夫君子之行,静以修身,俭以养德[1],非澹泊无以明志[2],非宁静无以致远[3]。夫学须静也,才须学也;非学无以广才,非志无以成学。慆慢则不能励精[4],险躁则不能治性[5]。年与时驰[6],意与日去[7],遂成枯落[8],多不接世[9],悲守穷庐,将复何及?

——《诸葛亮集·文集》卷一

[1] 俭以养德:谓有所节制以修养德性。

〔2〕澹泊:恬淡寡欲。明志:表明心志。

〔3〕宁静:谓清静寡欲,不慕荣利。致远:实现远大的目标。

〔4〕慆(tāo 滔)慢:怠慢;怠惰。励精:振奋精神,致力于某种事业或工作。

〔5〕险躁:轻薄浮躁。治性:修心养性。

〔6〕年与时驰:谓年纪随时间的流逝渐长。

〔7〕意与日去:谓意志随时间而消磨。

〔8〕枯落:喻人年老衰残。

〔9〕接世:谓为社会所接纳。

欲不可纵

颜之推

〔解题〕本文题目系编注者据正文所拟。"欲壑难填","人心不足蛇吞象",无论古语还是俗话,都昭示出人性贪婪的一面。"吃着碗里,看着锅里",《金瓶梅》中的西门庆与潘金莲都用这两句话指责他人,其实正是自家贪多务得阴暗丑陋心理的写照。《资治通鉴》卷一九二记述唐太宗与魏徵等人的一段对话发人深省:"上谓侍臣曰:'吾闻西域贾胡得美珠,剖身以藏之,有诸?'侍臣曰:'有之。'上曰:'人皆知彼之爱珠而不爱其身也;吏受赇抵法,与帝王徇奢欲而亡国者,何以异于彼胡之可笑邪!'魏徵曰:'昔鲁哀公谓孔子曰:"人有好忘者,徙宅而忘其妻。"孔子曰:"又有甚者,桀、纣乃忘其身。"亦犹是也。'上曰:'然。朕与公辈宜戮力相辅,庶免为人所笑也!'"当下揭发并法办的一些腐败分子,广置华屋,贪污民脂民膏动辄上亿,花天酒地,骄奢淫逸,欲壑终究化为埋葬自身的渊薮。噬脐何及!

《礼》云:"欲不可纵,志不可满。"[1]宇宙可臻其极[2],情性不知其穷[3],唯在少欲知足,为立涯限尔[4]。先祖靖侯戒子侄曰[5]:"汝家书生门户[6],世无富贵;自今仕宦不可过二千石[7],婚姻勿贪势家[8]。"吾终身服膺[9],以为名言也。

天地鬼神之道[10],皆恶满盈[11]。谦虚冲损[12],可以免害。人生衣趣以覆寒露[13],食趣以塞饥乏耳。形骸之内[14],尚不得奢靡,己身之外[15],而欲穷骄泰邪[16]?周穆王、秦始皇、汉武帝[17],富有四海,贵为天子,不知纪极[18],犹自败累[19],况士庶乎[20]?常以二十口家,奴婢盛多[21],不可出二十人[22],良田十顷,堂室才蔽风雨[23],车马仅代杖策[24],蓄财数万,以拟吉凶急速[25],不啻此者,以义散之[26];不至此者,勿非道求之[27]。

仕宦称泰[28],不过处在中品[29],前望五十人,后顾五十人,足以免耻辱,无倾危也[30]。高此者,便当罢谢[31],偃仰私庭[32]。吾近为黄门郎[33],已可收退[34];当时羁旅[35],惧罹谤蘐[36],思为此计,仅未暇尔[37]。自丧乱已来[38],见因托风云[39],徼幸富贵[40],且执机权[41],夜填坑谷[42],朔欢卓、郑[43],晦泣颜、原者[44],非十人五人也。慎之哉!慎之哉!

——《颜氏家训》卷五《止足》

[1]"礼云"二句:语出《礼记·曲礼上》:"敖不可长,欲不可从,志不可满,乐不可极。"唐孔颖达疏:"'欲不可从'者,心所贪爱为欲,则'饮食男女,人之大欲存焉'是也。人皆有欲,但不得从之也。""'志不可满'者,六情遍睹在心未见为志。凡人各有志意,但不得自满,故《六韬》云:'器满则倾,志满则覆。'"

[2]臻其极:谓到达终极。

[3]情性:本性。不知其穷:谓看不到边际,意即人的欲望没有止境。

[4]涯限:边际;限度。

[5]先祖靖侯:颜之推九世祖颜含(生卒年不详),字弘都,琅邪(今山东临沂)人。历仕晋惠帝、晋元帝、晋明帝、晋成帝,因讨苏峻功,封西平县侯。为人孝悌,居官廉谨,以年老致仕。卒年九十三,谥曰靖。

[6]门户:家庭。

[7] 仕宦:出仕;为官。二千石(shí 拾):汉制,郡守俸禄为二千石,即月俸百二十斛。世因称郡守为"二千石"。《汉书》卷九〇《酷吏传》:"称曰:'仕不至二千石,贾不至千万,安可比人乎!'"南朝宋刘义庆《世说新语·贤媛》:"王经少贫苦,仕至二千石,母语之曰:'汝本寒家子,仕至二千石,此可以止乎!'经不能用。为尚书,助魏,不忠于晋,被收,涕泣辞母曰:'不从母敕,以至今日乎!'母都无戚容,语之曰:'为子则孝,为臣则忠,有孝有忠,何负吾邪?'"王利器先生认为:"盖自汉、魏以来,仕途险巇,一般浮沉于宦海者,率以此(指二千石)为持盈之限云。"可参考。

[8] 势家:有权势的人家。

[9] 服膺(yīng 英):衷心信奉。《礼记·中庸》:"得一善,则拳拳服膺而弗失之矣。"宋朱熹集注:"服,犹著也;膺,胸也。奉持而著之心胸之间,言能守也。"

[10] 天地鬼神之道:这里指自然界变化规律。

[11] 恶(wù 务):讨厌,憎恨。满盈:充盈;充足。

[12] 冲损:淡泊谦让。

[13] 趣(qù 去):通"取",仅仅。

[14] 形骸:人的躯体。

[15] 己身之外:谓人穿衣吃饭以外的财富、名声以及社会地位等。

[16] 穷:极。骄泰:骄恣放纵。

[17] 周穆王:即姬满,周昭王子,曾西击犬戎,东征徐戎,传说他曾乘八骏西行会见西王母。秦始皇:即嬴政(前259—前210),亲政后先后灭六国,自称始皇帝,在位二十六年。死后一年即爆发陈胜、吴广起义,秦遂亡。汉武帝:即刘彻(前156—前87),对外开疆拓土,对内罢黜百家,独尊儒术,实行政治经济改革。在位五十四年。

[18] 纪极:终极;限度。

[19] 败累:谓连遭挫折。

[20] 士庶:士人和普通百姓。

[21] 盛多:众多。

[22] 出:超过。

[23] 堂室:厅堂和内室。

[24]杖策:拄杖。这里指代步行。

[25]"蓄财数万"二句:意谓积蓄数万钱财,以备婚丧大事以及仓促应急之用。吉凶,指吉事和丧事,如嫁娶、丧葬等事。急速,指仓促间发生的事。

[26]"不啻(chì 翅)此者"二句:意谓如果钱财不仅此数,就仗义疏散。不啻,不仅;何止。

[27]非道:不合道义;不正当的手段。

[28]泰:通达;通畅。《易·序卦》:"履而泰,然后安,故受之以泰。泰者,通也。"

[29]中品:中等品级。

[30]倾危:倾覆;倾侧危险。

[31]罢谢:辞官去职。

[32]偃仰私庭:谓安居在家中。偃仰,安居;游乐。私庭,私人住宅。

[33]黄门郎:黄门侍郎的省称,侍从皇帝,以备顾问。颜之推在北齐曾任黄门侍郎。

[34]收退:指退隐。

[35]羁(jī 基)旅:寄居异乡。颜之推本为梁朝人,梁朝灭亡,辗转播迁北齐。

[36]罹(lí 离):遭受。谤讟(dú 读):怨恨毁谤。

[37]仅:只是。未暇:没有机会。

[38]自丧乱已来:当指侯景之乱(548—552)以来的动乱。侯景原为东魏大将,于梁武帝太清元年(547)降梁,驻守寿阳,第二年叛梁,占领建康(今南京),饿死梁武帝萧衍,立萧纲为帝,旋又为所废杀,自称帝,国号汉,后被梁元帝击杀。自侯景之乱以后,南北战乱不已。

[39]因托风云:意谓凭借个人的遭际、遇合。风云,比喻遇合、相从,语本《易·乾》:"云从龙,风从虎,圣人作而万物睹。"意即同类相感应。

[40]徼幸:同"侥幸",谓由于偶然的原因而得到成功或免去灾害。

[41]旦:早晨。机权:朝廷的枢机大权。

[42]填坑谷:谓被杀死。

[43]朔欢卓、郑:意谓月初还在为自己是富翁而庆幸。朔,农历每月初

130

一。卓、郑,卓氏与程郑的并称。卓氏祖先赵国人,秦破赵时被迁到蜀,居于临邛(今四川邛崃),冶铁致富,有家僮千人。程郑本战国时关东人,其祖先于秦始皇时被迁至蜀郡临邛,亦冶铸致富,堪比卓氏。

[44] 晦(huì汇)泣颜、原:月末就因自己变为穷人而哭泣。晦,农历每月的最后一日。颜、原,孔子门下两位贫穷学生颜渊与原宪的并称。颜渊,即颜回,《论语·雍也》:"子曰:'贤哉回也!一箪食,一瓢饮,在陋巷,人不堪其忧,回也不改其乐。贤哉回也!'"原宪,《庄子·让王》:"原宪居鲁,环堵之室,茨以生草;蓬户不完,桑以为枢,而瓮牖二室,褐以为塞;上漏下湿,匡坐而弦。"

祸福无门

吴　兢

〔解题〕 本文题目系编注者据正文所拟。《贞观政要》为唐代著名史学家吴兢(670—749)所撰,成书于唐玄宗开元初年,共十卷四十篇。全书以卷分类,分别辑录了贞观年间唐太宗李世民与魏徵、房玄龄、杜如晦等大臣的问答,大臣的谆议和奏疏,以及政治上的设施等。主要内容包括治国方针、选贤任能、精简机构、申明法制、崇尚儒术、评论历史得失等方面,同时强调统治者的自身修养,如敬贤纳谏、谦逊谨慎、防止奢惰等。全书简明扼要,颇具独创性,与《旧唐书》、《新唐书》、《资治通鉴》等有关贞观政事的记载相比,较为详细,因而受到历代统治者的重视与推崇,并约于9世纪传入朝鲜、日本等国,影响较大。

吴兢,唐汴州浚仪(今河南开封)人。武则天大足元年(701),由宰相魏元忠、朱敬则等人荐举,被召入史馆。唐玄宗时为谏议大夫、修文馆学士、卫尉少卿兼修国史、太子左庶子,也曾任台、洪、饶、蕲等州刺史,回京后改任恒王傅,其一生仕途较为顺利。曾撰《唐书》九十八卷(一说六十五卷),《唐春秋》三十卷,均已散佚,唯此书存。

本文涉及封建官场的官吏贪污腐败问题,虽属"贤君"明察,但人臣何以"贪饵",原因何在? 唐太宗并没有提出解决之道。还是一千多年以后一位山东的乡村教师蒲松龄看到了问题的症结,其《聊斋志异·梦狼》中一位居官贪墨、残民以逞者的自白:"弟日居衡茅,故不知仕途之关窍耳。黜陟之权,在上台不在百姓。上台喜,便是好官;爱百姓,何术复令上台喜也?"专制社会的官吏贪财,并非仅为自家享用,其聚敛所得大部分当用于贿赂上台,只有如此才能步步高升。这是人才选举制度所决定的,"前腐后继"之所以不绝如缕,人性恶的杠杆作用不容忽视,绝非帝王一两句"祸福无门,惟人所召"的警示语所能奏效!

贞观十六年[1],太宗谓侍臣曰[2]:"古人云:'鸟栖于林,犹恐其不高,复巢于木末[3];鱼藏于水,犹恐其不深,复穴于窟下。然而为人所获者,皆由贪饵故也[4]。'今人臣受任[5],居高位,食厚禄[6],当须履忠正[7],蹈公清[8],则无灾害,长守富贵矣。古人云:'祸福无门,惟人所召[9]。'然陷其身者,皆为贪冒财利[10],与夫鱼鸟何以异哉?卿等宜思此语为鉴诫[11]。"

——《贞观政要》卷六《贪鄙》

[1] 贞观十六年:即公元642年。贞观,唐太宗李世民的年号。

[2] 太宗:即唐太宗李世民(599—649),唐高祖李渊次子,辅助其父起兵推翻隋王朝,建立唐王朝,封秦王。武德九年(626)发动玄武门之变,屠兄杀弟,得以即位。推行均田制与租庸调法,兴修水利,恢复农业生产,虚心纳谏,史称贞观之治。侍臣:侍奉帝王的廷臣。

[3] 木末:树梢。

[4] 饵:钓鱼或诱捕其他禽兽的食物。

[5] 人臣:臣下,臣子。受任:接受委任。

[6] 厚禄:优厚的俸禄。

[7] 忠正:忠诚正直。

[8] 公清:清廉无私。

[9] "祸福无门"二句:意谓祸福之出没无定数,全由人们招引自取。

语本《左传·襄公二十三年》:"祸福无门,惟人所召。为人子者,患不孝,不患无所。"

[10] 贪冒:贪图财利。《左传·成公十二年》:"诸侯贪冒,侵欲不忌。"

[11] 卿:古代君对臣、长辈对晚辈的称谓。鉴诫:又作"鉴戒",谓引为教训,使人警惕。《国语·楚语下》:"人之求多闻善败,以鉴戒也。"

陋 室 铭

刘禹锡

〔**解题**〕这是一篇非常著名的文章,篇幅短小精悍,音调铿锵悦耳,脍炙人口,一般读书人几乎都能背诵。本文作者是谁?近年来有论者认为是盛唐人崔沔(673—739),有论者甚至认为不类唐人之作,这里不作辨析,仍将其著作权划归刘禹锡。刘禹锡(772—842),字梦得,自称汉中山靖王刘胜之后,为中山(今河北正定)人,实为洛阳(今属河南)人。唐德宗贞元九年(793)进士,再登博学鸿词科,授监察御史,因参与王叔文等的永贞改革,被贬朗州司马,转连州、夔州、和州刺史,迁主客郎中,再出为苏州、汝州、同州刺史,入为太子宾客分司东都,故有"刘宾客"之称。卒赠户部尚书。著有《刘梦得文集》三十卷、《外集》十卷。

有论者认为这篇作品为刘禹锡被贬和州(今安徽和县)刺史时所作。所谓"陋室",即简陋狭小的屋子。《韩诗外传》卷五:"彼大儒者,虽隐居穷巷陋室,无置锥之地,而王公不能与之争名矣。"旧时身处逆境的读书人虽生活物质条件不尽如人意,但往往高自位置,自得其乐于神思畅想之中,其旷达乐观的精神,至今仍可指引读书人的立身处世。值得一提的是,当代人有许多仿《陋室铭》之作,用以嘲讽某种歪风邪气,算是一种黑色幽默罢,也可见这篇作品的影响深远。

山不在高,有仙则名。水不在深,有龙则灵。斯是陋室[1],惟吾德馨[2]。苔痕上阶绿[3],草色入帘青。谈笑有鸿儒[4],往来无白丁[5]。可以调素琴[6],阅金经[7]。无丝竹之乱耳[8],无案牍之劳形[9]。南阳诸葛庐[10],西蜀子云亭[11]。孔子云:何陋之有[12]!

——《全唐文》卷六〇八

[1] 斯:指示代词,此。

[2] 惟吾德馨(xīn 新):意谓只有我的品德美好。馨,美。《书·周书·君陈》:"至治馨香,感于神明。黍稷非馨,明德惟馨尔。"

[3] 苔痕:苔藓滋生之迹。

[4] 鸿儒:大儒,这里泛指博学之士。汉王充《论衡·本性》:"自孟子以下至刘子政,鸿儒博生,闻见多矣。"

[5] 白丁:泛指不学无术或缺乏知识的人。

[6] 调:调试;演奏。素琴:不加装饰的琴。《晋书·隐逸传·陶潜》:"(陶潜)性不能音,而蓄素琴一张,弦徽不具。"

[7] 金经:指佛道经籍。唐杨衡《宿陟岵寺云律师院》诗:"玉炉扬翠烟,金经开缥帙。"

[8] 丝竹:弦乐器与竹管乐器之总称,这里泛指音乐。

[9] 案牍:谓官府文书。劳形:谓使身体劳累、疲倦。

[10] 南阳诸葛庐:东汉末诸葛亮隐居时的草庐,今河南南阳西南卧龙岗武侯祠内有诸葛庐。

[11] 西蜀子云亭:故址在今四川绵阳,相传西汉学者扬雄读书处在此。扬雄字子云,故名。西蜀,今四川古为蜀地,因在西方,故称"西蜀"。

[12] "孔子云"二句:意谓陋室有君子在内居住,就不简陋了。语本《论语·子罕》:"子欲居九夷。或曰:'陋,如之何?'子曰:'君子居之,何陋之有?'"

廉 耻 说

欧阳修

〔解题〕欧阳修(1007—1072),字永叔,号醉翁、六一居士,宋吉州永丰(今江西吉安市永丰县)人,因吉州原属庐陵郡,故常以"庐陵欧阳修"自居。宋仁宗天圣八年(1030)进士,历官知谏院、滁州刺史、翰林学士、枢密副使、参知政事,累赠太师、楚国公。卒谥文忠,世称欧阳文忠公。北宋政治家、文学家,后人将其与韩愈、柳宗元和苏轼合称"千古文章四大家",又与韩愈、柳宗元、苏轼、苏洵、苏辙、王安石、曾巩合称"唐宋八大家"。

有无廉耻作为儒家"修齐治平"之术中一项重要的道德指标,一向为读书人所重视。《荀子·修身》云:"偷儒惮事,无廉耻而嗜乎饮食,则可谓恶少者矣。"然而廉耻是需要以一定的物质保障为基础的,《管子·牧民》:"仓廪实则知礼节,衣食足则知荣辱。"对于饥寒交迫者侈言廉耻,显然南辕北辙。《汉书·食货志》载录晁错之语云:"夫寒之于衣,不待轻暖;饥之于食,不待甘旨;饥寒至身,不顾廉耻。"人生只有温饱以后,廉耻心方有对其行为产生制约作用的可能。欧阳修这篇小文是就北宋时代的"士君子"立论的,其针对者并非一般庶民百姓,而是具有一定社会地位的文人士大夫。"笑骂从汝,好官须我为之",北宋的投机分子邓绾为了升官极尽阿谀奔竞之能事,完全不顾在都乡人的嘲骂,从而留下上述的十字"名言"(见《宋史》卷三二九《邓绾传》)。有廉耻心才能获得社会的尊重,否则一切皆无从谈起!读此随笔文字,吾本寒家[1]，世以清白相承[2]。吾性不喜华靡[3]，自为乳儿，长者加以金银华美之服，辄羞赧弃去之[4]。二十忝科名[5]，闻喜宴独不戴花[6]。同年曰[7]："君赐不可违也。"乃簪一花。平生衣取蔽寒[8]，食取充腹；亦不敢服垢弊以矫俗干名[9]，但顺吾性而已。众人皆以奢靡为荣，吾心独以俭素为美[10]。人皆嗤吾固陋[11]，吾不以为病[12]。应之曰："孔子称'与其不逊也宁固'[13]。又曰'以约失之者鲜矣'[14]。又曰'士志于道，而耻恶衣恶食者，未足与议也'[15]。古人以俭为美德，今人乃以俭相诟病[16]。嘻，异哉！"

近岁风俗尤为侈靡[17]，走卒类士服[18]，农夫蹑丝履[19]。吾记天圣中[20]，先公为群牧判官[21]，客至未尝不置酒，或三行、五行[22]，多不过七行。酒酤于市[23]，果止于梨、栗、枣、柿之类；肴止于脯、醢、菜羹[24]，器用瓷、漆[25]。当时士大夫家皆然[26]，人不相非也[27]。会数而礼勤[28]，物薄而情厚。近日士大夫家，酒非内法[29]，果、肴非远方珍异[30]，食非多品，器皿非满案，不敢会宾友，常数月营聚，然后敢发书[31]。苟或不然[32]，人争非之，以为鄙吝[33]。故不随俗靡者，盖鲜矣。嗟乎！风俗颓弊如是[34]，居位者虽不能禁[35]，忍助之乎！

又闻昔李文靖公为相[36]，治居第于封丘门内[37]，厅事前仅容旋马[38]，或言其太隘[39]。公笑曰："居第当传子孙，此为宰相厅事诚隘，为太祝、奉礼厅事已宽矣[40]。"参政鲁公为谏官[41]，真宗遣使急召之[42]，得于酒家，既入，问其所来，以实对。上曰："卿为清望官[43]，奈何饮于酒肆？"对曰："臣家贫，客至无器皿、肴、果，故就酒家觞之[44]。"上以无隐，益重之。张文节为相[45],自奉养如为河阳掌书记时[46],所亲或规之曰[47]:"公今受俸不少,而自奉若此。公虽自信清约[48],外人颇有公孙布被之讥[49]。公宜少从众[50]。"公叹曰:"吾今日之俸,虽举家锦衣玉食[51],何患不能?顾人之常情[52],由俭入奢易,由奢入俭难。吾今日之俸岂能常有?身岂能常存?一旦异于今日,家人习奢已久,不能顿俭[53],必致失所[54]。岂若吾居位、去位、身存、身亡,常如一日乎?"呜呼!大贤之深谋远虑[55],岂庸人所及哉!

御孙曰:"俭,德之共也;侈,恶之大也。"[56]共,同也[57];言有德者皆由俭来也。夫俭则寡欲,君子寡欲,则不役于物[58],可以直道而行[59];小人寡欲,则能谨身节用[60],远罪丰家[61]。故曰:"俭,德之共也。"侈则多欲。君子多欲则贪慕富贵,枉道速祸[62];小人多欲则多求妄用,败家丧身。是以居官必贿,居乡必盗[63]。故曰:"侈,恶之大也。"

昔正考父饘粥以糊口,孟僖子知其后必有达人[64]。季文子相三君,妾不衣帛,马不食粟,君子以为忠[65]。管仲镂簋朱纮,山节藻棁,孔子鄙其小器[66]。公叔文子享卫灵公,史䲣知其及祸;及戍,果以富得罪出亡[67]。何曾日食万钱,至孙以骄溢倾家[68]。石崇以奢靡夸人,卒以此死东市[69]。近世寇莱公豪侈冠一时[70],然以功业大,人莫之非[71],子孙习其家风[72],今多穷困。其馀以俭立名,以侈自败者多矣,不可遍数,聊举数人以训汝。汝非徒身当服行[73],当以训汝子孙,使知前辈之风俗云[74]。

——《传家集》卷六七

[1] 吾本寒家:司马光父亲司马池官至天章阁待制,但居官廉洁,并无

积蓄,故曰"寒家"。寒家,寒微的家庭。

　　[2] 世以清白相承:谓以廉洁传家。《后汉书·杨震传》:"故旧长者或欲令为开产业,震不肯,曰:'使后世称为清白吏子孙,以此遗之,不亦厚乎!'"

　　[3] 华靡:奢侈豪华,讲排场。

　　[4] 羞赧(nǎn 南上声):因羞愧而脸红。

　　[5] 二十忝(tiǎn 舔)科名:宋仁宗宝元元年(1038),司马光考中进士甲科,时年二十岁。忝,有愧于。这里用作谦词。科名,科举功名。

　　[6] 闻喜宴:唐制,进士放榜,醵钱宴乐于曲江亭子,称曲江宴,亦称闻喜宴。宋太宗端拱元年(988)定由朝廷置宴,皇帝及大臣赐诗以示宠异,遂为故事。戴花,新进士将花插于帽檐,以示荣光。

　　[7] 同年:古代科举考试同科中式者之互称。

　　[8] 蔽寒:御寒。

　　[9] 垢弊:谓穿戴又脏又破。矫俗:谓故意违俗立异。干名:求取名位。

　　[10] 俭素:俭省朴素。

　　[11] 嗤(chī 吃):讥笑;嘲笑。固陋:闭塞、浅陋。

　　[12] 病:耻辱。

　　[13] 与其不逊也宁固:《论语·述而》:"子曰:'奢则不孙(逊),俭则固。与其不孙(逊)也,宁固。'"大意是:孔子说,奢侈豪华的人显得骄傲,俭约朴素的人显得寒伧,与其骄傲,宁可寒伧。

　　[14] 以约失之者鲜(xiǎn 险)矣:《论语·里仁》:"子曰:'以约失之者鲜矣!'"大意是:孔子说,因自己有所节制而犯错的人,不会很多。

　　[15] "士志于道"三句:《论语·里仁》:"子曰:'士志于道,而耻恶衣恶食者,未足与议也。'"大意是:孔子说,读书人有志于追求真理,却又以自己衣食简陋为耻辱,这种人不值得同他商议。

　　[16] 诟(gòu 构)病:侮辱,后引申为指责或嘲骂。

　　[17] 近岁:谓宋神宗元丰年间(1078—1085)。

　　[18] 走卒类士服:谓供使唤奔走的隶卒、差役皆穿读书人的衣服。类,率,皆,大抵。

[19] 蹑(niè 聂):穿用。丝履:以丝织品制成的鞋,古代属于华贵的服饰。

[20] 天圣:宋仁宗赵祯的年号(1023—1032)。

[21] 先公:作者称自己已故的父亲司马池。群牧判官:宋代管理国家马政机构群牧司的属官。《宋史》卷一六四《职官四·群牧司》:"制置使一人……副使一人……都监二人……判官二人,以京朝官充。掌内外厩牧之事,周知国马之政,而察其登耗焉。"

[22] 三行(xíng 形)、五行:谓斟酒三次、五次。

[23] 酤(gū 估):买酒。

[24] 肴(yáo 姚):泛指鱼肉之类的荤菜。脯(fǔ 府):干肉。醢(hǎi 海):肉酱。菜羹:用蔬菜煮的羹。羹,用肉类或菜蔬等制成的带浓汁的食物。

[25] 瓷、漆:谓瓷器与漆器。漆器这里指一种涂漆的盛器。

[26] 士大夫:旧时指官吏或较有声望、地位的知识分子。

[27] 相非:谓相互诋毁或讥讽。

[28] 会数(shuò 硕)而礼勤:意谓聚会亲近而礼意殷勤。数,亲密;亲近。或谓"数"乃"屡次"、"频繁"意,亦通,但与当时俭约之风似有冲突。

[29] 内法:即内法酒,按宫廷规定的方法酿造的酒。

[30] 珍异:谓珍贵奇特的食物。

[31] "常数月营聚"二句:意谓往往先期几个月准备食物,然后才敢发送请帖。营聚,置办储备。发书:谓发送请帖。

[32] 苟或不然:如果有的人不如此办理。

[33] 鄙吝:过分爱惜钱财。

[34] 颓弊:败坏。

[35] 居位者:谓居官任职的人。

[36] 李文靖公:即李沆(hàng 航去声,947—1004),字太初,宋洺州肥乡(今属河北)人。宋太宗太平兴国五年(980)进士,历官右补阙、翰林学士、参知政事,宋真宗咸平元年(998)加平章事(入相),累加尚书右仆射。其为相常戒帝王奢侈心,有"圣相"之誉。卒谥文靖。《宋史》卷二八二有传。

[37] 治居第:建造住宅。封丘门:北宋都城东京汴梁(今河南开封)北

边四城门之一。

［38］厅事:私人住宅的堂屋。仅容旋马:仅能让一马转身,形容堂屋前院落狭小。

［39］隘(ài艾):狭窄。

［40］太祝奉礼:即太祝与奉礼郎,宋掌管礼仪事务的太常寺属官,多由文臣高官子弟充任。《宋史》卷一五九《职官五》:"凡文臣:三公、宰相子,为诸寺丞;期亲,校书郎;馀亲(本宗大功至缌麻服者),以属远近补试衔。使相、参知政事、枢密院使、副使、宣徽使子,为太祝、奉礼郎;期亲,校书、正字;馀亲,补试衔。"宰相子当荫任"诸寺丞",这里仅以参知政事(副宰相)等官之子的可能荫职为喻,当属于李沆谦逊的说法。

［41］参政鲁公:即鲁宗道(966—1029),字贯之,亳州(今属安徽)人。举进士后历官海盐令、右正言、户部员外郎兼右谕德、左谕德、直龙图阁,迁户部郎中、龙图阁直学士兼侍讲、判吏部流内铨,拜谏议大夫、参知政事。卒谥肃简。《宋史》卷二八六有传,谓其"为人刚正,疾恶少容,遇事敢言,不为小谨"。参政,宋代参知政事的省称,为宰相的副职。谏官:鲁宗道于宋真宗天禧元年(1017)官右正言,为宋中书省属官,掌谏议,属于掌谏诤的官员,故称。据《宋史》本传,鲁宗道酒肆请客在其任职谕德(太子宫官,掌侍从赞谕)时,谓"为谏官"时,系作者误记。

［42］真宗:宋真宗赵恒(968—1022),宋太宗第三子,于宋太宗至道三年(997)即位,在位二十六年。

［43］清望官:指地位贵显、有名望的官职。唐制中央设门下及中书侍郎、尚书左右丞、六部侍郎、太常少卿、太子詹事、左右庶子、秘书少监、国子司业等。因这些官职多由进士出身有名望的人担任,故称。宋制略同。

［44］觞:谓以酒饮人或自饮。

［45］张文节:即张知白(?—1028),字用晦,宋沧州清池(治今河北沧州东南)人。举进士,历官河阳节度判官、尚书工部郎中,迁右谏议大夫、权御史中丞,拜给事中、参知政事。宋仁宗即位,召为枢密副使,天圣三年(1025)拜相,卒于位,谥文节。《宋史》卷三一〇有传,谓其:"在相位,慎名器,无毫发私。常以盛满为戒,虽显贵,其清约如寒士。"

［46］自奉养:谓自身日常生活的供养。河阳掌书记:当指河阳节度判

官。河阳,治所在今河南省焦作市孟州。掌书记,节度使或观察使属官,掌奏牍文书。节度判官,节度使属官。据《宋史》卷一七一《职官十一(奉禄制上)》:"节度、观察判官,二十五千。""节度掌书记,观察支使,二十千。"以俸禄言,节度判官当高于掌书记,皆为节度使属官,张知白曾为节度判官,此言"掌书记",或系作者一时误记所致。

[47] 所亲:亲人;亲近的朋友。《史记·魏世家》:"李克曰:'君不察故也,居视其所亲,富视其所与,达视其所举,穷视其所不为,贫视其所不取。五者足以定之矣。'"规:规劝。

[48] 自信:自表诚信。清约:清廉节俭。

[49] 外人颇有公孙布被之讥:意谓没有亲友关系的很多人讥评你如同汉代公孙弘富贵后仍盖布被那样矫情作伪。外人,他人或没有亲友关系的人。公孙布被,《汉书》卷五八《公孙弘传》:"汲黯曰:'弘位在三公,奉禄甚多,然为布被,此诈也。'"公孙弘(前200—前121),名弘,字季,一字次卿,齐地菑川(今山东寿光)人。少时为吏,曾在海边养猪,四十而研习《春秋》之学。汉武帝时期,征为博士。十年中从待诏金马门擢升为丞相,封平津侯。卒于相位,谥献侯。

[50] 少(shǎo 烧上声)从众:谓行事略微附和一下人之常态。

[51] 锦衣玉食:形容生活优裕。

[52] 顾:但是。

[53] 顿:顿时,立刻。

[54] 失所:谓无存身之地。

[55] 大贤:才德超群的人。这里指上述李沆、鲁宗道、张知白三人。

[56] "御孙曰"三句:语出《左传·庄公二十四年》,参见本书本章所选《刻桷非礼》一篇。

[57] 同也:作者以"同"释"共",与本书所选该文以"大"释"共"(hóng 洪)不同,读者留意。

[58] 不役于物:谓不为外物所驱使。《荀子·修身》:"君子役物,小人役于物。"

[59] 直道而行:谓依照确当的道理、准则行事。《论语·卫灵公》:"子曰:'吾之于人也,谁毁谁誉。如有所誉者,其有所试矣。斯民也,三代之所

145

以直道而行也。'"

［60］谨身节用：修身饬行，节省其用。语本《孝经·庶人》："用天之道，分地之利，谨身节用，以养父母，此庶人之孝也。"

［61］远(yuàn苑)罪丰家：谓远离罪恶，使家庭丰裕。

［62］枉道速祸：违背正道，招致祸患。语本《管子·形势》："小人者，枉道而取容，适主意而偷说，备利而偷得，如此者，其得之虽速，祸患之至亦急。"速，招致。

［63］"是以居官必贿"二句：分别讲述上文"君子多欲"与"小人多欲"的不同人生，意谓当官者必然贪赃受贿，处乡间者必然以盗窃为生。

［64］"昔正考父饘(zhān詹)粥以糊口"二句：意谓春秋时鲁国上卿正考父仅用稀饭维持生活，孟僖子因此推知其后代必有显达之人。事见《左传·昭公七年》。正考父，鲁国上卿，曾先后辅佐戴公、武公、宣公三个国君，为人恭谨平和，异常简朴，是孔子的七世祖。饘粥，稠粥与稀粥，这里即指稀饭。《左传》记述正考父鼎铭云："一命而偻，再命而伛，三命而俯。循墙而走，亦莫余敢侮。饘于是，粥于是，以糊余口。"孟僖子，姬姓，孟氏，名貜，卒谥僖。春秋后期鲁国司空，为三桓之一。临终之际，曾嘱咐其二子(孟懿子与南宫敬叔)师礼孔子。

［65］"季文子相三君"四句：意谓鲁国大夫季孙行父历侍鲁国文公、宣公、成公三君，死后入殓，发现其家中没有穿丝绸的妾，没有吃粮食的马，君子因此知道季孙行父是一位忠于鲁公室的人。事见《左传·襄公五年》："季文子卒。大夫入敛，公在位。宰庀家器为葬备，无衣帛之妾，无食粟之马，无藏金玉，无重器备。君子是以知季文子之忠于公室也。相三君矣，而无私积，可不谓忠乎？"季文子，鲁国正卿大夫季孙行父，在鲁国执政三十三年，克勤克俭，稳定鲁国政局。卒谥文，故称季文子。

［66］"管仲镂(lòu陋)簋(guǐ诡)朱纮(hóng弘)"三句：意谓齐国的国相管仲生活奢侈，居室豪华，因而孔子瞧不起他，认为他器量狭小。镂簋，刻有花纹的盛器。簋，古代祭祀宴享时盛黍稷的器皿。一般为圆腹，侈口，圈足。朱纮，古代天子冠冕上的红色系带。《礼记·礼器》："管仲镂簋朱纮，山节藻棁，君子以为滥矣。"汉郑玄注："朱纮，天子冕之纮也，诸侯青组纮，大夫士当缁组纮，纁边。"管仲穿戴天子服饰，显然越制。山节，谓形状像山一

样的斗拱。节,即斗拱,屋柱上端顶住横梁的组合木构件。藻棁(zhuō捉),上面绘有水藻图样的梁上短柱。棁,梁上短柱。小器,器量小,谓才具不大,无大作为。语本《论语·八佾》:"子曰:'管仲之器小哉!'"

[67]"公叔文子享卫灵公"四句:意谓卫国的大夫公叔文子因富而受到贪婪的卫灵公的忌恨,大夫史鲔(qiū 秋)预料公叔文子富而不骄,尚可免祸;但文子之子公叔戍必将因富获罪。果然文子死后,公叔戍被迫逃亡至鲁国。事见《左传·定公十三年》与《定公十四年》,大意是:卫国大夫公叔文子请求在家中设宴招待卫灵公,另一位大夫史鲔知道后,认为富有可招来祸患,但文子谨守臣道,可保平安,其子公叔戍因富而骄,必然出逃。文子死后,公叔戍被诬告叛乱,不得不逃到鲁国。公叔文子,即春秋时卫国大夫公叔发,名拔,卒谥文,故称文子。享,通"飨",用酒食款待人。卫灵公(前540—前493),姬姓,名元,是春秋时期卫国第二十八代国君,在位四十二年。史鲔,字子鱼,卫国大夫,据说他临终以"尸谏"卫灵公,卫国政治因而得到改善。戍,即公叔戍,公叔文子的儿子。

[68]"何曾日食万钱"二句:意谓晋武帝时的太傅何曾生活奢豪,至其子孙辈皆傲慢骄奢,合家终于灭亡无遗。何曾(199—278),原名瑞谏,又名谏,字颖考,陈郡阳夏(今河南太康)人。为西晋开国元勋,官至太傅,卒谥元。《晋书》卷三三有传,有云:"每燕见,不食太官所设,帝辄命取其食。蒸饼上不坼作十字不食。食日万钱,犹曰无下箸处。"又云:"永嘉之末,何氏灭亡无遗焉。"永嘉为晋怀帝司马炽年号(307—313),距何曾去世不足三十年。

[69]"石崇以奢靡夸人"二句:意谓晋朝石崇生活奢靡并以此自夸,最终被杀。石崇(249—300),字季伦,小名齐奴,渤海南皮(今河北南皮东北)人,西晋开国元勋石苞第六子。历官荆州刺史、鹰扬将军,封安阳乡侯,在任上以劫掠往来富商致富。永康元年(300)赵王司马伦专权,司马伦党羽孙秀向石崇索要其宠妾绿珠不果,因而诬陷其为乱党,遭夷三族。《晋书》卷三三有传,谓其:"财产丰积,室宇宏丽。后房百数,皆曳纨绣,珥金翠。丝竹尽当时之选,庖膳穷水陆之珍。与贵戚王恺、羊琇之徒以奢靡相尚。"又谓其被杀前:"及车载诣东市,崇乃叹曰:'奴辈利吾家财。'收者答曰:'知财致害,何不早散之?'崇不能答。崇母兄妻子无少长皆被害,死者十五人,崇时年五十二。"

[70]近世寇莱公豪侈冠一时:谓寇准生活豪华奢侈,在当世第一。寇莱公,即寇准(961—1023),字平仲,宋华州下邽(今陕西渭南北)人。太平兴国间进士,历官大理评事、枢密直学士,因直言敢谏,宋太宗比为魏徵。两次入相,曾力劝宋真宗亲征抗辽,订和议而还。后罢相,封莱国公,继遭诬陷贬道州司马,再贬雷州司户参军,卒于贬所。仁宗朝追谥忠愍。著有《寇莱公集》。《宋史》卷二八一有传,内云:"准少年富贵,性豪侈,喜剧饮,每宴宾客,多阖扉脱骖。家未尝爇油灯,虽庖匽所在,必然炬烛。"

[71]人莫之非:宾语提前,即"人莫非之",意谓没有人非议他。

[72]习:通"袭",因袭。

[73]非徒:不仅。身:谓自身。服行:施行,实行。

[74]风俗:相沿积久而成的风气、习俗。

俭　约

袁宗道

[解题] 袁宗道(1560—1600)，字伯修，号石浦，明公安(今属湖北)人。万历十四年(1586)二甲第一名进士，历任翰林院编修、春坊左中允、右庶子。与弟袁宏道、袁中道称"三袁"。公安三袁以反对拟古、标举性灵而享誉后世，被称为公安派。著有《白苏斋类集》二十二卷。

所谓"俭约"即俭省节约为生，本是一种优良生活作风，但求之过甚，甚至流于吝啬刻薄，就不免矫饰作伪乃至不近人情之讥讽了。《魏史·李彪传》："夫尚俭者开福之源，好奢者起贫之兆。然则俭约易以教行，华靡难以财满，是以圣人留意焉，贤人希准焉。故夏禹卑宫室而恶衣服，殷汤寝黄屋而乘辂舆。此示俭于后王，后王所宜观其意而取折衷也。孔子为鲁司寇，乘柴车而驾驽马；晏婴为齐正卿，冠濯冠而衣故裘。此示俭于后臣，后臣所宜识其情而消息之也。"这无疑是对俭约正面意义的解析，应当世代传承下去。袁宗道所论者三种人各有特点：俭朴出于天性，是真俭朴；俭朴出于矫饰，是假俭朴；俭朴流于吝啬，是痴傻人。文章重在讽刺最后者难以理喻的"俭约"，展示其可笑行径，不无警醒世人之功。

卢怀慎奉身之具，才一布囊，以席蔽雨[1]。范蜀公与同游各携茶行,温公以纸为帖,蜀公用小黑木盒子盛之,温公惊曰:"景仁乃有茶具!"[2]杜衍第室卑陋,享客多用桼器,客有面称叹者,衍命尽取白金燕具陈于前,曰:"非乏,雅自不好耳。"[3]此三公[4],皆天性俭朴,非由矫饰[5]。第五伦身为二千石,而其妻不免自爨[6];王良身为司徒,而使其妻曳柴[7]。则我不能知矣。若冯道居茅庵,卧一束薪,以忧归里,躬自樵爨[8]。清苦极矣,若淡然无欲者。然而事四姓,奉十主[9],忍不可忍之辱,而不忍弃一官,又何也?

吾亲见吾里数人俭啬事[10],极可笑。其一以赀雄谷升村[11],食惟稀糜,独能厚饷插秧佣[12],然每食一粥一酱。佣者食毕去,而鸡遗矢案边,其人见而嗟惜[13],以为酱也,遂舐之[14]。其一为吾同村人[15],手致千金[16],病且笃[17],不肯饵药[18]。亲友劝之,沉吟半晌,乃应曰:"吾闻葛道人药殊验[19],然无奈价太高何,不如且服陈打茭草药耳。"未几死,闻者皆大笑。此辈岂知惜福之理[20],不过为儿子积耳。然如某子甲喜放债,子钱极重[21],家累万金。老矣,尚无子,食两粥,间日啖枯鱼[22],与众杂作,通身瘠黑[23]。若此人者,惜福乎,痴乎?吾不能知矣。

——《白苏斋类集》卷二〇《杂说类》

[1]"卢怀慎奉身之具"三句:意谓唐玄宗时宰相卢怀慎自奉俭朴,住行皆简陋。卢怀慎(?—716),唐滑州灵昌(今河南滑县)人。举进士,历监察御史、吏部员外郎,累迁黄门侍郎。入相,自以为才不及姚崇,每事皆推让之,时人谓之"伴食宰相。"《新唐书》本传云:"怀慎清俭不营产,服器无金玉文绮之饰,虽贵而妻子犹寒饥,所得禄赐,于故人亲戚无所计惜,随散辄尽。赴东都掌选,奉身之具,止一布囊。既属疾,宋璟、卢从愿候之,见蔽箦单藉,门不施箔。会风雨至,举席自障。日晏设食,蒸豆两器,菜数梬而已。"

[2]"范蜀公与同游各携茶行"四句:意谓宋范镇、司马光等出游用具

皆极简朴。宋周密《癸辛杂识·前集·长沙茶具》:"长沙茶具,精妙甲天下。每副用白金三百星或五百星,凡茶之具悉备,外则以大缕银合贮之……因记司马公与范蜀公游嵩山,各携茶以往。温公以纸为贴,蜀公盛以小黑合。温公见之,曰:'景仁乃有茶具耶?'蜀公闻之,因留合与寺僧而归。向使二公见此,当惊倒矣。"此事又见宋朱弁《曲洧旧闻》卷三。范蜀公,即范镇(1007—1087),字景仁,宋华阳(今四川成都)人,北宋文学家、史学家。宋仁宗宝元元年(1038)进士第一,历官翰林学士、端明殿学士,封蜀国公,卒谥忠文。曾参与《新唐书》之修撰,著有《范蜀公集》《东斋记事》等。温公,即司马光(1019—1086),卒谥文正,封温国公。帖(tiē贴),通"贴",以书或纸充当的夹子。唐孟郊《古意》诗:"启贴理针线,非独学裁缝。"景仁乃有茶具,原作"景纯乃有茶具",系作者误书,今正。

[3] "杜衍第室卑陋"五句:意谓宋代贤相杜衍居室、用具皆简陋,引来客人称叹。杜衍(978—1057),字世昌,宋越州山阴(今浙江绍兴)人。大中祥符间进士,历官三司户部副使、枢密使,庆历四年(1044)拜相,支持庆历新政。后罢相,出知兖州,封祁国公。卒谥正献。《宋史》卷三一〇有传,内云:"衍清介不殖私产,既退,寓南都凡十年,第室卑陋,才数十楹,居之裕如也。"宋祝穆《古今事文类聚》续集卷一三《不好珍器》引《家塾记》云:"杜祁公享客多用髹器,客有面称叹曰:'公尝为宰相,清贫乃尔耶?'公命侍人尽取白金燕器陈于前,曰:'衍非乏此,雅不自好耳。'然祁公好施,亦卒不畜也。"卑陋,低矮简陋。享客,设宴招待宾客。髹(xiū休)器,涂上漆的器物,即漆器。称叹,犹赞叹,汉孔融《论盛孝章书》:"九牧之人,所共称叹。"白金燕具:银制宴饮器具,燕,通"宴"。雅,副词,素常,向来。

[4] 此三公:据上文,似当作"四公"为宜,即卢怀慎、范镇、司马光、杜衍四人。

[5] 矫饰:造作夸饰。

[6] "第五伦身为二千石(shí拾)"二句:意谓东汉会稽太守第五伦俸禄二千石,其妻还要自己烧火做饭。第五伦(生卒年不详),字伯鱼,汉京兆长陵(今陕西咸阳)人。汉光武帝建武二十七年(51),第五伦被举为孝廉,后受到光武帝的赏识,历官会稽太守、蜀郡太守。永平十八年(75),汉章帝即位,第五伦代牟融为司空,成为三公之一。汉章帝元和三年(86)以病辞

官,以二千石奉终其身,加赐钱五十万。年八十馀卒。《后汉书》卷四一有传,内云:"追拜会稽太守。虽为二千石,躬自斩刍养马,妻执炊爨。受俸裁留一月粮,馀皆贱贸与民之贫羸者。"二千石,汉制,郡守俸禄为二千石,即月俸百二十斛。世因称郡守为"二千石"。爨(cuàn窜),烧火煮饭。

[7]"王良身为司徒"二句:意谓东汉司徒王良贵为大臣,其妻子还要自己从田间拖柴草归。王良(生卒年不详),字仲子,东海兰陵(今山东枣庄一带)人。少好学,教授诸生千馀人。汉光武帝建武三年(27),征入朝授谏议大夫,建武六年,代宣秉为大司徒司直,后以病归,卒于家。《后汉书》卷二七有传,内云:"(王良)在位恭俭,妻子不入官舍,布被瓦器。时司徒史鲍恢以事到东海,过候其家,而良妻布裙曳柴,从田中归。恢告曰:'我司徒史也,故来受书,欲见夫人。'妻曰:'妾是也。若掾,无书。'恢乃下拜,叹息而还,闻者莫不嘉之。"

[8]"若冯道居茅庵"四句:意谓五代时历仕四朝的宰相冯道居住简朴,回家守丧,甚至自己打柴做饭。冯道(882—954),字可道,号长乐老,唐末瀛州景城(今河北沧州西北)人,《旧五代史》卷一二六本传云:"明宗顾谓侍臣曰:'冯道性纯俭,顷在德胜寨居一茅庵,与从人同器食,卧则刍藁一束,其心晏如也。及以父忧退归乡里,自耕樵采,与农夫杂处,略不以素贵介怀,真士大夫也。'"茅庵,茅庐、草舍。束薪,捆扎起来的柴木。忧,居丧,多指居父母丧。躬自,亲自。樵爨,打柴做饭。

[9]"然而事四姓"二句:冯道历仕后唐、后晋、后汉、后周四朝,先后效力于后唐庄宗、后唐明宗、后唐闵帝、后唐末帝、后晋高祖、后晋出帝、后汉高祖、后汉隐帝、后周太祖、后周世宗十位皇帝,在相位二十馀年。

[10]俭啬(sè涩):犹吝啬,谓过分爱惜己之财物,当用而不用。

[11]赀:钱财。雄:称雄,这里谓以财力居于一方之上。谷升村:在公安县,为三袁外祖父家所居处。

[12]厚饷:谓饭食供应优厚。插秧佣:谓所雇用的插水稻秧苗者。

[13]嗟(jiē街)惜:嗟叹惋惜。

[14]舐(shì释):舔。

[15]吾同村人:谓作者家乡公安县长安里长安村。

[16]致:积累。

［17］笃(dǔ 堵):甚。这里形容病势沉重。

［18］饵药:服药。

［19］葛道人:与下文"陈打苓"俱为当地医生,唯后者当属江湖郎中,故药物开价低廉。

［20］惜福:珍惜福泽。

［21］子钱:贷给他人取息之钱,即高利贷。

［22］间(xián 闲)日:亦作"闲日",休闲的日子。枯鱼:干鱼。

［23］瘠(jí 极)黑:瘦弱而肤色黑暗。

忧乐生死

殉身殉道

孟 子

〔解题〕本文题目系编注者据正文所拟。所谓"殉身"与"殉道",同是讲为道义或某种主张而献身,但献身的内涵大不相同。前者是读书人在政治清明时的献身原则,后者是读书人在政治黑暗时的献身原则。前者是读书人一试身手、大展抱负之际,献身就是投入,自然不会有生命之忧;后者则是读书人为了真理或正义据理抗争之时,献身就有可能意味着牺牲自己,类似于《论语·卫灵公》所云:"志士仁人,无求生以害仁,有杀身以成仁。"又类似于《孟子·告子上》所云:"生,亦我所欲也;义,亦我所欲也。二者不可得兼,舍生而取义也。"最令读书人不堪的是"以道殉人",意即不惜歪曲真理或干脆制造歪理邪说以逢迎取悦于当政者。伤天害理,莫此为甚!

孟子曰:"天下有道,以道殉身[1];天下无道,以身殉道[2]。未闻以道殉乎人者也[3]。"

——《孟子·尽心上》

[1] 以道殉身:宋朱熹集注:"身出则道在必行。"意即真理为自身所掌握并推行。殉,以人从葬。汉赵岐注:"殉,从也。天下有道,得行王道,道从身施,功实也。"

〔2〕以身殉道:宋朱熹集注:"道屈则身在必退,以死相从而不离也。"意即为真理而献身。

〔3〕以道殉乎人:宋朱熹集注:"以道从人,妾妇之道。"

齐人有一妻一妾

孟 子

〔解题〕本文题目系编注者据正文所拟。这是一篇类似寓言的小品文字,我们不必探求这位齐人乞讨以外何以有馀财去养活一妻一妾,也不必追究这一男两女故事的结局如何,它就是以生活的一个横断面,形象地勾画出那些富贵利达追求者的丑恶嘴脸,读来发人深省。古往今来如"齐人"者不在少数,其求富与贵的路径也五花八门,总之皆有不可告人之丑。《庄子·列御寇》有如下一则故事:"宋人有曹商者,为宋王使秦。其往也,得车数乘;王说之,益车百乘。反于宋,见庄子,曰:'夫处穷闾厄巷,困窘织屦,槁项黄馘者,商之所短也;一悟万乘之主而从车百乘者,商之所长也。'庄子曰:'秦王有病召医,破痈溃痤者得车一乘,舐痔者得车五乘,所治愈下,得车愈多。子岂治其痔邪?何得车之多也?子行矣!'"讽刺辛辣,穷形尽相。清吴敬梓《儒林外史》第三十四回:"但凡士君子横了一个做官的念头在心里,便先要骄傲妻子。妻子想做夫人,想不到手,便事事不遂心,吵闹起来。"大约就是演绎《孟子》这一段小品而另加发挥的。这样的人如果当官,其家既难"齐",治国平天下就更无从谈起了。

齐人有一妻一妾而处室者[1]。其良人出[2],则必餍酒肉而后反[3]。其妻问所与饮食者,则尽富贵也。其妻告其妾曰:"良人出,则必餍酒肉而后反,问其与饮食者,尽富贵也,而未尝有显者来[4],吾将瞷良人之所也[5]。"

早起,施从良人之所之[6],遍国中无与立谈者[7]。卒之东郭墦间[8],之祭者乞其馀[9],不足,又顾而之他,此其为餍足之道也。

其妻归,告其妾,曰:"良人者,所仰望而终身也[10],今若此。"与其妾讪其良人[11],而相泣于中庭,而良人未之知也,施施从外来[12],骄其妻妾。

由君子观之,则人之所以求富贵利达者[13],其妻妾不羞也而不相泣者,几希矣[14]。

——《孟子·离娄下》

[1] 齐人:齐国人。齐国,战国诸侯国之一,地处今山东省泰山以北黄河流域与胶东半岛地区。处室:即处家,谓居家,在家里。

[2] 良人:古时女子对丈夫的称呼。

[3] 餍(yàn验):吃饱。反,通"返"。

[4] 显者:即显贵,谓显达尊贵的人。

[5] 瞷(jiàn建):窥视;侦伺。

[6] 施(yí移):逶迤斜行。汉赵岐注:"施者,邪施而行,不欲使良人觉也。"

[7] 国中:谓城中。立谈:站着谈话。

[8] 卒:终于,最后。之:至。东郭:谓东城外,即东郊。墦(fán凡):坟墓。

[9] 祭者:指祭扫坟墓的人。

[10] 仰望:敬仰期望。

[11] 讪(shàn善):讥讽。

[12] 施施:喜悦自得貌。

[13] 富贵利达:犹言功名利禄。

[14] 几希:极少。

与子俨等疏

陶渊明

〔解题〕陶渊明(365—427),一名潜,字元亮,晋寻阳柴桑(今江西九江)人,大司马陶侃曾孙。历官州祭酒、镇军、建威参军、彭泽令,以"不能为五斗米折腰",弃官归里,以诗酒自娱。其文学成就以诗歌为最,描写山川田园之美,简淡自然。散文、辞赋也有特色,卒后,友人私谥靖节。著有《陶渊明集》,今人有七卷整理本。《晋书》卷九四、《宋书》卷九三、《南史》卷七五皆入《隐逸传》。

"疏(shù 树)",这里谓书信。《与子俨等疏》就是陶渊明写给他五个儿子的信,类似于"遗书"性质。据逯钦立《陶渊明事迹诗文系年》考证,这封书信写于陶渊明五十一岁,这一年他的痁疾(疟病)一度加剧,自以为大限将至,不放心五个儿子以后的兄弟情谊,因而遗书谆谆告诫,语重心长,在总结自己大半生出仕与归隐的纠结中,流露出父辈未能给年尚稚小的后代创造更好生活的几许愧疚之情。作者另有《责子》五古一首,有论者认为当写于作者四十四岁时。诗中有"虽有五男儿,总不好纸笔"之叹,从诗中可知,当时五子中最大者陶俨年十六岁,最小者陶佟不过九龄。时过七年,长子陶俨当已有二十三岁,幼子陶佟也十六岁了。作者舐犊之爱,实出天然,信中所表述之生死观、荣辱观、忧乐观,豁达淡远,至今仍有认识价值。

告俨、俟、份、佚、佟[1]：

天地赋命[2]，生必有死。自古圣贤[3]，谁独能免？子夏有言曰[4]："死生有命，富贵在天。"[5]四友之人[6]，亲受音旨[7]，发斯谈者，将非穷达不可妄求[8]，寿夭永无外请故耶[9]？吾年过五十，少而穷苦，每以家弊[10]，东西游走[11]，性刚才拙，与物多忤[12]。自量为己，必贻俗患[13]；僶俛辞世[14]，使汝等幼而饥寒。余尝感孺仲贤妻之言，败絮自拥，何惭儿子[15]。此既一事矣。但恨邻靡二仲[16]，室无莱妇[17]，抱兹苦心[18]，良独内愧[19]。

少学琴书[20]，偶爱闲静[21]，开卷有得，便欣然忘食[22]。见树木交荫，时鸟变声[23]，亦复欢然有喜。常言：五六月中，北窗下卧，遇凉风暂至[24]，自谓是羲皇上人[25]。意浅识罕[26]，谓斯言可保[27]。日月遂往，机巧好疏[28]。缅求在昔[29]，眇然如何[30]。疾患以来，渐就衰损[31]，亲旧不遗[32]，每以药石见救[33]，自恐大分将有限也[34]。恨汝辈稚小家贫，每役柴水之劳[35]，何时可免！念之在心，若何可言[36]！

然汝等虽不同生[37]，当思四海皆兄弟之义[38]。鲍叔、管仲，分财无猜[39]；归生、伍举，班荆道旧[40]。遂能以败为成[41]，因丧立功[42]。他人尚尔[43]，况同父之人哉！颍川韩元长，汉末名士，身处卿佐，八十而终，兄弟同居，至于没齿[44]。济北氾稚春，晋时操行人也，七世同财，家人无怨色[45]。《诗》曰："高山仰止，景行行止。"[46]虽不能尔[47]，至心尚之[48]。汝其慎哉！吾复何言[49]。

——《陶渊明集》卷七

[1] 俨、俟、份（bīn 彬）、佚、佟：陶渊明五个儿子陶俨、陶俟、陶份、陶

佚、陶佟,即其《责子》诗中小名舒、宣、雍、端、通五人。

〔2〕赋命:谓给人以生命。

〔3〕圣贤:泛称道德才智杰出者。

〔4〕子夏:即卜商(前507—前400),字子夏,春秋卫人,孔子弟子,擅长文学。

〔5〕"死生有命"二句:语出《论语·颜渊》:"司马牛忧曰:'人皆有兄弟,我独亡!'子夏曰:'商闻之矣,死生有命,富贵在天。君子敬而无失,与人恭而有礼。四海之内皆兄弟也,君子何患乎无兄弟也?'"

〔6〕四友:谓孔子四个学生颜渊、子贡、子张、子路。《孔丛子·论书》:"孔子曰:'吾有四友焉。自吾得回(颜渊)也,门人加亲,是非胥附乎?自吾得赐(子贡)也,远方之士日至,是非奔辏乎?自吾得师(子张)也,前有光,后有辉,是非先后乎?自吾得仲由(子路)也,恶言不至于门,是非御侮乎?'"这里指子夏与颜渊、子贡等一样同为孔子杰出弟子。

〔7〕亲受音旨:谓皆受到孔子的言辞旨意的教诲。

〔8〕将非:岂非。穷达:困顿与显达。妄求:非分的追求。

〔9〕寿夭:长命与夭折。外请:谓在自身宿命以外的求索。

〔10〕家弊:家境贫寒。

〔11〕游走:奔波。

〔12〕与物多忤(wǔ 午):谓与社会人事不相融合。

〔13〕"自量为己"二句:意谓自我估量这一为自己考虑的辞官行为,必然带来世俗的生计之累。俗患,通"俗累",谓世俗事务的牵累。

〔14〕俛俛(mǐn mǎn 敏勉):这里是勉强的意思。辞世:避世,隐居。

〔15〕"余尝感孺仲贤妻之言"三句:据《后汉书》卷八四《列女传》,东汉太原王霸,字孺仲,他与同郡令狐子伯为友。汉光武帝连征王霸做官,王霸隐居不仕。令狐子伯为楚相,其子为郡功曹。有一次子伯令其子带书信给王霸,王霸见令狐子服饰光鲜,自己的儿子耕田回来,举止局促,惭愧中卧床不起。王霸妻再三询问原因,王霸回答:"吾与子伯素不相若,向见其子容服甚光,举措有适,而我儿曹蓬发历齿,未知礼则,见客而有惭色。父子恩深,不觉自失耳。"其妻说:"君少修清节,不顾荣禄。今子伯之贵孰与君之高?奈何忘宿志而惭儿女子乎!"于是王霸起身而笑,与妻儿终身隐遁不出。败

絮,破旧的棉絮。此句谓自己德行高洁无亏如王霸一样,生活虽贫寒,实际上无对不起儿子们的地方。

[16] 靡:没有,表示否定。二仲:指汉羊仲、裘仲二人。《初学记》卷一八引汉赵岐《三辅决录》:"蒋诩,字符卿,舍中三径,唯羊仲、裘仲从之游。二仲皆推廉逃名。"后世即用以泛指廉洁隐退之士。

[17] 莱妇:即莱妻,春秋楚老莱子之妻,历来为贤妇的代称。据汉刘向《列女传·贤明》载:莱子逃世耕于蒙山之阳,楚王遣使聘其出仕,其妻曰:"妾闻之,可食以酒肉者,可随以鞭捶;可授以官禄者,可随以铁钺。今先生食人酒肉,受人官禄,为人所制也,能免于患乎?妾不能为人所制。"遂行不顾,至江南而止。老莱子乃随其妻而居之。

[18] 苦心:良苦用心。

[19] 良:甚,很。

[20] 琴书:琴和书籍,多为文人雅士清高生涯常伴之物。陶渊明《归去来辞》:"悦亲戚之情话,乐琴书以消忧。"

[21] 偶:恰巧。闲静:安闲宁静。陶渊明《五柳先生传》:"闲静少言,不慕荣利。"

[22] "开卷有得"二句:陶渊明《五柳先生传》:"好读书,不求甚解。每有会意,欣然忘食。"

[23] 时鸟:应时而鸣的鸟。

[24] 暂:突然。

[25] 羲皇上人:羲皇谓伏羲氏,古人想象中的羲皇之世,其民皆恬静闲适,故隐逸之士自称"羲皇上人"。

[26] 意浅识罕:谓以上"常言"四句想法单纯,识见无多。这里是自谦的说法。

[27] 斯言可保:意谓"常言"四句所记述的生活可以维持下去。

[28] 机巧:谓诡诈之心。好疏:甚少。

[29] 缅求:远求。

[30] 眇然:高远貌。

[31] 衰损:谓身体衰弱亏虚。

[32] 亲旧:犹亲故,谓亲戚故旧。不遗:谓不遗弃,不舍弃。

[33] 药石:药剂和砭石,这里泛指药物。

[34] 大分(fèn奋):大限;寿数。

[35] 役:谓被驱使。柴水:打柴汲水。

[36] 若何可言:意谓还有什么话可说呢。若何,怎样,怎么样。

[37] 不同生:谓非一个母亲所生。陶渊明三十岁,原配去世,长子陶俨为其所生;其馀四子全为续弦翟氏所生,其中陶份、陶佚为孪生。

[38] 四海皆兄弟:语本《论语·颜渊》,见本文注[5]。

[39] "鲍叔管仲"二句:据《史记》卷六二《管晏列传》:"管仲曰:'吾始困时,尝与鲍叔贾,分财利多自与,鲍叔不以我为贪,知我贫也。'"鲍叔,即鲍叔牙,春秋齐人。他与管仲为莫逆之交,将管仲推荐给齐桓公,管仲辅佐桓公建成霸业。管仲,名夷吾(前?—前645),字仲,春秋齐人,辅佐齐桓公九合诸侯,一匡天下。曾说:"生我者父母,知我者鲍子也。"无猜,没有疑虑,不避嫌疑。

[40] "归生、伍举"二句:据《左传·襄公二十六年》,楚国伍举与公孙归生(又名声子)两人交好,伍举因受其岳父事牵连不得不出逃,准备通过郑国去晋国做官。归生作为楚使去晋国,在郑国的郊外遇到伍举,两人将荆草铺在地上,坐下一同吃饭,重温旧好,归生答应伍举一定帮助他回国。归生返楚后,向令尹子木巧妙列举陈说楚材晋用的危害,终于令楚王下令增加伍举的官禄爵位,请他从郑国回到了楚国。班荆,布列荆草于地。

[41] 以败为成:承上文鲍叔与管仲交友事。管仲原辅佐公子纠对抗公子小白(即后来的齐桓公)以争夺齐国王位,公子纠失败被杀,管仲因鲍叔推荐,又辅佐齐桓公,终成霸业。

[42] 因丧立功:承上文归生与伍举交友事。伍举不得已逃亡至郑,在归生帮助下返回楚国,后于鲁昭公元年(前541)帮助公子围继承王位,是为楚灵王,是楚灵王的功臣。丧,逃亡,流亡。

[43] 他人尚尔:意谓别人尚且如此。

[44] "颍川韩元长"六句:意谓东汉末韩融以名士被征辟为高官,至八十岁去世前,兄弟一直在一起生活。按,韩融兄弟同居事未见他书记述。《后汉书》卷六二《韩韶传》:"子融,字元长。少能辩理而不为章句学。声名甚盛,五府并辟。献帝初,至太仆。年七十卒。"颍川,汉郡名,治所阳翟(今

165

河南禹州市)。卿佐,指辅佐国君的执政大臣,这里即指太仆,汉代为九卿之一。没齿,终身。

[45]"济北氾(fàn范)稚春"四句:意谓晋代氾毓是有操守的人,其家已传七代没有分居。据《晋书》卷九一《儒林传》:"氾毓,字稚春,济北卢人也。奕世儒素,敦睦九族,客居青州,逮毓七世,时人号其家'儿无常父,衣无常主'。毓少履高操,安贫有志业……撰《春秋释疑》、《肉刑论》,凡是述造七万馀言。年七十一卒。"济北,西晋济北国,治所卢子城(今山东平阴旧东阿西北),南朝宋改济北郡,徙治肥城(今属山东)。操行人,谓有品行、操守者。

[46]"诗曰"三句:语出《诗·小雅·车舝(xiá辖)》,这是一首颂扬新婚的诗,"高山仰止,景行(háng航)行止"为起兴,大意是:山高人就仰望,大路就有人行。这里引用《诗经》,意欲其五子向上述数人学习。

[47]尔:如此,这样。

[48]至心尚之:意谓诚心诚意地尊崇上述有德者。至心,最诚挚之心。尚,尊崇。

[49]吾复何言:意即我没有什么可说的了。属于一番告诫后的结束语。

岳阳楼记

范仲淹

〔解题〕 范仲淹(989—1052),字希文,宋吴县(今江苏苏州)人。为北宋著名的政治家、军事家与文学家。宋真宗大中祥符八年(1015)进士,历官秘阁校理、陕西经略安抚使、参知政事。镇守延安时,威震西夏,西夏人称"小范老子胸中有数万甲兵"。他在朝中力主庆历改革,终为各种势力阻挠,外任知邠州、杭州等地。卒谥文正。

《岳阳楼记》是一篇传诵千古的名作,所谓"先天下之忧而忧,后天下之乐而乐"两句更是千古名句,凸显了正直读书人有所担当的人生价值取向。

庆历四年春[1],滕子京谪守巴陵郡[2]。越明年[3],政通人和[4],百废具兴[5],乃重修岳阳楼,增其旧制[6],刻唐贤、今人诗赋于其上[7],属予作文以记之[8]。

予观夫巴陵胜状[9],在洞庭一湖。衔远山[10],吞长江[11],浩浩汤汤[12],横无际涯[13]。朝晖夕阴[14],气象万千。此则岳阳楼之大观也[15],前人之述备矣[16]。然则北通巫峡[17],南极潇湘[18],迁客骚人[19],多会于此。览物之情,得无异乎[20]?

若夫霪雨霏霏[21],连月不开[22],阴风怒号[23],浊浪排空[24]，日星隐耀[25]，山岳潜形[26]；商旅不行，樯倾楫摧[27]；薄暮冥冥[28]，虎啸猿啼。登斯楼也，则有去国怀乡[29]，忧谗畏讥[30]，满目萧然[31]，感极而悲者矣。

至若春和景明[32]，波澜不惊，上下天光，一碧万顷[33]；沙鸥翔集[34]，锦鳞游泳[35]，岸芷汀兰[36]，郁郁青青[37]。而或长烟一空[38]，皓月千里，浮光耀金[39]，静影沉璧[40]，渔歌互答，此乐何极[41]！登斯楼也，则有心旷神怡，宠辱皆忘，把酒临风，其喜洋洋者矣[42]。

嗟夫！予尝求古仁人之心[43]，或异二者之为[44]，何哉？不以物喜，不以己悲[45]。居庙堂之高[46]，则忧其民；处江湖之远[47]，则忧其君。是进亦忧，退亦忧，然则何时而乐耶？其必曰"先天下之忧而忧，后天下之乐而乐"欤！噫！微斯人，吾谁与归[48]！

时六年九月十五日。

——《范文正公集》卷七

[1] 庆历四年：即公元1044年。庆历，宋仁宗赵祯的年号（1041—1048）。范仲淹撰写此文在庆历六年（1046），时作者贬知邓州（今属河南），文中骈散结合，书写"巴陵胜状"全凭文学想象，读者读来仍有身临其境之感，可见文章魅力。

[2] 滕子京：即滕宗谅（991—1047），字子京，河南（今河南洛阳）人。宋真宗大中祥符八年（1015）与范仲淹同年举进士，历官泰州军事推官、殿中丞、刑部员外郎，知泾州，擢天章阁待制，徙庆州，以御史劾奏滕宗谅前在泾州费公钱十六万贯，降一官，知虢州，复徙岳州（知岳州军州事）。谪守：因罪贬谪流放，出任外官或守边。巴陵郡：即岳州，治所巴陵县（今湖南岳阳市）。唐玄宗天宝元年（742）改岳州为巴陵郡，唐肃宗乾元元年（758），复改称岳州。这里系用古称。

[3] 越明年：第二年，即庆历五年（1045）。

［4］ 政通人和:政事顺畅,人民和乐。

［5］ 百废具兴:亦作"百废俱兴",谓一切废置的事都兴办起来。

［6］ 增其旧制:扩建它原有的规模。

［7］ 刻唐贤、今人诗赋于其上:清雍正《湖广通志》卷九六收录滕宗谅《求记书》有云:"欲使久而不可废,则莫如文字。乃分命僚属于韩、柳、刘、白、二张、二杜逮诸大人集中,摘出登临寄咏,或古或律,歌咏并赋七十八首,暨本朝大笔如太师吕公、侍郎丁公、尚书夏公之作,榜于梁栋间。又明年春,鸠材僝工,稍增其旧制。"

［8］ 属(zhǔ主):委托;嘱咐。

［9］ 夫(fú扶):代词,表示近指,这。胜状:胜景,佳境。

［10］ 衔:包含。

［11］ 吞:涵容;容纳。

［12］ 浩浩汤(shāng商)汤:同"浩浩荡荡",这里形容水势壮阔貌。

［13］ 横无际涯:谓宽阔没有边际。横,广阔。际涯,边际。

［14］ 朝晖夕阴:谓一天之内阴晴变化多端。晖,日光。

［15］ 大观:谓盛大壮观的景象。

［16］ 前人之述备矣:谓唐人与宋初人的有关诗赋,记述已很详尽了。

［17］ 北通巫峡:长江三峡之一,西起重庆巫山县,东至湖北巴东县,因巫山而得名。巫峡峡长谷深,奇峰突兀,层峦叠嶂,云腾雾绕,向以绮丽幽深著称。长江径流曲折,出三峡向东南行,与洞庭调合。

［18］ 南极潇湘:谓向南远通湘江。湘江,源出今广西灵川县东、海洋山西麓,向东北流贯今湖南省东部,汇入洞庭湖。潇水是湘江最大的支流。

［19］ 迁客:旧时谓遭贬斥放逐之人。骚人:战国楚屈原作《离骚》,后世遂称诗人、文人为骚人。

［20］ 得无:犹言能不。

［21］ 若夫:至于,用于句首或段落的开始,表示另提一事。霪(yín淫)雨:久雨。霏(fēi非)霏:雨或雪盛貌。

［22］ 开:谓天放晴。

［23］ 号(háo豪):大风发出巨响。

［24］ 排空:涌向高空。这里是夸张手法的运用。

〔25〕日星隐耀:谓白天太阳与夜晚群星皆隐藏其光辉。耀,光明。

〔26〕潜形:谓形体为阴云所隐没。

〔27〕樯倾楫摧:谓舟船的桅杆倾倒,船桨折断。意即风浪摧毁行舟。

〔28〕薄暮:傍晚,太阳快落山的时候。冥冥:昏暗貌。

〔29〕去国怀乡:离开国都或朝廷,因而怀念家乡。

〔30〕忧谗畏讥:谓担心被谗言所中伤。

〔31〕萧然:空寂;萧条。

〔32〕至若:连词,表示另提一事。春和:春日和暖。景明:日光明亮。

〔33〕"上下天光"二句:意谓天色与湖光相接,碧色一望无际。

〔34〕沙鸥:栖息于沙滩、沙洲上的鸥鸟。翔集:谓众多沙鸥飞翔而后群集于一处。

〔35〕锦鳞:鱼的美称。

〔36〕岸芷(zhǐ止)汀(tīng厅)兰:岸边的香草,小洲上的兰草。

〔37〕郁郁:形容芳香浓烈。青(jīng精)青:草木茂盛貌。

〔38〕长烟一空:谓弥漫在湖上的雾气完全消散。

〔39〕浮光耀金:谓微风起处,月光映射于湖面,随微波荡漾,金光闪烁。

〔40〕静影沉璧:谓风暂停时,月光在湖中的倒影如同沉入水中的玉璧。

〔41〕何极:用反问的语气表示没有穷尽、终极。

〔42〕洋洋:自得貌;喜乐貌。

〔43〕尝求:曾经探求。古仁人:古代有德行的人。

〔44〕二者:指上述阴天见景生悲与晴日见景生喜两种心情。

〔45〕"不以物喜"二句:意谓不因外物影响与个人得失而产生或喜或悲的心情。

〔46〕居庙堂之高:谓做官。庙堂,指朝廷。

〔47〕处江湖之远:谓不在朝廷为官。江湖,身处江湖,这里有退隐的涵义。

〔48〕"微斯人"二句:意谓没有这样的古仁人,还有谁能做我的同道。微,无,没有。谁与归,即"与谁归",疑问词提前,表示强调。

指南录后序

文天祥

〔解题〕 文天祥(1236—1283),初名云孙,字天祥,后以字行,另字天瑞,又字履善,号文山,宋吉州庐陵(今江西吉安)人。宋理宗宝祐四年(1256)进士第一,历官刑部郎官、江西安抚使。元兵南侵,受命赴元军谈判,被扣,几经周折脱险,再辅佐宋端宗为右丞相,封信国公,积极募兵抗元,终以兵败被俘。被押北上,囚于元大都(今北京市)三年,不屈就义于柴市(今北京市东城区府学胡同)。《指南录》四卷,为文天祥自订诗集名,在《文山先生文集》卷一三中。宋恭帝德祐二年(1276),元军进逼临安,文天祥赴元营谈判,被扣押,后乘隙逃归。他把出使被扣和逃归途中所写的诗结集,取集中《渡扬子江》诗"臣心一片磁针石,不指南方不肯休"句意,命名为"指南录"。作者此前已写有《自序》,故名此篇为"后序"。这篇文章对于自己于九死一生的艰难困苦历程中百折不挠坚强意志的记述,至今读来仍令人感叹不已。据《宋史》本传,尽管文天祥说过:"国亡,吾分一死矣。傥缘宽假,得以黄冠归故乡,他日以方外备顾问,可也。"但求为道士的要求被元廷否决后,更坚定了这位爱国志士誓不投降的决心,终于在被羁押三年后从容殉国。常言道"慷慨赴死易,从容就义难",文天祥视死如归,反映了古代正直读书人"以天下为己任"始终不渝的担当意识。

德祐二年二月十九日[1]，予除右丞相兼枢密使[2]，都督诸路军马[3]。时北兵已迫修门外[4]，战、守、迁皆不及施[5]，缙绅大夫士萃于左丞相府[6]，莫知计所出。会使辙交驰，北邀当国者相见，众谓予一行为可以纾祸[7]。国事至此，予不得爱身，意北亦尚可以口舌动也[8]。初，奉使往来，无留北者[9]，予更欲一觇北[10]，归而求救国之策，于是辞相印不拜，翌日[11]，以资政殿学士行[12]。

初至北营，抗辞慷慨，上下颇惊动，北亦未敢遽轻吾国[13]。不幸吕师孟构恶于前[14]，贾余庆献谄于后[15]，予羁縻不得还[16]，国事遂不可收拾。予自度不得脱[17]，则直前诟虏帅失信[18]，数吕师孟叔侄为逆[19]，但欲求死，不复顾利害。北虽貌敬，实则愤怒。二贵酋名曰"馆伴"[20]，夜则以兵围所寓舍，而予不得归矣。

未几，贾余庆等以祈请使诣北[21]，北驱予并往，而不在使者之目。予分当引决[22]，然而隐忍以行，昔人云"将以有为也"[23]。至京口，得间奔真州[24]，即具以北虚实告东西二阃[25]，约以连兵大举，中兴机会庶几在此[26]。留二日，维扬帅下逐客之令[27]。不得已，变姓名，诡踪迹[28]，草行露宿[29]，日与北骑相出没于长淮间[30]。穷饿无聊[31]，追购又急[32]，天高地迥，号呼靡及[33]。已而得舟，避渚洲，出北海，然后渡扬子江，入苏州洋，展转四明、天台，以至于永嘉[34]。

呜呼！予之及于死者不知其几矣！诋大酋当死[35]，骂逆贼当死[36]，与贵酋处二十日，争曲直，屡当死。去京口，挟匕首以备不测，几自到死[37]。经北舰十余里，为巡船所物色，几从鱼腹死[38]。真州逐之城门外，几徬徨死[39]。如扬州，过瓜洲扬子桥，竟使遇哨，无不死[40]。扬州城下，进退不

172

由,殆例送死[41]。坐桂公塘土围中,骑数千过其门,几落贼手死[42]。贾家庄几为巡徼所陵迫死[43]。夜趋高邮,迷失道,几陷死。质明,避哨竹林中,逻者数十骑,几无所逃死[44]。至高邮,制府檄下,几以捕系死[45]。行城子河,出入乱尸中,舟与哨相后先,几邂逅死[46]。至海陵[47],如高沙[48],常恐无辜死[49]。道海安、如皋,凡三百里,北与寇往来其间,无日而非可死[50]。至通州,几以不纳死[51]。以小舟涉鲸波[52],出无可奈何,而死固付之度外矣[53]！呜呼！死生,昼夜事也[54],死而死矣,而境界危恶[55],层见错出,非人世所堪[56]。痛定思痛,痛何如哉！

予在患难中,间以诗记所遭[57],今存其本,不忍废。道中手自抄录：使北营,留北关外[58],为一卷;发北关外,历吴门、毗陵[59],渡瓜洲,复还京口,为一卷;脱京口,趋真州、扬州、高邮、泰州、通州[60],为一卷;自海道至永嘉,来三山[61],为一卷。将藏之于家,使来者读之[62],悲予志焉。

呜呼！予之生也幸,而幸生也何所为[63]？求乎为臣[64],主辱臣死[65],有馀僇[66];所求乎为子,以父母之遗体[67],行殆而死[68],有馀责[69]。将请罪于君,君不许;请罪于母,母不许;请罪于先人之墓[70],生无以救国难,死犹为厉鬼以击贼,义也。赖天之灵,宗庙之福[71],修我戈矛,从王于师,以为前驱[72]。雪九庙之耻[73],复高祖之业[74],所谓"誓不与贼俱生",所谓"鞠躬尽力,死而后已",亦义也。嗟夫！若予者,将无往而不得死所矣[75]！向也[76],使予委骨于草莽[77],予虽浩然无所愧怍[78],然微以自文于君亲,君亲其谓予何[79]！诚不自意[80],返吾衣冠[81],重见日月,使旦夕得正丘首[82],复何憾哉！复何憾哉！

是年夏五,改元景炎[83],庐陵文天祥自序其诗[84],名曰《指南录》。

——《文山先生文集》卷一三

[1] 德祐二年:即公元1276年。德祐,宋恭帝赵㬎的年号(1275—1276)。二月十九日:《宋史》卷四七《瀛国公本纪》以及《指南录自序》,当作"正月十九日"。

[2] 除:拜官,授职。右丞相:南宋孝宗乾道八年(1172)改尚书左、右仆射为左、右丞相,以左为上,故右丞相相当于副丞相。枢密使:枢密院长官,掌控全国军事,多以丞相兼职。

[3] 都督:总领,统领。路:宋代行政区域名,相当于明清的省。

[4] 北兵:谓元军。修门:原为楚国郢都的城门。《楚辞·招魂》:"魂兮归来!入修门些。"汉王逸注:"修门,郢城门也。"后泛指京都城门。这里即指南宋都城临安(今浙江杭州)的城门。

[5] 战、守、迁皆不及施:意谓迎战、坚守或迁都难以实施。

[6] 缙绅大夫士:缙绅,插笏于绅带间,旧时官宦的装束。上古周代在国君之下有卿、大夫、士三等,此谓大小官员人等。萃:聚集。左丞相府:左丞相吴坚的府第。吴坚(1213—1276),降元后北上,同年病死于大都。

[7] "会使辙交驰"三句:意谓在元军南下临安的过程中,南宋屡派官员至元营求和,元军要求与主持国事的高级官员会谈,众官员认为文天祥出使可以解除祸患。会,适逢。使辙,出使者的车迹,代指使者。北,指元军。当国,执政;主持国事。纾(shū 舒)祸,解除祸患。

[8] 以口舌动:谓谈判中可用言语打动对方。

[9] 留北:谓被元军扣留。

[10] 觇(chān 搀)北:谓观察元军虚实。觇,观看;侦察。

[11] 翌(yì 义)日:第二天。

[12] 资政殿学士:官名。宋代置诸殿学士,出入侍从,以备顾问,无官守,无典掌而资望极高。常由罢职辅臣充任,以示尊崇。南宋则常以从臣充任。据清毕沅《续资治通鉴》卷一八二:"戊子,命文天祥同吴坚、谢堂、贾馀庆使元军。"文天祥此行当为正使,而右丞相位在左丞相吴坚位下,所以文天祥暂"辞相印不拜",仅以位尊左丞相的资政殿学士的虚衔出使,以符合

元军要求"当国者"谈判的条件。

[13]"初至北营"四句:据清毕沅《续资治通鉴》卷一八二:"天祥见巴延于明因寺,因说巴延曰:'本朝承帝王正统,衣冠礼乐之所在,北朝将以为与国乎?抑将毁其社稷也?'巴延以北诏为辞,言社稷必不动,百姓必不杀。天祥曰:'北朝若以欲为与国,请退兵平江或嘉兴,然后议岁币与金帛犒师,北朝全兵以还,策之上也。若欲毁其宗庙,则淮、浙、闽、广,尚多未下,利钝未可知,兵连祸结,必自此始。'巴延语渐不逊,天祥曰:'我南朝状元、宰相,但欠一死报国,刀锯鼎镬,非所惧也。'巴延辞屈,诸将相顾动色。巴延见天祥举动不常,疑有异志,留之军中,遣坚等还。"巴延,一般作"伯颜",元丞相,率兵南下灭宋。抗辞,谓以严厉正直的言辞直言陈说。慷慨,情绪激昂。遽,立刻,马上。

[14]吕师孟构恶于前:意谓先前因与兵部侍郎吕师孟结仇,致令已经降元的吕文焕(吕师孟的叔父)劝伯颜拘禁文天祥,并迫使其北上。吕师孟(1234—1304),字养浩,号浩叟,宋寿州安丰(今安徽寿县西南)人。吕文焕的侄子。20岁时以荫叙入仕,德祐元年(1275)累升至枢密院副都承旨。宋知襄阳府吕文焕坚守襄阳五年后于宋度宗咸淳九年(1273)降元,后又助伯颜东进围攻临安。南宋为与元军谈判方便,反而升任吕师孟为兵部侍郎,受到文天祥的反对。据《宋史·文天祥传》,德祐元年十月间:"朝议方擢吕师孟为兵部尚书,封吕文德和义郡王,欲赖以求好。师孟益偃蹇自肆。天祥陛辞,上疏言:'朝廷姑息牵制之意多,奋发刚断之义少,乞斩师孟衅鼓,以作将士之气。'"但朝廷并未采纳时为平江知府文天祥的意见。《指南录》卷一《记事》诗序云:"正月二十日至北营,适与文焕同坐,予不与语。越二日,予不得回阙,诟房酋失信,盛气不可止。文焕与诸酋劝予坐野中,以少迟一二日即入城,皆绐辞也。先是,予赴平江,入疏言'叛逆遗孽不当待以姑息,乞举《春秋》诛乱贼之法',意指吕师孟,朝廷不能行。至是,文焕云:'丞相何故骂焕以乱贼?'予谓:'国家不幸至今日,汝为罪魁,汝非乱贼而谁?三尺童子皆骂汝,何独我哉!'焕云:'襄守六年不救。'予谓:'力穷援绝,死以报国可也。汝爱身惜妻子,既负国,又隳家声。今合族为逆,万世之贼臣也。'孟在傍甚忿,直前云:'丞相上疏欲见杀,何为不杀取师孟?'予谓:'汝叔侄皆降北,不族灭汝,是本朝之失刑也,更敢有面皮来做朝士!予实恨不杀汝叔

侄,汝叔侄能杀我,我为大宋忠臣,正是汝叔侄周全我,我又不怕!'孟语塞,诸酋皆失色动颜。唆都以告伯颜,伯颜吐舌云:'文丞相心直口快男子心!'唆都间云:'丞相骂得吕家好!'以此见诸酋亦不容之。"

[15] 贾馀庆献谄于后:意谓随同出使的同签书枢密院事兼知临安府贾馀庆暗中出卖朝廷利益,向元人谄媚。《指南录》卷一《记事》诗序云:"是晚,诸酋议良久,忽留予营中,当时觉北未敢大肆无状。及予既絷维,贾馀庆以逢迎继之,而国事遂不可收拾。痛哉,痛哉!"又《则堂》诗序:"北入京城,贾馀庆迎逢卖国,既令学士降诏,俾天下州郡归附之。"又《使北》诗序:"惟是贾馀庆凶狡残忍,出于天性,密告伯颜,使启北庭拘予于沙漠,彼则卖国佞北,自谓使毕即归,愚不可言也。"贾馀庆(生卒年不详),字善夫,临淮人(今属江苏),在南宋历官同签书枢密院事,知临安府,右丞相。

[16] 予羁縻不得还:《元史》卷一二七《伯颜传》:"天祥数请归,伯颜笑而不答。天祥怒曰:'我此来为两国大事,彼皆遣归,何故留我?'伯颜曰:'勿怒。汝为宋大臣,责任非轻,今日之事,政当与我共之。'令忙古歹、唆都馆伴羁縻之。"羁縻,拘禁。

[17] 自度(duó夺):自己衡量;自忖。

[18] 直前:径直向前。虏帅:对元丞相伯颜的蔑称。

[19] 数(shǔ署):数落;责备。逆:背叛。

[20] 二贵酋:即本篇注[16]引文中忙古歹、唆都两人。贵酋,旧指少数民族的头领,忙古歹时为万户,唆都为招讨使,故称。馆伴:古代陪同外族宾客人士的官员。

[21] 贾馀庆等以祈请使诣北:《宋史》卷四七《瀛国公本纪》:"(德祐)二月丁酉朔,日中有黑子相荡,如鹅卵。辛丑,率百官拜表祥曦殿,诏谕郡县使降。大元使者入临安府,封府库,收史馆、礼寺图书及百司符印、告敕,罢官府及侍卫军。壬寅,犹遣贾馀庆、吴坚、谢堂、刘岊、家铉翁充祈请使。"祈请使,官名,南宋为向金或蒙元求和与议和所派之使臣。诣北,谓北上元大都(今北京)。

[22] 分(fèn奋):谓本分。引决:自杀。

[23] 将以有为也:希望接下来有所作为。

[24] "至京口"二句:谓文天祥在京口得到机会,逃向真州。《指南录》

卷三《脱京口》诗序云:"二月二十九日夜,予自京口城中间道出江浒登舟,沂金山,走真州。其艰难万状各以诗记之。"京口,即今江苏镇江市。得间(jiàn建),谓得到空子。真州,治所在扬子县(今江苏仪征市)。

[25] 东西二阃(kǔn捆):谓淮南东路制置使李庭芝与淮南西路制置使夏贵,前者驻守扬州(今属江苏),后者驻守庐州(今安徽合肥市)。阃,古时地方上将帅的官衙。

[26] "约以连兵大举"二句:据《指南录》卷三《议纠合两淮复兴》诗序,文天祥至真州后,守将苗再成认为"得丞相来通两淮脉络,不出一月,连兵大举,先去北巢之在淮者,江南可传檄定也。"文天祥听后"喜不自制",认为"不图中兴机会在此"。中兴,中途振兴。庶几(jī基),或许,也许。

[27] 维扬帅下逐客之令:据《指南录》卷三《出真州》诗序,驻守扬州的淮东制置使李庭芝接到天祥书信,反而怀疑文天祥已经降元,下令真州知州苗再成杀死文天祥。苗未遵令,文天祥得以出逃,欲赴扬州自明心迹不果。南宋军队既不见容,又有元军搜寻,文天祥只得变易姓名,继续东逃。维扬帅,即谓驻守扬州的李庭芝。

[28] 诡踪迹:谓特意隐藏行踪。

[29] 草行露宿:在草野中赶路,露天歇宿。形容出逃的艰辛与迫促。

[30] 日与北骑相出没于长淮间:当时淮河一带大多为元军侵占,只有扬州、真州等少数军镇为南宋军所固守。据清毕沅《续资治通鉴》卷一八一记述德祐元年(1275)夏四月间:"时元兵东下,所过迎降,李庭芝率励所部,固守扬州。阿珠遣李虎持招降榜入城,庭芝杀虎,焚其榜。""阿珠乃筑长围,自扬子桥竟瓜洲,东北跨湾头至黄塘,西北抵丁村务,欲以久困之。"长淮,谓淮河一带。

[31] 穷饿无聊:谓饥饿窘迫,无所依靠。

[32] 追购:谓元军悬赏追捕。

[33] "天高地迥"二句:意谓天地高远,呼叫不应,是人处于极端困苦中的无奈感的流露。靡及,达不到。

[34] "已而得舟"七句:谓文天祥等不久得到海船,避开为元军所占据的江中沙洲,辗转渡江跨海来到永嘉。《指南录》卷四《北海口》诗序云:"淮海本东海地,于东中云南洋、北洋。北洋入山东,南洋入江南。人趋江南而

经北洋者,以扬子江中渚沙为北所用,故经道于此,复转而南,盖迂绕数千里云。"渚(zhǔ主)洲,水中的小块陆地。北海,即北洋,旧称今黄海、渤海一带。南宋姚宽《西溪丛语》卷下:"今自二浙至登州与密州,皆由北洋,路极险恶。"扬子江,长江在今仪征、扬州一带,古称"扬子江"。苏州洋,宋元时期东海的旧称。四明,即今浙江宁波市。天台(tāi苔),即今浙江天台县。永嘉,即今浙江温州市。

[35]诋大酋当死:诋,骂。大酋,旧称少数民族或外族的首领,这里指伯颜。参见注[18]。

[36]骂逆贼当死:谓前文所述"数吕师孟叔侄为逆"一事。逆贼,这里指吕文焕、吕师孟叔侄。参见注[19]。

[37]"去京口"三句:谓文天祥离开京口寻船艰难之状。《指南录》卷三《候船难》诗序云:"予先遣二校坐舟中,密约侍予甘露寺下。及至,船不知所在,意窘甚,交谓船已失约,奈何!予携匕首,不忍自残,甚不得已,有投水耳。余元庆寒裘涉水,寻一二里许,方得船。至各稽首,以更生为贺。"去,谓离开。自刭(jǐng景),用刀自割颈,谓自杀。

[38]"经北舰十馀里"三句:谓文天祥江上遇元军船只,险些丧命。《指南录》卷三《上江难》诗序云:"予既登舟,意沂流直上,他无事矣。乃不知江岸皆北船,连亘数十里,鸣梆唱更,气焰甚盛。吾船不得已,皆从北船边经过,幸而无问者。至七里江,忽有巡者喝云:'是何船?'稍答以河鲀船。巡者大呼云:'歹船!'歹者,北以是名反侧奸细之称。巡者欲经船前,适潮退,阁浅不能至。是时舟中皆流汗,其不来,侥幸耳。"巡船,谓元军的巡逻船。物色,访求,寻找,引申指搜捕。几从鱼腹死,谓几乎投水自尽,战国楚屈原《渔父》:"宁赴湘流,葬于江鱼之腹中。"

[39]傍徨:谓坐立不安,心神不定。

[40]"如扬州"四句:谓文天祥为自明心迹,奔赴扬州路途中之艰难万状。《指南录》卷三《出真州》诗序云:"见予坚欲往扬州,遂复取扬州路。时天色渐晚,张弓挟矢,一路甚忧疑。指处瓜洲也,又前某处杨子桥也,相距不远。既暮,所行皆北境,惟恐北遣人伏路上,寂如衔枚。使所过,北有数骑在焉,吾等不可逃矣。"瓜洲,在今江苏邗江县西南瓜洲镇东南。《舆地纪胜》卷三七扬州:瓜洲"在江都县南四十里江滨。相传即祖逖击楫之所也。昔为

瓜洲村,盖扬子江中之砂碛也。沙渐涨出,其状如瓜,接连扬子渡口,民居其上,唐立为镇"。扬子桥,即今江苏邗江县南扬子桥。哨,谓元军巡逻。

[41] 殆:大概;几乎。例:类比。

[42] "坐桂公塘土围中"三句:谓文天祥等在扬州城下进退维谷的困窘状况。《指南录》卷三《至扬州》诗序云:"予不得已,去扬州城下,随卖柴人趋其家,而天色渐明,行不能进。至十五里头,半山有土围一所,旧是民居,毁荡之馀,无椽瓦,其间马粪堆积。时惟恐北有望高者,见一队人行,即来追逐。只得入此土围中暂避。为谋拙甚,听死生于天矣。"又云:"数千骑随山而行,正从土围后过。一行人无复人色,傍壁深坐,恐门外得见。若一骑入来,即无噍类矣!门前马足与箭筒之声,历落在耳,只隔一壁。幸而风雨大作,骑只径去。"桂公塘,扬州城外地名。土围,已经没有屋顶的土屋。

[43] 贾家庄几为巡徼(jiào 叫)所陵迫死:谓文天祥等在贾家庄遭遇南宋军巡察的困窘状况。《指南录》卷三《贾家庄》诗序云:"予初五日随三樵夫,黎明至贾家庄,止土围中,卧近粪壤,风露凄然。时枵腹已经两夕……"又同卷《扬州地分官》诗序云:"初五至晚,地分官五骑咆哮而来,挥刀欲击人,凶焰甚于北。亟出濡沫,方免毒手……幸而脱北方之难,不意困折于我土地,天地虽大,无所容身。哀哉!"濡沫,用唾沫来湿润,比喻同处困境,相互救助,这里是以钱赎命的意思。巡徼,这里谓南宋军巡查的士卒。陵迫,欺凌逼迫。

[44] "夜趋高邮"七句:谓文天祥奔赴高邮途中的痛苦遭遇。《指南录》卷三《高沙道中》诗序云:"予雇骑夜趋高沙。越四十里,至板桥,迷失道。一夕行田畈中,不知东西,风露满身,人马饥乏。旦行雾中,不相辨。须臾,四山渐明,忽隐隐见北骑,道有竹林,亟入避。须臾,二十馀骑绕林呼噪。虞候张庆右眼内中一箭,项二刀,割其髻,裸于地。帐兵王青缚去。杜架阁与金应林中被获,出所携黄金赂逻者得免。予藏处距杜架阁不远,北马入林,过吾傍三四,皆不见。不自意得全。"高邮,今江苏高邮市。质明,天刚亮的时候。

[45] "至高邮"三句:谓文天祥在高邮被南宋军怀疑的困状。《指南录》卷三《至高沙》诗序云:"予至高沙,奸细之禁甚严。时予以筹为轿,见者怜之;又张庆血流满面,衣衫皆污。人皆知其为遇北,不复以奸细疑。然闻

制使有文字报诸郡,有以丞相来赚城,令觉察关防。于是不敢入城,急买舟去。"制府,宋代的安抚使、制置使,这里即指淮东制置使李庭芝。檄(xí习),文体名,古官府用以征召、晓喻、声讨的文书。

[46]"行城子河"四句:谓文天祥在城子河一带险遇元军遭难事。《指南录》卷三《发高沙》诸诗后记云:"二月六日城子河一战,我师大捷。""自至城子河,积尸盈野,水中流尸无数,臭秽不可当,上下几二十里无间断。""自高邮至稽家庄,方有一团人家,以水为寨……稽(谓南宋统制官稽耸)设礼甚至,云:'今早报,湾头马(谓驻扎湾头的元骑兵)出,到城子河边,不与之相遇,公福人也!'为之嗟叹不置。"城子河,在今高邮市东南。邂逅(xiè hòu谢后),不期而遇。

[47]海陵:即海陵溪,流经今高邮、兴化、宝应三地,西入射阳湖。

[48]如:高沙:即高沙馆,地名,在高邮治所西南。

[49]无辜死:意谓死得不明不白。

[50]"道海安、如皋"四句:谓文天祥经过海安、如皋水路三百里,与元军、盗寇相周旋,屡陷绝境。《指南录》卷三《泰州》诗序云:"予至海陵,问程趋通州,凡三百里河道,北与寇出没其间,真畏途也。"《文山先生文集》卷一九附录刘岳申《文丞相传》:"过城子河,至海陵,过海安、如皋,舟与追骑常相距,危不免者数矣。"道,经过。海安,位于今江苏东部,东临黄海。如皋,在海安以南,今属江苏南通市。

[51]"至通州"二句:谓文天祥到达南通,几乎被南宋军拒绝接纳而死。《文山先生文集》卷一九附录胡广《丞相传》:"至通州,几不纳,适牒报'镇江大索文丞相十日,且以三千骑追亡于浒浦',始释制司前疑,而又迫追骑。赖通州守杨师亮出郊,闻而馆于郡,衣服、饮食皆其料理。又得商船通杨子江,入苏州洋,展转四明、天台。四月八日至温州。"通州,即今江苏南通市。

[52]鲸波:犹言惊涛骇浪。

[53]付之度(duó夺)外:谓搁在忖度之外,即不放在心上。

[54]"死生"二句:意谓生死对于人属于平常事。

[55]境界:境况。危恶:危惧险恶。

[56]堪:能承受。

[57] 间(jiàn建):间或。

[58] 留:扣留。北关外:这里指皋亭山,在临安北门外(今浙江杭州市东北),宋德祐二年(1276),元丞相伯颜驻军于此。关,关厢,旧时指城门外大街和附近的地区。

[59] 吴门:即吴县(今江苏苏州市)。毗(pí皮)陵:即今江苏常州市。

[60] 泰州:今属江苏,在扬州以东。

[61] 三山:福州的别称。福州城中西有闽山,东有九仙山,北有越王山,故福州又称三山。

[62] 来者:将来的人;后辈。

[63] "予之生也幸"二句:意谓我能够生存下来实属幸运,然而活下去又能有何作为?

[64] 求乎为臣:与下文"所求乎为子"句式,语本《礼记·中庸》:"君子之道四,丘未能一焉。所求乎子以事父,未能也;所求乎臣以事君,未能也;所求乎弟以事兄,未能也;所求乎朋友先施之,未能也。"此句意谓做臣子要尽到为臣的本分。

[65] 主辱臣死:意谓君主遭受屈辱,臣子就应当效死以报。

[66] 有馀僇(lù路):意谓君主受辱,人臣即使以死报君仍难洗尽羞辱。僇,侮辱。

[67] 父母之遗体:谓父母给的身体。

[68] 行殆而死:意谓因冒险行事而死亡。行殆,冒险行事。

[69] 有馀责:谓偿还未尽的罪责。

[70] 先人:这里当指作者的亡父,以与前"请罪于母"为偶。据《宋史》本传,文天祥二十岁考中进士第一,不久即"丁父忧",归里。

[71] 宗庙:古代帝王、诸侯祭祀祖宗的庙宇。此指宋朝祖宗的宗庙。

[72] "修我戈矛"三句:意谓整理好军事装备,随天子出征,要做先锋。《诗·秦风·无衣》:"岂曰无衣?与子同袍。王于兴师,修我戈矛。与子同仇!"又《诗·卫风·伯兮》:"伯兮朅兮,邦之桀兮。伯也执殳,为王前驱。"

[73] 九庙:指帝王的宗庙。古时帝王立庙祭祀祖先,有太祖庙及三昭庙、三穆庙,共七庙。王莽增为祖庙五、亲庙四,共九庙。后历朝皆沿此制。

[74] 高祖:谓宋朝开国皇帝宋太祖赵匡胤(927—976)。

[75]无往而不得死所:意谓无论怎样牺牲自己都死得有意义。

[76]向:谓此前逃亡的一段经历。

[77]委骨于草莽:谓无意义地葬身于荒野。委,丢弃。

[78]浩然:正大豪迈貌。愧怍(zuò 坐):惭愧。

[79]"然微以自文于君亲"二句:意谓自己向君主没有自为文饰的托词,君主将如何评价我。微,无,没有。自文,自为文饰,掩盖过错。君亲,君王与父母,这里特指君主。

[80]自意:自料;自认为。

[81]返吾衣冠:意谓重回故国(指在福州被拥立的宋端宗赵昰(shì 是)政权)。衣冠,汉族的服饰,借指华夏文明礼教。

[82]旦夕得正丘首:意谓死在故国成为可能。旦夕,每天,这里有随时的意思。正丘首,比喻归葬故乡,语本《礼记·檀弓上》:"古之人有言曰:'狐死正丘首',仁也。"汉郑玄注:"正丘首,正首丘也。"唐孔颖达疏:"所以正首而向丘者,丘是狐窟穴根本之处,虽狼狈而死,意犹向此丘。"

[83]"是年夏五"二句:据《宋史》卷四七《瀛国公本纪》:"(德祐二年)五月乙未朔,(陈)宜中等乃立(赵)昰于福州,以为宋主,改元景炎……改福州为福安府,温州为瑞安府……文天祥自镇江亡归,庚辰,以为右丞相兼知枢密院事。遣其将吕武入江、淮招豪杰,杜浒如温州募兵。"

[84]庐陵:宋吉州庐陵县,治所在今江西吉安市。

贫乐庵记

耶律楚材

〔解题〕耶律楚材(1190—1244),字晋卿,号湛然居士,蒙古名为吾图撒合里(意即长髯人)。金元之际契丹人,辽东丹王突欲八世孙,金尚书右丞相耶律履之子,其母杨氏封"漆水国夫人",故耶律楚材撰文自署"湛然居士漆水移剌楚材晋卿","移剌"为"耶律"汉语的异译。这篇《贫乐庵记》以问答体的形式阐述了贫贱富贵与忧乐的关系问题,隐居赋闲当然不是作者的追求。写这篇文章时,作者年二十七岁,正是血气方刚、亟待一试身手的青壮年时期,又值金元易代之际,天下动乱,儒家所标榜的"平治天下,舍我其谁"的政治抱负,激励着作者血脉贲张,因而"兼善天下"之企盼远远大于其"独善其身"的清高。作者正是在对乐与忧的辨析中表明志向,含蓄道出了自己的人生价值取向。

三休道人税居于燕城之市[1],榜其庵曰贫乐[2]。有湛然居士访而问之曰:"先生之乐可得闻欤?"曰:"布衣粝食[3],任天之真[4]。或鼓琴以自娱,或观书以自适,咏圣人之道,归夫子之门[5]。于是息交游,绝宾客,万虑泯绝[6],无毫发点翳于胸中[7]。其得失之倚伏[8],兴亡之反覆[9],初不知也。吾之乐良以此耳!"曰:"先生亦有忧乎?"曰:"乐天知命,吾复何忧?"

居士进曰:"予闻之,君子之处贫贱富贵也,忧乐相半,未尝独忧乐也。夫君子之学道也,非为己也。吾君,尧舜之君[10],吾民,尧舜之民,此其志也。使一夫一妇不被尧舜之泽者,君子耻诸[11]。是故君子之得志也[12],位足以行道[13],财足以博施[14],不亦乐乎!持盈守谦[15],慎终如始[16],若朽索之驭六马[17],不亦忧乎!其贫贱也,卷而怀之[18],独洁一己,无多财之祸,绝高位之危[19],此其乐也!嗟流俗之未化[20],悲圣道之将颓[21],举世寥寥无知我者[22],此其忧也!先生之乐,知所谓矣;先生之忧,不其然乎?"道人瞪目而不答[23]。

居士笑曰:"我知之矣。夫子以为处富贵也,当隐诸乐而形诸忧;处贫贱也,必隐于忧而形诸乐。何哉?第恐不知我者[24],以为洋洋于富贵[25],而戚戚于贫贱也[26]。"道人曰:"'他人有心,予忖度之'[27],吾子之谓矣。请以吾子之言以为记。"

丙子日南至[28],湛然居士漆水移剌楚材晋卿题。

——《湛然居士文集》卷八

[1] 三休道人:当是虚构人物名。三休,据《旧唐书·文苑传下·司空图》载,唐司空图晚年以足疾乞退,居中条山王官谷,筑亭名"三休"。作文云:"休,休也,美也,既休而具美存焉。盖量其才一宜休,揣其分二宜休,耄且聩三宜休。又少而惰,长而率,老而迂,是三者非济时之用,又宜休也。"后世常以"三休"为退隐之典。税居:租赁房屋。燕城之市:谓燕京(故址在今北京市西南隅)。金海陵王贞元元年(1153)迁都燕京,改燕京为中都,府名大兴。金宣宗贞祐三年(1215),中都为蒙古攻陷,改称燕京。第二年,耶律楚材写此篇文章。

[2] 榜(bǎng 绑):题署。庵:旧时文人多用以为书斋名。

[3] 布衣粝(lì 厉)食:布制的衣服,粗恶的饭食。

[4] 任天之真:谓不受礼俗拘束。《庄子·渔父》:"礼者,世俗之所为也;真者,所以受于天也,自然不可易也。故圣人法天贵真,不拘于俗。"

[5] "咏圣人之道"二句:意谓崇尚儒家学说,信奉孔孟之道。圣人,专指孔子。夫子,孔门尊称孔子为夫子,后因以特指孔子。

[6] 万虑泯(mǐn 闽)绝:谓万端思绪完全消失。

[7] 毫发:犹丝毫谓极少,极细微。点翳(yì义):谓污浊或阴影障蔽。

[8] 倚伏:意谓祸福相因,互相依存,互相转化。语本《老子》:"祸兮福之所倚,福兮祸之所伏。"倚,依托;伏,隐藏。

[9] 反覆:变化无常。

[10] 尧舜:唐尧和虞舜的并称,为古史传说中的圣明君主。

[11] 诸:代词,相当于"之",用作宾语。

[12] 得志:谓实现其志愿。

[13] 位:职位;地位。行道:实践自己的主张或所学。

[14] 博施:普遍施与。

[15] 持盈守谦:保守成业并保持谦逊的态度。

[16] 慎终如始:结束时仍然慎重,就同开始时一样,谓做事从头至尾小心谨慎。

[17] 若朽索之驭六马:比喻临事虑危,小心翼翼,唯恐失去控制。朽索,朽腐的绳索。

[18] 卷而怀之:谓藏身隐退,收心息虑。

[19] "无多财之祸"二句:谓钱财多与官位高皆能带来祸患。

[20] 流俗:社会上流行的风俗习惯,这里含有贬义。化:受感化;受感染。

[21] 圣道:圣人之道,这里当指孔子之道。颓(tuí推阳平):衰退,败坏。

[22] 寥寥:谓空旷。

[23] 瞪目而不答:睁眼愣视而无语。

[24] 第:只。

[25] 洋洋:自得貌;喜乐貌。

[26] 戚戚:忧惧貌;忧伤貌。

[27]"他人有心"二句:意谓别人的心理活动,我可以推测而得。语本《诗·小雅·巧言》:"他人有心,予忖度(duó夺)之。"

[28]丙子:金宣宗完颜珣贞祐四年丙子(1216)。日南至:即冬至日,在公历每年12月22日左右。

何陋轩记

王守仁

〔**解题**〕王守仁(1472—1529),字伯安,馀姚(今属浙江)人。以曾在阳明书院讲学,世称阳明先生,又以平定朱宸濠叛乱被封新建伯,卒谥文成。作为明代著名哲学家,王阳明心学影响甚大,对于明中后期的文学发展也有引领作用。著有《王文成全集》三十八卷,今人有整理本。

这篇《何陋轩记》撰写于明武宗正德三年(1508),作者时年三十七岁。此前两年,王守仁因疏救已下诏狱的谏官,激怒权阉刘瑾,被责廷杖四十,绝而复苏,贬谪贵州龙场驿驿丞。据《明史》本传:"龙场万山丛薄,苗、僚(仡佬族)杂居。守仁因俗化导,夷人喜,相率伐木为屋,以栖守仁。"王守仁居于当时尚未开发的蛮荒之地,达观自处,随遇而安,充分体现了"不以物喜,不以己悲"一位真正儒者的风范,从而赢得后人的尊敬,在今天仍有不容忽视的教育意义。修文县阳明洞今存,另有何陋轩、玩易窝、君子亭等景观。

昔孔子欲居九夷,人以为陋。孔子曰:"君子居之,何陋之有?"[1]守仁以罪谪龙场[2],龙场,古夷蔡之外[3],于今为要绥[4],而习类尚因其故[5]。人皆以予自上国往[6],将陋其地,弗能居也。而予处之旬月[7],安而乐之,求其所谓甚陋者而莫得。独其结题鸟言[8],山栖羝服[9],无轩裳宫室之观[10],文仪揖让之缛[11],然此犹淳庞质素之遗焉[12]。盖古之时,法制未备,则有然矣,不得以为陋也。夫爱憎面背[13],乱白黝丹[14],浚奸穷黠[15],外良而中蝥[16],诸夏盖不免焉[17]。若是而彬郁其容[18],宋甫鲁掖[19],折旋矩蠖[20],将无为陋乎?夷之人乃不能此。其好言恶詈[21],直情率遂[22],则有矣。世徒以其言辞物采之眇而陋之[23],吾不谓然也。

　　始予至,无室以止,居于丛棘之间,则郁也[24]。迁于东峰[25],就石穴而居之,又阴以湿。龙场之民,老稚日来视予,喜不予陋[26],益予比[27]。予尝圃于丛棘之右[28],民谓予之乐之也,相与伐木阁之材[29],就其地为轩以居予[30]。予因而翳之以桧竹[31],莳之以卉药[32];列堂阶[33],辩室奥[34];琴编图史[35],讲诵游适之道略具[36]。学士之来游者,亦稍稍而集于是。人之及吾轩者,若观于通都焉[37],而予亦忘予之居夷也。因名之曰"何陋",以信孔子之言[38]。

　　嗟夫!诸夏之盛,其典章礼乐,历圣修而传之,夷不能有也,则谓之陋固宜。于后蔑道德而专法令,搜抉钩繄之术穷[39],而狡匿谲诈无所不至[40],浑朴尽矣[41]。夷之民方若未琢之璞[42],未绳之木[43],虽粗砺顽梗[44],而椎斧尚有施也[45],安可以陋之?斯孔子所谓欲居也欤?虽然,典章文物则亦胡可以无讲!今夷之俗,崇巫而事鬼[46],渎礼而任情[47],不中不节[48],卒未免于陋之名[49],则亦不讲于是耳。然此无损于其质也。诚有君子而居焉,其化之也盖易。而予非其人也,记之以俟来者[50]。

——《王阳明全集·悟真录四》

［1］"昔孔子欲居九夷"数句：九夷，古代称东方的九个民族。《论语·子罕》："子欲居九夷。或曰：'陋，如之何？'子曰：'君子居之，何陋之有？'"

［2］守仁以罪谪龙场：据《明史》本传："正德元年冬，刘瑾逮南京给事中御史戴铣等二十馀人。守仁抗章救，瑾怒，廷杖四十，谪贵州龙场驿丞。"龙场，即今地处贵州中部的修文县。其县龙冈山东洞又称阳明洞，传说为王守仁初抵龙场时所居。

［3］夷蔡(sà 卅)：意即替天子守边的荒服之地。夷蔡，语本《书·夏书·禹贡》："五百里要服：三百里夷，二百里蔡。"古代在天子所居王城外围，每五百里为一区划，按距离分为甸服、侯服、绥服、要服、荒服。夷即夷人（故人称少数民族）所居之地；蔡为流放罪人之处。夷蔡同在"要服"之内，要服即"受王者约束而服事之"（《尚书易解》)的意思。夷蔡之外属于"五服"的最外一服"荒服"。

［4］要绥：即上注所云要服、绥服。绥服即替天子做安抚的事。"要绥"与中央的密切程度要高于"夷蔡之外"的"荒服"之地。

［5］习类：习气与法则。

［6］上国：指文明礼仪程度高的地方。这里指明京师(今北京市)。

［7］旬月：一个月。

［8］结(jì 记)题：谓西南少数民族绾发髻于额前的一种发式。结，通"髻"。鸟言：说话似鸟鸣，比喻难以听懂的话，古人多指四夷外国之言。

［9］山栖：谓居于山中。羝(dī 低)服：羊皮所制衣服。

［10］轩裳：代表礼仪文明的车马和服饰。

［11］文仪：礼节仪式。揖让：宾主相见的礼仪。缛(rù 入)：细节。

［12］淳庞：淳厚。质素：谓本色素朴，不加文饰。

［13］爱憎面背：谓凭主观爱好、厌恶而决定关系的亲近、疏离。

［14］乱白黝(yǒu 有)丹：比喻对事物性质的认定，随人的主观好恶而发生转变。黝，涂饰黑色。

［15］浚奸穷黠(xiá 侠)：谓深藏的奸邪与极度狡猾之人。

［16］中螫(shì 式)：内心狠毒。螫，毒虫或蛇咬刺。

［17］诸夏：周代分封的中原各个诸侯国，一般泛指中原地区。

189

[18] 彬郁:美盛貌。这里用如动词。

[19] 宋甫鲁掖:比喻穿戴具有儒者风范的衣帽。语本《礼记·儒行》:"鲁哀公问于孔子曰:'夫子之服,其儒服与?'孔子对曰:'丘少居鲁,衣逢掖之衣,长居宋,冠章甫之冠。丘闻之也,君子之学也博,其服也乡,丘不知儒服。'"甫,即章甫,古代宋人喜戴的一种礼帽。掖,即逢掖,古代鲁人喜穿的一种宽袖儒服。

[20] 折旋矩矱(jǔ yuē 举曰):意谓行礼的动作符合规范。折旋,曲行,古代行礼时的动作。矩矱,规矩法度。

[21] 好言恶詈(lì 立):谓出于善意的规劝与怀有恶意的辱骂。

[22] 直情率遂:谓情感真率,出语随意。

[23] 物采:色采。眇(miǎo 秒):稀少,缺少。

[24] 郁:谓阻滞不通。

[25] 东峰:指栖霞山,又称龙冈山,位于县城东三里。

[26] 喜不予陋:意谓因我不以穴居为陋而喜。

[27] 益予比:意谓对我更加亲近。比,亲近,和睦。

[28] 圃(pǔ 普):用如动词,谓开辟园地。

[29] 木阁之材:谓构筑栈道的木材,形容木材体积大,反衬当地民风纯朴。

[30] 轩:这里谓以敞朗为特点的建筑物,当类似于西南少数民族的干栏式建筑。

[31] 翳(yì 义):遮蔽。桧(guì 贵):柏科,常绿乔木,茎直立。

[32] 蒔(shì 是):种植。卉药:芍药一类的花草。

[33] 堂阶:厅堂前的台阶。

[34] 辩室奥:谓按照功用将内室分开。辩,通"辨",这里谓区分。奥,室内西南隅,古时祭祀设神主或尊长居坐之处。

[35] 琴编:有关古琴曲谱的书籍。图史:图书和史籍。

[36] 讲诵:讲授诵读。游适:犹游乐。

[37] 通都:四通八达的都市。

[38] 信(shēn 伸):伸张。

[39] 搜抉钩繁(zhí 执):搜求选择,约束捆绑。

[40] 狡匿(tè 特)谲(jué 决)诈：谓奸邪狡诈。匿，通"慝"，邪恶。

[41] 浑朴：朴实，淳厚。

[42] 未琢之璞(pú 葡)：未经雕琢的玉石。璞，含玉的石头。

[43] 未绳之木：没有取直的木材。绳，木工用以测定直线的墨线。

[44] 粗砺：粗糙，不光滑。顽梗：愚妄而不顺服。

[45] 椎斧尚有施：意谓可以进一步加以雕琢修饰。椎斧，椎和斧。

[46] 崇巫而事鬼：谓崇信巫祝的民风。

[47] 渎(dú 独)礼：轻慢礼法。

[48] 不中(zhòng 众)不节：谓不合乎礼义法度。

[49] 卒：终于，最后。

[50] 俟：等待。来者：将来的人。

报刘一丈书

宗　臣

〔解题〕宗臣（1525—1560），字子相，号方城山人，兴化（今属江苏）人。明嘉靖二十九年（1550）进士，历官刑部主事、福州布政使司左参议，以抗倭有功，迁提学副使，卒于任。刘一丈，即刘玠，字国珍，号墀石，与宗臣为同乡，与宗臣父亲宗周交往四十年，属于宗臣的父执辈。文题中"一"是刘玠在家中排行老大的显示，"丈"乃古人对于男性长辈的书面尊称。刘玠终身未仕，负才有识，名传乡里。嘉靖时期，权奸严嵩、严世蕃父子当朝，政治腐败，人欲横流，夤缘行贿者奔竞于其门，社会黑暗，无以复加。宗臣有感于此，用近于小说描写的笔法勾画出当时官场中人的丑陋嘴脸，也表现出一位洁身自好的文人士大夫的清高心态，从而令这篇尺牍跻入历代散文名篇之林，四百馀年脍炙人口。

　　数千里外，得长者时赐一书[1]，以慰长想[2]，即亦甚幸矣。何至更辱馈遗[3]，则不才益将何以报焉[4]？书中情意甚殷，即长者之不忘老父[5]，知老父之念长者深也。
　　至以"上下相孚，才德称位"语不才[6]，则不才有深感焉。夫才德不称，固自知之矣。至于不孚之病则尤不才为甚。且今之所谓孚者何哉？日夕策马候权者之门[7]。门者故不入[8]，则甘言媚词作妇人状[9]，袖金以私之[10]。即门者持刺入[11],而主人又不即出见,立厩中仆马之间[12],恶气袭衣袖,即寒毒热不可忍,不去也。抵暮,则前所受赠金者出,报客曰:"相公倦[13],谢客矣,客请明日来。"即明日又不敢不来。夜披衣坐,闻鸡鸣即起盥栉[14],走马推门。门者怒曰:"为谁?"则曰:"昨日之客来。"则又怒曰:"何客之勤也?岂有相公此时出见客乎?"客心耻之,强忍而与言曰:"亡奈何矣[15],姑容我入。"门者又得所赠金,则起而入之。又立向所立厩中。幸主者出,南面召见[16],则惊走匍匐阶下。主者曰:"进!"则再拜,故迟不起,起则上所上寿金[17]。主者故不受,则固请[18]。主者故固不受,则又固请。然后命吏内之[19]。则又再拜,又故迟不起。起则五六揖始出。出揖门者曰:"官人幸顾我[20],他日来,幸无阻我也!"门者答揖。大喜奔出。马上遇所交识,即扬鞭语曰:"适自相公家来,相公厚我,厚我。"且虚言状。即所交识,亦心畏相公厚之矣。相公又稍稍语人曰[21]:"某也贤,某也贤。"闻者亦心计交赞之[22]。此世所谓"上下相孚"也。长者谓仆能之乎[23]?

前所谓权门者,自岁时伏腊一刺之外[24],即经年不往也。间道经其门[25],则亦掩耳闭目,跃马疾走过之,若有所追逐者。斯则仆之褊衷[26],以此长不见悦于长吏,仆则愈益不顾也。每大言曰[27]:"人生有命,吾惟守分而已。"长者闻之,得无厌其为迂乎[28]?

乡园多故[29],不能不动客子之愁。至于长者之抱才而困[30],则又令我怆然有感。天之与先生者甚厚[31],亡论长者不欲轻弃之[32],即天意亦不欲长者之轻弃之也,幸宁心哉[33]!

——《宗子相集》卷一四

［1］时:经常。

［2］长想:长久的思念。

［3］辱:谦词,有"承蒙"的意思。馈遗(kuì wèi 溃喂):赠送礼物。

［4］不才:对自己的谦称。

［5］老父:宗臣的父亲宗周(1495—?),字维翰,号履庵,嘉靖十年(1531)举人,历官山东金乡知县、四川叙州通判、广东肇庆知府、南京刑部郎中、四川马湖知府,皆有惠政。

［6］孚:信服。称(chèn 成去声)位:与职位相符。不才,宗臣自己的谦称。

［7］策马:用鞭子赶马。此谓骑着马。

［8］门者:守门的仆人。

［9］甘言媚词:好听的话、阿谀奉承的言语。

［10］袖金以私之:私下里塞钱给守门人。

［11］刺:即拜帖,拜访别人时所用的名帖,相当于今天的名片。

［12］厩(jiù 旧):马棚。

［13］相公:旧时对宰相的敬称。这里当暗指当时的首辅大学士严嵩。

［14］盥栉(guàn zhì 灌至):洗脸、梳头。

［15］亡奈何:即无奈何,谓无可奈何,没有办法。

［16］南面:指居尊位。古代以坐北朝南为尊位。

［17］寿金:以祝寿名义赠人金帛,即行贿。

［18］固:坚持。

［19］内:通"纳",谓接受。

［20］顾:照顾;照应。

［21］稍稍:偶然,偶尔。

［22］心计:心中盘算。交赞:交相夸赞。

［23］长者谓仆能之乎:意谓您看我能这样官场逢迎吗？宗臣《岁暮》诗:"陶潜耻折腰,贡禹弹其冠。出处各有性,焉能违所安?"仆,自称的谦词。

［24］岁时:每年一定的季节或时间。伏腊:古代两种祭祀的名称。"伏"在夏季伏日,"腊"在农历十二月。这里当泛指年节假日。

［25］间:偶然。

194

[26] 褊(biǎn 贬)衷:谓褊狭的内心。

[27] 大言:夸大的言辞,大话。

[28] 得无:犹言岂不。

[29] 乡园多故:这里谓作者家乡兴化一带频遭倭寇侵扰与水灾为患。

[30] 抱才而困:谓刘玠怀才不遇。宗臣《席上赠刘一丈墀石》诗有云:"怜君空抱苍生策,一卧江门四十秋。"

[31] 天之与先生者:这里指刘玠的天赋与才德。

[32] 亡(wú 无)论:暂且不说,不必论及。

[33] 宁心:安心;耐心。这句话是反过来劝勉刘玠。

书 座 右

虞淳熙

〔解题〕虞淳熙(1553—1621),字长孺,号德园,又号甘园净居士,钱塘(今浙江杭州)人。明万历十一年(1583)进士,历官兵部主事、吏部郎中。万历二十一年(1593)因党争罢职,回乡潜居三十馀年,卒于家。他是晚明著名的小品文作家。这篇小品文字虽以"自警贪志"为宗旨,反映的却是知足者常乐的心态,这种偏重于精神享受的人生诉求,正是晚明小品精神的精髓所在。作者"书座右"之用心,也是其自得其乐的表现,至今读来,仍有发人深省的认识价值。在浮躁喧嚣、物欲横流的时代,经常保持一分内心的宁静,不为外物所动,是非常必要的!

"有士人贫甚[1],夜则露香祈天[2],益久不懈[3]。一夕,方正襟焚香[4],忽闻空中神人语曰:'帝悯汝诚,使我问汝何所欲?'士答曰:'某之所欲甚微,非敢过望,但愿此生衣食粗足,逍遥山间水滨,以终其身足矣。'神人大笑曰:'此上界神仙之乐,汝何从得之?若求富贵则可矣。'予因历数古人极贵念归,而终不能遂志者[5],比比皆是。盖天之靳惜清乐[6],百倍于功名爵禄也。"右《梁溪漫志》所记[7]。此乐予近已得之,无用爇许都梁[8],祷祠而求矣[9]。乃故求神仙不置,一何贪焉?神者,地只之申[10];仙者,山人耳[11]。上界大多官府[12],即洞宫佐吏[13],正尔庄语肃仪倍人间[14],问庄生作太极闻编郎[15],得逍遥曳尾否[16]?今日龙山凤泉[17],有食禾衣苎[18],逍遥神仙,犹故不自足,帝且罚守天闉[19],敕之没淄尘欲火中[20],大可怖畏。书一通座右[21],自警贪志。

——陆云龙《翠娱阁评选皇明小品十六家·虞德园小品》

[1] 士人:士大夫,儒生。这里当泛指读书人。
[2] 露香:谓在露天焚香祷告。祈天:向天求福。
[3] 益久不懈:谓时间长了更加不懈怠。
[4] 正襟:整理好衣服,形容严肃恭敬。
[5] 遂志:实现志愿;满足愿望。
[6] 靳惜:吝惜。清乐(lè勒去声):谓轻闲安逸的快乐。
[7] 《梁溪漫志》:南宋费衮撰,十卷。《四库全书总目》著录,入子部杂家类,称其"持论俱有根柢,旧典遗文往往而在"。以上所引文字见该书卷八。
[8] 爇(ruò若):燃点。许:许多。都梁:即都梁香。宋王观国《学林·五木香》:"盖谓郁金香、苏合香、都梁香也……皆蛮所产,非中国物也。"
[9] 祷祠:指焚香拜求。
[10] 地只(qí旗):地神。汉扬雄《甘泉赋》:"集虖礼神之囿,登乎颂只之堂。"唐颜师古注:"地神曰只。"申:伸展,延长。汉许慎《说文解字》:"神,天神,引出万物者也。从示申。"文中仅解释"神"的构字方法,似无深意。
[11] 山人:指仙家、道士之流。山人两字合为"仙",这里即双关隐居于山中的士人,作者认为这些人可得享清乐之福。
[12] 上界:天界,古人认为是仙佛所居之处。
[13] 洞宫:仙人居住的山洞。佐吏:原指古代地方长官的僚属,这里指服侍仙人者。
[14] 庄语:正正经经地说话。肃仪:庄重的礼仪。

[15]庄生:庄子(约前369—前286),战国宋蒙(今河南商丘)人。曾为漆园吏,拒绝楚相的礼聘。著有《庄子》,主张清静无为,是道家学派的代表性人物,被道教徒尊为南华真人。太极闱编郎:谓在仙界宫室中负责编书的官吏。太极,这里指天宫、仙界。闱,古代宫室、宗庙的旁侧小门。

[16]逍遥曳尾:自由自在地拖着尾巴活着。语本《庄子·秋水》:"庄子钓于濮水,楚王使大夫二人往先焉,曰:'愿以境内累矣!'庄子持竿不顾,曰:'吾闻楚有神龟,死已三千岁矣,王巾笥而藏之庙堂之上。此龟者,宁其死为留骨而贵乎?宁其生而曳尾于途中乎?'二大夫曰:'宁生而曳尾途中。'庄子曰:'住矣!吾将曳尾于途中。'"这句话的意思是说,在人世间可以自由逍遥,在天上做太极闱编郎,也一样受到管束。可见成仙并不一定逍遥。

[17]龙山凤泉:比喻神仙所居之处。龙山,日月所入山之一。《山海经·大荒西经》:"大荒之中,有龙山,日月所入。"凤泉,对仙泉的美称。

[18]禾:这里当指木禾,上古神话传说中所谓神谷一类的植物。《山海经·海内西经》:"昆仑之虚,方八百里,高万仞。上有木禾,长五寻,大五围。"苎(zhù住):即苎麻,多年生草本植物,茎皮纤维经加工可制夏衣。

[19]帝:这里谓天帝。天圊(qīng青):天上的厕所。这里或用汉淮南王刘安白日升天成仙事。《太平广记》卷八引《神仙传》:"安未得上天,遇诸仙伯,安少习尊贵,稀为卑下之礼,坐起不恭,语声高亮,或误称'寡人'。于是仙伯主者奏安云不敬,应斥遣去。八公为之谢过,乃见赦,谪守都厕三年,后为散仙人,不得处职,但得不死而已。"

[20]敕(chì赤):即敕令,命令。淄尘:黑色灰尘,比喻世俗污垢。淄,通"缁",黑色。欲火:这里指情欲的煎熬。

[21]通:量词,相当于"篇"。

读渊明传

袁宗道

〔**解题**〕 渊明即陶渊明,又名陶潜(365—427),参见本书《与子俨等疏》"解题"。南朝梁沈约《宋书》、唐房玄龄等《晋书》以及唐李延寿《南史》等正史皆有其传。南朝梁昭明太子萧统对陶渊明有"尚想其德,恨不同时"(《陶渊明集序》)之慨,也写有《陶渊明传》,袁宗道所读之"传",当为萧统所撰者。自沈约以来,陶渊明在人们心目中的形象实在是飘逸得太久了,几乎成为不食人间烟火者。晚明个性解放思潮涌动,令文人士大夫有了重新审视历史人物的兴趣,将一切"不近人情之誉"重加评说,于是就有了这篇还陶渊明以本来面目的读史小品文,对于今人认识人生也不无神益。

口于味[1],四肢于安逸,性也。然山泽静者[2],不厌脱粟[3];而啖肥甘者[4],必冒寒出入,冲暑拜起之劳人也[5]。何口体二性相妨如此乎?人固好逸,亦复恶饥,未有厚于四肢,而薄于口者。渊明夷犹柳下[6],高卧窗前[7],身则逸矣,瓶无储粟[8],三旬九食[9],其如口何哉?今考其终始,一为州祭酒[10],再参建威军[11],三令彭泽[12],与世人奔走禄仕[13],以餍馋吻者等耳[14]。观其自荐之辞曰:"聊欲弦歌,为三径资[15]。"及得公田,亟命种秫[16],以求一醉。由此观之,渊明岂以藜藿为清[17],恶肉食而逃之哉?疏粗之骨[18],不堪拜起;慵惰之性[19],不惯簿书[20]。虽欲不归而贫,贫而饿,不可得也。子瞻櫽括《归去来辞》为《哨遍》[21],首句云:"为口折腰[22],因酒弃官,口体交相累[23]。"可谓亲切矣[24]。譬如好色之人,不幸禀受清羸[25],一纵辄死,欲无独眠,亦不可得。盖命之急于色也。

渊明解印而归,尚可执杖耘丘[26],持钵乞食[27],不至有性命之忧。而长为县令,则韩退之所谓"抑而行之,必发狂疾"[28],未有不丧身失命者也。然则渊明者,但可谓之审缓急[29],识重轻[30],见事透彻[31],去就瞥脱者耳[32]。若萧统、魏鹤山诸公所称[33],殊为过当。渊明达者,亦不肯受此不近人情之誉也。然自古高士,超人万倍,正在见事透彻,去就瞥脱。何也?见事是识,去就瞥脱是才,其隐识隐才如此,其得时而驾[34],识与才可推也。若如萧、魏诸公所云,不过恶嚣就静[35],厌华乐淡之士耳[36]。世亦有禀性孤洁如此者,然非君子所重,何足以拟渊明哉[37]!

——《白苏斋类集》卷二〇《杂说类》

[1] 口于味:语本《孟子·告子上》:"口之于味,有同嗜焉。"此连下句"四肢于安逸"皆强调人的天性本同,没有太大区别。

[2] 山泽静者:谓山野或水边的隐居者。

[3] 脱粟:只去皮壳、不加精制的糙米。

[4] 啖(dàn旦):吃。肥甘:谓鲜肥美味的食品。

[5] 冲暑:冒着暑热。拜起:跪拜起立,为旧时官场常行的礼节。劳人:使人劳累。

[6] 夷犹:同"夷由",谓从容自得。柳下:谓陶渊明居处。语本陶渊明《五柳先生传》:"宅边有五柳树,因以为号焉。"

[7] 高卧窗前:谓陶渊明平居悠然自得之趣。语本陶渊明《与子俨等

疏》:"常言:五六月中,北窗下卧,遇凉风暂至,自谓是羲皇上人。"本书已选录此文,可参阅。

　　[8] 瓶无储粟:谓家中绝粮。瓶,储粮的器皿。语本陶渊明《归去来兮辞》:"余家贫,耕植不足以自给。幼稚盈室,瓶无储粟。"

　　[9] 三旬九食:谓一个月只吃九顿饭,形容贫穷已极。语本陶渊明《拟古九首》之五:"三旬九遇食,十年著一冠。"典出《说苑·立节篇》:"子思居卫,贫甚,三旬九食。"旬,十日为一旬。

　　[10] 州祭酒:州府属官。晋太元十八年(393),陶渊明二十九岁以"亲老家贫,起为州祭酒,不堪吏职,少日自解归"。见萧统《陶渊明传》。

　　[11] 参建威军:晋义熙元年(405),陶渊明四十一岁,为江州刺史刘敬宣建威将军府参军。建威,杂号将军名,参军为其佐吏。

　　[12] 令彭泽:晋义熙元年(405)八月,陶渊明为彭泽令,十一月弃职返里。彭泽,县名,在今江西省北部。

　　[13] 奔走禄仕:为求取俸禄而奔走。

　　[14] 餍(yàn艳):满足。馋吻:馋嘴。

　　[15] "聊欲弦歌"二句:意谓权且出任县令,为日后隐居积累资粮。语本萧统《陶渊明传》:"后为镇军、建威参军,谓亲朋曰:'聊欲弦歌,以为三径之资,可乎?'执事者闻之,以为彭泽令。"弦歌,指出任县令。典出《论语·阳货》:"子之武城,闻弦歌之声。"当时孔子的弟子子游正任武城宰,他以弦歌为教民之具。三径,谓归隐者的家园。典出汉赵岐《三辅决录·逃名》:"蒋诩归乡里,荆棘塞门,舍中有三径,不出,唯求仲、羊仲从之游。"

　　[16] "及得公田"二句:意谓用公田种植酿酒的农作物。语本萧统《陶渊明传》:"公田悉令吏种秫,曰:'吾常得醉于酒足矣。'妻子固请种秔,乃使二顷五十亩种秫,五十亩种秔。"秫(shú熟),有黏性的谷类,是酿酒的原料。

　　[17] 藜藿:贫者所食的野菜。

　　[18] 疏粗之骨:谓体格不健壮。

　　[19] 慵惰之性:散漫懒惰的性格。

　　[20] 不惯簿书:谓难以胜任官场事务。簿书,谓官署中的文书簿册。

　　[21] 子瞻:即苏轼(1036—1101),字子瞻。详见本书所选苏轼《承天寺夜游》"解题"。檃(yǐn引)括:就原有的文章、著作加以剪裁、改写。《归

201

去来辞》：一名《归去来兮辞》，陶渊明撰，作品抒发了个人对归隐生活的无限向往之情。哨遍：词牌名。苏轼词《哨遍》有序云："陶渊明赋《归去来》，有其词而无其声……乃取《归去来词》，稍加隐括，使就声律。"

［22］折腰：谓屈身事人。《晋书·隐逸传·陶潜》："吾不能为五斗米折腰，拳拳事乡里小人耶！"

［23］交相累：谓相互拖累。

［24］亲切：贴切。

［25］禀受：犹承受。旧常指受于自然的体性或气质。清羸（léi雷）：清瘦衰弱。

［26］执杖耘丘：拄着拐杖到地里除草。

［27］持钵乞食：陶渊明有《乞食》诗。

［28］韩退之：即韩愈（768—824），字退之。"抑而行之"二句：意谓强迫去干某事，必然要发狂。抑，强迫。语本韩愈《上张仆射书》："古人有言曰：'人各有能有不能。'若此者，非愈之所能也。抑而行之，必发狂疾。"

［29］审缓急：意谓察知事情宽舒和急迫的不同。缓急，宽舒和急迫；慢和快。

［30］识重轻：意谓知道事物的重要与次要之所在。

［31］透彻：详尽而深入。

［32］瞥脱：犹爽快。

［33］萧统：即昭明太子（501—531），南朝梁武帝长子，名统，字德施，卒谥昭明。他所编《昭明文选》，辑录秦汉以来诗文，是我国现存的最早的诗文总集。萧统《陶渊明集序》："语时事则指而可想，论怀抱则旷而且真。加以贞志不休，安道苦节，不以躬耕为耻，不以无财为病，自非大贤笃志，与道污隆，孰能如此乎！"魏鹤山：即魏了翁（1178—1237），字华父，号鹤山，宋邛州蒲江（今属四川）人。宋宁宗庆元五年（1199）进士，历官礼部尚书，以资政殿大学士致仕。有《鹤山全集》。其《费元甫注陶靖节诗序》云："有谢康乐之忠而勇退过之，有阮嗣宗之达而不至于放，有元次山之漫而不著其迹，此岂小小进退所能窥其际邪！先儒所谓经道之馀，因闲观时，因静照物，因时起志，因物寓言，因志发咏，因言成诗，因咏成声，因诗成音者，陶公有焉。"

［34］得时而驾：谓抓住时机辞官引退。驾，乘车马启程。

［35］恶嚣就静：谓厌恶喧嚣，选择安静处躲避。
［36］厌华乐淡：谓讨厌浮华，甘于淡泊。
［37］拟：揣度。

识张幼于箴铭后[1]

袁宏道

[**解题**] 这篇小品类文章撰写于万历二十四年(1596),时作者袁宏道在吴县任上。袁宏道(1568—1610),字中郎,又字无学,号石公,湖广公安(今属湖北)人。与其兄袁宗道、弟袁中道并有才名,时称"公安三袁",《明史》卷二八八有传。袁宏道是明代著名文学流派公安派的代表人物,该派以"性灵"为旗号,提倡个性解放。这篇文章就是通过放达人与慎密人这两种不同人生价值取向的对比,表明"率性而行"的"真人"的可贵。真人也即是具有"真情"者,而真情又是公安派所倡性灵说的基调。性灵说追求个性解放,在"情"与"理"的冲突中,偏向于"情"的一方,理解此文,亦当作如是观。

余观古今士君子,如相如窃卓[2],方朔俳优[3],中郎醉龙[4],阮籍母丧酒肉不绝口[5],若此类者,皆世之所谓放达人也[6]。又如御前数马[7],省中閟树[8],不冠入厕,自以为罪[9]。若此类者,皆世之所谓慎密人也。两种若冰炭不相入,吾辈宜何居?袁子曰:两者不相肖也,亦不相笑也,各任其性耳。性之所安,殆不可强,率性而行,是谓真人[10]。今若强放达者而为慎密,强慎密者而为放达,续凫项,断鹤颈[11],不亦大可叹哉!

夫幼于氏淳谦周密[12],恂恂规矩[13],亦其天性然耳,若以此矜持守墨[14],事栉物比[15],目为极则,而叹古今高视阔步不矜细行之流[16],以为不必有,则是拘儒小夫[17],效颦学步之陋习耳[18]。而以之美幼于,岂真知幼于者欤?

——《袁宏道集笺校》卷四

[1] 识(zhì 志),做记号,加标记。张幼于,即张献翼(? —1604),字幼于,又名敉,长洲(今江苏苏州)人。为人狂放不羁,常有惊世骇俗之举。箴铭,文体名。箴为规诫性的韵文,铭在古代常刻于器物或碑石上。这里泛指规诫之言。

[2] 相如窃卓:西汉临邛富商卓王孙有女卓文君新寡,才子司马相如过饮其家,以琴挑之,文君心动,夜奔相如,两人同归成都,终成眷属。司马相如(前179—前117),字长卿,蜀郡成都(今属四川)人。善辞赋,官至孝文园令。

[3] 方朔俳(pái 排)优:汉武帝时东方朔(前154—前93),字曼倩,平原厌次(今山东惠民东)人,官至太中大夫。性格滑稽诙谐,类似俳优。《汉书·东方朔传》:"朔虽诙笑,然时观察颜色,直言切谏,上常用之。"俳优,古代以乐舞谐戏为业的艺人。

[4] 中郎醉龙:中郎,即东汉蔡邕(132—192),字伯喈(jiē 接),陈留圉(今河南杞县南)人。《后汉书》有传。明陶宗仪《说郛》卷二三上《醉龙》:"蔡邕饮酒乃至二石,常醉在路上卧,人名曰'醉龙'。"

[5] 阮籍:字嗣宗(210—263),陈留尉氏(今属河南)人。三国时仕魏,曾任步兵校尉。据《晋书·阮籍传》记载,阮籍为人狂放真诚,在为亡母守丧期间不忌酒肉(根据当时的礼俗,应该禁食酒肉),但内心却十分悲痛,一哭呕血数升,伤心的差点死掉。

[6] 放达:不拘礼俗,豪放豁达。

[7] 御前数马:西汉万石君石奋一家为官谨慎小心,其少子石庆颇传家风,曾官掌管皇帝舆马的太仆。《史记·万石张叔列传》:"万石君少子庆为太仆,御出,上问车中几马,庆以策数马毕,举手曰:'六马。'庆于诸子中最

为简易矣,然犹如此。"

［8］省(shěng生上声)中闷(bì必)树:西汉孔光,字子夏,仕汉成帝为光禄勋,为官周密谨慎,《汉书》本传记载:"沐日归休,兄弟妻子燕语,终不及朝省政事。或问光:'温室省中树皆何木也?'光嘿不应,更答以他语,其不泄如是。"省,宫中禁地,这里谓温室殿内外。温室,汉代宫殿名。闷,掩蔽,这里有保守秘密的意思。

［9］"不冠"二句:用三国魏管宁遇海难以细小事悔过而逢凶化吉事。《太平御览》卷一八六引周景式《孝子传》曰:"管宁避地辽东,经海遇风,船人危惧,皆叩头思过;宁思惟无愆,念尝如厕不冠,即便悔过,海风寻止。"管宁(158—241),字幼安,北海朱虚(今山东临朐东南)人。身处乱世,隐居讲学,屡辞官不仕。

［10］真人:不虚伪、不做作、率性真诚的人。

［11］"续凫项"二句:语本《庄子·骈拇》:"是故凫胫虽短,续之则忧;鹤胫虽长,断之则悲。故性长非所断,性短非所续,无所去忧也。"亦即"续凫断鹤",比喻违反事物本性,反而欲益反损。

［12］淳谦周密:敦厚谦让,周到细密。

［13］恂(xún寻)恂:温顺恭谨的样子。

［14］矜持守墨:拘谨庄重,墨守成规。

［15］事栉(zhì致)物比:谓将所办一切事物条理化,如同梳齿排列得整整齐齐。栉,梳子、篦子等梳发工具。

［16］不矜细行:不注重小事小节。

［17］拘儒小夫:固执守旧、目光短浅的读书人。

［18］效颦学步:比喻盲目模仿而弄巧成拙。效颦,即"东施效颦",语本《庄子·天运》。后世常用来嘲讽不顾本身条件而一味模仿终致弄巧成拙者。学步,即"邯郸学步",语本《庄子·秋水》。后世常用来嘲讽模仿不成反而失去自家原有长处者。

去私从善

与人为善

孟 子

〔解题〕本文题目系编注者据正文所拟。"与人为善"作为成语,今天多取意于善意帮助别人之谓,而在孟子的话语中,"与人为善"是"偕同他人一起做好事"的意思。《左传·宣公二年》有晋国大夫士季(范武子)劝谏晋灵公一段有名的话:"人谁无过?过而能改,善莫大焉。《诗》曰:'靡不有初,鲜克有终。'夫如是,则能补过者鲜矣。"只有改正错误,才是决心向善的起点,否则,一切皆无从谈起,所以《易·益》:"君子以见善则迁,有过则改。"所选孟子这一段话,以子路、夏禹、虞舜为例,讲求"闻过则喜"、"闻善则拜"以及"与人为善"的道理,言简意赅,发人深省。宋朱熹集注云:"此章言圣贤乐善之诚,初无彼此之间,故其在人者有以裕于己,在己者有以及于人。"可谓中肯。清黄宗羲《子刘子行状下》:"有过,非过也。过而不改,是谓过矣。"古代读书人正视自己过失并勇于改正,属于传统价值观中的不可忽视的闪光点。

孟子曰:"子路[1],人告之以有过则喜[2]。禹[3],闻善言则拜[4]。大舜有大焉[5],善与人同[6],舍己从人,乐取于人以为善。自耕稼、陶、渔以至为帝,无非取于人者[7]。取诸人以为善,是与人为善者也[8]。故君子莫大乎与人为善。"

——《孟子·公孙丑上》

[1] 子路:即仲由(前542—前480),字子路,又字季路,春秋末鲁国人,孔子的学生,曾追随孔子周游列国。后死于卫国的内乱。

[2] 过:过失;错误。

[3] 禹:古代部落联盟的领袖。姒姓,名文命,鲧之子。又称大禹、夏禹、戎禹。原为夏后氏部落领袖,奉舜命治洪水,据传治水十三年中,三过家门不入。后被选为舜的继承人,舜死后即位,建立夏朝。后世视为圣王。

[4] 拜:敬受。

[5] 大舜:上古传说中著名的帝王。姚姓,有虞氏,名重华,史称虞舜或舜。相传受尧禅让,后禅位于禹。死于苍梧。有:同"又"。大:表示程度更进一层。

[6] 善与人同:意谓善与人通。

[7] "自耕稼、陶、渔以至为帝"二句:意谓虞舜从种庄稼、制瓦器、当渔夫以至继任为君主,没有一个长处不是从他人习得。《史记·五帝本纪》:"舜耕历山,历山之人皆让畔;渔雷泽,雷泽上人皆让居;陶河滨,河滨器皆不苦窳。一年而所居成聚,二年成邑,三年成都。"

[8] 与人为善:偕同他人一起做好事。与,偕同。宋朱熹集注:"与,犹许也,助也。取彼之善而为之于我,则彼益劝于为善矣,是我助其为善也。"如此为解,亦通,可参考。

邹忌讽齐王纳谏

〔解题〕《战国策》作者不详,西汉刘向校订战国时诸国史料始定名,分为东周、西周、秦、齐、楚、赵、魏、韩、燕、宋、卫、中山十二国,共三十三篇,通行的汉高诱注本即分为三十三卷。内容主要记述春秋以后至秦灭前二百四十余年间各国政治、军事、外交等方面的活动,反映谋臣策士的游说言辞,虽不无夸饰,但文笔犀利,语言生动,影响深远,其史学与文学价值皆有可观。这篇文章题目系后人根据其内容所加,大多选本约定俗成。邹忌是齐国人,以善鼓琴仕齐,齐威王用以为相,封成侯。他智商与情商都很高,因而能够见微知著、由近及远,小到家庭氛围,大至君臣关系,总结出兼听则明、偏信则暗的道理,发人深省。讽,谓用委婉的语言暗示、劝告。纳谏(jiàn建),接受规劝,这里指君主接受臣下进谏。在专制社会,一言九鼎的君主左右从来不乏阿谀奉承的佞臣,身边忠正敢言者则凤毛麟角。前者可得到实实在在的好处,后者则可能惨遭不测,甚至连累家族。忠言逆耳,良药苦口,谈何容易!

邹忌修八尺有馀[1],身体昳丽[2]。朝服衣冠[3],窥镜[4],谓其妻曰:"我孰与城北徐公美[5]?"其妻曰:"君美甚,徐公何能及公也!"城北徐公,齐国之美丽者也。忌不自信,而复问其妾曰:"吾孰与徐公美?"妾曰:"徐公何能及君也!"旦日[6],客从外来,与坐谈[7],问之客曰:"吾与徐公孰美?"客曰:"徐公不若君之美也。"明日,徐公来,孰视之[8],自以为不如,窥镜而自视,又弗如远甚。暮,寝而思之,曰:"吾妻之美我者[9],私我也[10];妾之美我者,畏我也;客之美我者,欲有求于我也。"

于是,入朝见威王曰[11]:"臣诚知不如徐公美,臣之妻私臣,臣之妾畏臣,臣之客欲有求于臣,皆以美于徐公。今齐地方千里[12],百二十城,宫妇左右莫不私王[13],朝廷之臣莫不畏王,四境之内莫不有求于王[14]。由此观之,王之蔽甚矣[15]。"王曰:"善。"乃下令:"群臣、吏民能面刺寡人之过者[16],受上赏;上书谏寡人者,受中赏;能谤议于市朝[17],闻寡人之耳者[18],受下赏。"

令初下,群臣进谏,门庭若市[19]。数月之后,时时而间进[20]。期年之后[21],虽欲言,无可进者。燕、赵、韩、魏闻之[22],皆朝于齐[23]。此所谓战胜于朝廷[24]。

——《战国策》卷八《齐策一》

[1] 修:长,这里谓身高。八尺:战国一尺约相当于今天的23.1厘米,八尺约合现代185厘米。

[2] 昳(yì艺)丽:光艳美丽。

[3] 朝(zhāo昭):早晨。服:穿戴。

[4] 窥镜:照镜子。

[5] 孰与:比对方怎么样,表示疑问语气。

[6] 旦日:明天,第二天。

[7] 坐谈:犹空谈。

[8] 孰视:注目细看。孰,通"熟"。

[9] 美:形容词的意动用法,即"以……为美"。

[10] 私:偏爱。

[11] 威王:齐威王(前378—前320),妫姓,田氏,名因齐,战国时期齐

国(田齐)第四代国君,公元前356年—公元前320年在位。在位期间任用邹忌为相、田忌为将、孙膑为军师,进行政治改革,国力日强,称雄于诸侯。并礼贤重士,在国都临淄(今山东淄博东北)稷门外修建稷下学宫,广招天下贤士议政讲学,成为当时的学术文化中心。

[12] 方千里:方圆千里。

[13] 宫妇:君王的姬妾。

[14] 四境之内:谓举国。

[15] 蔽:蒙蔽;壅蔽。

[16] 面刺:谓当面指责。寡人:古代君主的谦称。《礼记·曲礼下》:"诸侯见天子,曰'臣某侯某'。其与民言,自称曰'寡人'。"唐孔颖达疏:"寡人者,言己是寡德之人。"

[17] 谤议:非议指责。市朝:市场和朝廷,这里谓公共场合。

[18] 闻寡人之耳者:传闻到我耳中。闻,闻于。

[19] 门庭若市:门前像集市一样。形容来的人很多。

[20] 时时:常常。间(jiàn 建)进:间或有进谏。

[21] 期(jī 基)年:一周年。

[22] 燕(yān 烟):周代诸侯国,姬姓,周公奭之后,在今河北省北部和辽宁省西端,建都蓟(今北京城西南隅)。为战国七雄之一,后为秦所灭。赵:战国七雄之一。开国君主赵烈侯与魏、韩三家分晋,建立赵国,疆域约当今山西中部、陕西东北角及河北西南部。后为秦所灭。韩:战国七雄之一。开国君主韩虔侯与魏、赵三家分晋,建立韩国,疆域约当今山西东南角与河南中部,介于魏、秦、楚三国之间,是古代兵家必争之地。后为秦所灭。魏:战国七雄之一。开国君主魏文侯与赵、韩三家分晋,建都安邑(今山西夏县西北),魏惠王迁都大梁,因而魏也被称为梁,疆域约当今河南北部与山西西南部。后为秦所灭。

[23] 朝(cháo 潮):诸侯相拜见。《史记·孟子荀卿列传》:"齐威王、宣王用孙子、田忌之徒,而诸侯东面朝齐。"

[24] 战胜于朝廷:意谓在朝廷上战胜敌国,即因政治修明、国力强盛而令敌国畏服。

去　私

〔解题〕本文节选自《吕氏春秋》卷一《孟春季·去私》。《吕氏春秋》是战国末年秦相国吕不韦组织门下学者集体编纂的杂家类著作,亦称《吕览》,约成书于秦王政八年(前239),时当秦统一六国前夕。全书分十二纪、八览、六论,共二十六卷,一百六十篇,凡二十余万言。全书内容以崇尚道家为主,兼采儒、墨、法、兵诸家之长,举凡政治、经济、哲学、道德、军事等各方面皆有论述。

所选此篇据第二个故事称赏墨者执法无私事,当出于墨家者流。此篇第一个故事讲祁黄羊举贤任能之公,《左传·襄公三年》、《韩非子·外储说左下》也有类似记述,不过前者主人公用的是祁黄羊之字祁奚,后者则成为赵武的美谈。所谓"外举不避雠,内举不避子",历来受到读书人的赞誉,其实如此选贤任能只是假定荐举者公正无私而且知人善任、无所不知的基础上实现的,这当然是一种幻想。作为人材选拔制度,两汉的察举征辟、魏晋的九品中正制之所以都难以维持久远,一部分原因正如法国18世纪思想家孟德斯鸠《论法的精神》的著名论断:"权力只对权力的来源负责。"任人唯贤成了任人唯亲的挡箭牌。隋唐及其以后的科举取士制度的标准相对客观,但仍避免不了朋党或帮派的形成,更适应不了社会的工业化进程。看来欲达到真正的任人唯贤,还要以现代化的社会管理运行机制为基础:任人有法!

晋平公问于祁黄羊曰[1]:"南阳无令[2],其谁可而为之[3]?"祁黄羊对曰:"解狐可[4]。"平公曰:"解狐非子之雠邪[5]?"对曰:"君问可,非问臣之雠也。"平公曰:"善。"遂用之。国人称善焉。居有间[6],平公又问祁黄羊曰:"国无尉[7],其谁可而为之?"对曰:"午可[8]。"平公曰:"午非子之子邪[9]?"对曰:"君问可,非问臣之子也。"平公曰:"善。"又遂用之。国人称善焉。孔子闻之曰:"善哉!祁黄羊之论也,外举不避雠,内举不避子。祁黄羊可谓公矣[10]。"

墨者有钜子腹䵍[11],居秦[12],其子杀人,秦惠王曰[13]:"先生之年长矣,非有他子也,寡人已令吏弗诛矣,先生之以此听寡人也。"腹䵍对曰:"墨者之法曰:'杀人者死,伤人者刑[14]。'此所以禁杀伤人也。夫禁杀伤人者,天下之大义也[15]。王虽为之赐,而令吏弗诛,腹䵍不可不行墨者之法。"不许惠王,而遂杀之。子,人之所私也[16]。忍所私以行大义,钜子可谓公矣。

——《吕氏春秋》卷一

[1] 晋平公:(?—前532),姬姓,名彪,晋悼公之子,春秋时期晋国国君,公元前557年—公元前532年在位。曾于湛阪之战战胜楚国,一度恢复晋国的霸主地位。清毕沅据《左传·襄公三年》所记,认为祁奚荐贤当在晋悼公四年(前570),而非晋平公时期。祁黄羊:即祁奚(前620—前545),姬姓,祁氏,字黄羊,历官中军尉、公族大夫。荐贤时,祁奚为中军尉。

[2] 南阳:在黄河以北、太行山以南,约相当于今河南济源市至获嘉县一带,春秋时属晋。以在晋山南河北,故曰南阳。令:春秋谓君大夫,即有封地的大夫。

[3] 而,介词,表示并列关系。

[4] 解(xiè谢)狐:晋国大夫(?—前570)。生平事迹不详。

[5] 雠(chóu愁):通"仇",谓仇人。

[6] 居有间(jiàn建):谓相隔一段时间。

[7]尉:即军尉,春秋时晋国设置的军官名。

[8]午:即祁午,祁奚之子。

[9]子之子:谓您的儿子。前"子",古代对男子的尊称或美称,对话中相当于"您"。

[10]公:公正无私。

[11]墨者:墨家的门徒和学者。钜子:先秦墨家学派领袖称号。腹䵍(tūn 吞):人名,姓腹名䵍。

[12]秦:嬴姓,周孝王封伯翳之后非子为附庸,与以秦邑,秦襄公始立国,至秦孝公,日益富强,为战国七雄之一。

[13]秦惠王:即秦惠文王(前356—前311),嬴姓,赵氏,名驷,秦孝公之子,公元前337—公元前311年在位。

[14]"杀人者死"二句:不见于《墨子》。《荀子·正论》:"夫征暴诛悍,治之盛也。杀人者死,伤人者刑,是百王之所同也,未有知其所由来者也。刑称罪则治,不称罪则乱。"

[15]大义:谓大道理。

[16]私:偏爱;宠爱。

明王有三惧

韩 婴

[解题] 本文题目系编注者据正文所拟。韩婴,西汉燕(今属河北)人,汉文帝时为博士,汉景帝时做常山王太傅。汉武帝时,曾与董仲舒辩论,不为所屈。所著今存有《韩诗外传》十卷。所谓"明王三惧",即"恐不闻其过"、"恐骄"、"恐不能行"。这些内容都是儒家治国平天下理念中忧患意识的体现,身负重任,惟恐大败亏输,所以谨慎小心,戒骄戒躁。这种行事小心翼翼,时常反躬自省的处世态度,于今仍有意义。

孔子曰:明王有三惧[1]:一曰处尊位而恐不闻其过[2],二曰得志而恐骄[3];三曰闻天下之至道而恐不能行[4]。

《诗》曰:"温温恭人,如集于木。惴惴小心,如临于谷。战战兢兢,如履薄冰。"[5]此言文王居人上也[6]。

——《韩诗外传》卷七第十三章

[1] 明王:圣明的君主。《左传·宣公十二年》:"古者明王伐不敬。"
[2] 尊位:高位。
[3] 得志:谓实现其志愿。
[4] 至道:指最好的学说或强国之道。
[5] "诗曰"数句:语出《诗·小雅·小宛》第六章,宋朱熹集传:"此大夫遭时之乱,而兄弟相戒以免祸之诗。"温温,柔和貌。恭人,宽厚谦恭的人。

如集于木,谓如同爬上树,时刻惧怕坠落。惴(zhuì坠)惴,忧惧戒慎貌。如临于谷,谓如同俯视深谷,惧怕跌下去。战战兢兢,畏惧谨慎貌。如履薄冰,谓如同在薄冰上行走,惟恐陷入水中。

[6] 文王:诸本或作"大王",清周廷寀注云:"'文'疑当为'明'。"可参考。若为"文王",则当指周文王,或许正是韩婴解《诗》有别于毛诗处。

深虑论八

方孝孺

〔解题〕方孝孺(1357—1402),字希直,一字希古,号逊志,人称正学先生,台州宁海(今浙江宁波)人。宋濂弟子,建文帝时召为翰林侍讲,迁侍讲学士,为《太祖实录》等总裁。燕王朱棣(即后来的明成祖)"靖难兵"起,攻入南京,命方孝孺起草登极诏书,不从被害,宗族亲友被株连者八百馀人。方孝孺学术醇正,工为文章,风格雄健豪放,文笔畅达。《深虑论》为其所撰一组文章,共十篇,反映了这位儒家传统思想传人深沉的忧患意识。清康熙间问世的散文通俗读本《古文观止》曾入选《深虑论》第一篇,已广为世人所知。这是其中的第八篇,所论者为"祸常起于人所恃"的问题。这个问题,古人早有论述,如《吕氏春秋·本味》:"士有孤而自恃,人主奋而好独者,则名号必废熄,社稷必危殆。"方孝孺就此深入开掘,析薪破理,阐述君主不自以为是、刚愎自用且能虚心待下、集思广益的重要性,极有说服力。

骁勇之士多死于锋镝[1],聪明之士多败于壅蔽[2],天下之祸常起于人所恃[3],而出于意之所不虞[4]。其故何哉?人可以有德而不可恃其有德,可以有才而不可恃其有才,恃之所生,祸之所萃也[5]。匹夫持梃而立于贲、育之前[6],贲、育变色而不敢动[7],非畏之也,不知持梃者之勇怯也[8]。使人号于贲、育之门曰:"我勇盖天下!"贲、育则笑而杀之耳。何哉？真勇者,固未尝自恃其勇而骄人。谓聪明者智足以尽万物之变,才足以通万事之要[9],而心尝欿然[10],夸辞不出于口[11],怵色不形于面[12],以旁求于当世之人。故能谋者献其谋,有力者效其力,凡一艺一能之士,皆为之竭尽而不敢欺之,以其所处者谦,所求者广,而不自恃其聪明也。

夫苟自恃其聪明[13],未有不败于其臣者也。盖恃则自盈[14],自盈则耻闻过,耻闻过则人不告之以善,而见闻日狭矣。见闻既狭,于是奸谀之徒谬为卑谄以媚适[15],将顺之于内,而窃其威柄[16],妄行赏罚于外。是国家之大权潜移于下,而祸乱乘之以起,皆自恃其聪明之过也。唐德宗之于卢杞[17],宋高宗之于秦桧[18],方其任二臣也,自以为圣贤相逢,欢然共政而不疑[19],其时虽告之以为壅蔽,彼固以为妄言而不信矣。孰知为计之愚,适为奸臣之所笑哉！然则其所恃以为聪明者,乃愚之甚者也。故人君不贵乎智,而贵乎不有其智;不贵乎才,而贵乎不居其才;不贵乎聪明,而贵乎取众庶之言以为耳目[20]。不如是,而好于自用者,未有不败于壅蔽者也。

——《逊志斋集》卷二

[1] 骁(xiāo 削)勇:犹勇猛。锋镝(dí 迪):刀刃和箭镞,这里泛指兵器。

[2] 壅(yōng 雍)蔽:遮蔽;阻塞。

[3] 恃(shì 式):依赖;凭借。

[4] 不虞:没有意料到。

[5] 萃:聚集;汇集。

[6] 匹夫:独夫,这里谓有勇无谋的人,含轻蔑意味。挺:通"梃",谓棍杖。贲(bēn 奔)、育:战国时勇士孟贲和夏育的并称。

[7] 变色:改变脸色,这里谓内心恐惧的反映。

[8] 勇怯:勇敢或懦弱。

[9] 要:纲要;要点。

[10] 欿(kǎn侃)然:不自满的样子。

[11] 夸辞:大话。

[12] 忲(tài太)色:骄纵之脸色。

[13] 苟:假设,如果。

[14] 自盈:犹自满。

[15] 奸谀:奸诈谄媚。谬为:假装。卑谄:谓低声下气,谄媚奉承。媚适:逢迎顺从以取悦于人。

[16] 威柄:威权,权力。

[17] 唐德宗:即李适(kuò扩)(742—805),唐代宗李豫长子,唐朝第九位皇帝(武则天除外),在位二十六年(779—805)。其执政前期,用杨炎为相,废租庸调制,改行"两税法",唐廷有中兴之象。后期任用卢杞等,政局转坏。卢杞:字子良(？—约785),唐滑州灵昌(今河南安阳滑县西南)人。以荫入仕,历官御史中丞、御史大夫、门下侍郎、同中书门下平章事。为人阴险狡诈,居相位期间,忌能妒贤,先后陷害杨炎、颜真卿等。又征收房屋"间架税"、"除陌税",天下怨声载道,贬新州司马,不久改为澧州别驾。

[18] 宋高宗:即赵构(1107—1187),字德基,宋徽宗赵佶第九子,宋朝第十位皇帝,南宋开国皇帝,1127年—1162年在位。在位期间重用黄潜善、汪伯彦、王伦、秦桧等主和派大臣,迫害打击抗金将领,杀害岳飞。绍兴三十二年(1162)传位给养子赵昚(宋孝宗),自称太上皇帝。秦桧(1090—1155):字会之,江宁(今江苏南京)人。宋徽宗政和五年(1115)进士,历官左司谏、御史中丞,擢参知政事,随后拜相,前后执政达十九年,力主与金合议。历封秦、魏二国公,深得高宗宠信。卒赠申王,谥忠献。开禧二年(1206),宋宁宗追夺其王爵,改谥谬丑。

[19] 共政:共掌政事。

[20] 众庶:众民;百姓。

改 过

王守仁

[**解题**]《教条示龙场诸生》撰写于王守仁贬谪至贵州任龙场驿丞期间,谆谆之意,溢于言表。在龙场,王守仁以其学问与儒者之风感染了当地学人,学子纷纷前来问学,这篇文章即缘此而作,正如文前小序所言:"诸生相从于此,甚盛。恐无能为助也,以四事相规,聊以答诸生之意。一曰立志,二曰勤学,三曰改过,四曰责善。其慎听,毋忽!"这篇文章督促人们应积极内省并努力实践。《易·益》:"见善则迁,有过则改。"《论语·子张》载录子贡之语:"君子之过也,如日月之食焉:过也人皆见之,更也人皆仰之。"《论语·学而》中"过则勿惮改"则是孔子之语。君子勇于改过,在儒家文化中占有相当重要的地位。值得一提的是,阳明"龙场悟道"即发生在这一时期,所谓"心外无理,心外无物"奠定了其心学基础,若联系此文考察,读者或别有会心。

夫过者,自大贤所不免[1],然不害其卒为大贤者[2],为其能改也。故不贵于无过,而贵于能改过。诸生自思平日亦有缺于廉耻忠信之行者乎[3]?亦有薄于孝友之道[4],陷于狡诈偷刻之习者乎[5]?诸生殆不至于此[6]。不幸或有之,皆其不知而误蹈,素无师友之讲习规饬也[7]。诸生试内省[8],万一有近于是者,固亦不可以不痛自悔咎[9]。然亦不当以此自媿[10],遂馁于改过从善之心[11]。但能一旦脱然洗涤旧染[12],虽昔为寇盗,今日不害为君子矣。若曰吾昔已如此,今虽改过而从善,将人不信我[13],且无赎于前过,反怀羞涩凝沮[14],而甘心于污浊终焉,则吾亦绝望尔矣。

——《王阳明全集·悟真录七·教条示龙场诸生》

[1] 大贤:才德超群的人。

[2] 不害:不妨碍。卒:终于,最后。

[3] 诸生:明代称已入学的生员,俗称秀才。忠信:忠诚信实。

[4] 孝友:事父母孝顺、对兄弟友爱。

[5] 狡诈:狡猾奸诈。偷刻:犹刻薄。

[6] 殆:副词,尚。

[7] 讲习:讲议研习。规饬(chì翅):以正言劝诫。

[8] 内省(xǐng醒):内心反省自己的思想和言行,检查有无过失。

[9] 悔咎(jiù旧):追悔前非。

[10] 自媿:自感惭愧。

[11] 馁(něi内上声):丧失勇气;害怕。

[12] 脱然:超脱无累。旧染:谓往昔沾染的不良习气。

[13] 将:连词,如,若。

[14] 羞涩:难为情,情态不自然。凝沮:即"疑沮",谓恐惧沮丧。凝,通"疑"。

积　善

袁了凡

〔**解题**〕　袁了凡（1533—1606），即袁黄，初名表，后改名黄，字庆远，又字坤仪、仪甫，初号学海，后改了凡，后人常以其号"了凡"称之。原籍嘉善（今属浙江嘉兴），生于吴江（今属江苏）。明万历十四年（1586）进士，历官宝坻知县、兵部职方主事，罢归乡里，著述以终。

此篇节选自《了凡四训·积善之方》，题目为编注者所拟。力劝世人积善行德，《易·坤·文言》"积善之家必有馀庆，积不善之家必有馀殃"早开其端，道家《老子》也有"天网恢恢，疏而不失"的警示，佛家因果报应说传入华夏，更令《尚书》中的"福善祸淫"四字深入人心。此文显然有融儒、释、道而一之的用心。宋叶梦得《岩下放言》卷下："以圣人之道在有心无心之间……仁义，无心于为则顺人之性，有心于为则乱人之性。"为善的最高境界则是排除功利目的的无心为之，类似于此文中的"阴德"。

何谓端曲[1]？今人见谨愿之士[2]，类称为善而取之[3]；圣人则宁取狂狷[4]。至于谨愿之士，虽一乡皆好，而必以为德之贼[5]。是世人之善恶[6]，分明与圣人相反。推此一端，种种取舍，无有不谬。天地鬼神之福善祸淫[7]，皆与圣人同是非，而不与世俗同取舍。凡欲积善，决不可徇耳目[8],惟从心源隐微处[9],默默洗涤[10]。纯是济世之心[11],则为端;苟有一毫媚世之心[12],即为曲。纯是爱人之心,则为端;有一毫愤世之心[13],即为曲。纯是敬人之心,则为端;有一毫玩世之心[14],即为曲。皆当细辨。何谓阴阳[15]?凡为善而人知之,则为阳善;为善而人不知,则为阴德[16]。阴德,天报之;阳善,享世名。名,亦福也。名者,造物所忌[17],世之享盛名而实不副者,多有奇祸[18];人之无过咎而横被恶名者[19],子孙往往骤发[20],阴阳之际微矣哉[21]。

——《了凡四训·积善之方》节选

[1] 端曲:谓正直与邪僻。
[2] 谨愿:诚实。
[3] 类:率,皆;大抵。
[4] 狂狷:指志向高远的人和洁身自好的人。《论语·子路》:"子曰:'不得中行而与之,必也狂狷乎!狂者进取,狷者有所不为也。'"三国魏何晏集解引包咸曰:"中行,行能得其中者,言不得中行则欲得狂狷者。狂者,进取于善道。狷者,守节无为。欲得此二人者,以时多进退,取其恒一。"
[5] "至于谨愿之士"三句:意谓"谨愿之士"就是孔子所说的"乡愿",属于足以败坏道德的小人。杨伯峻译"乡愿"为"没有真是非的好好先生"(《孟子·尽心下》译注)。
[6] 善恶:褒贬。
[7] 福善祸淫:谓赐福给为善的人,降祸给作恶的人。常用为劝人行善之词。
[8] 徇耳目:意谓顺从眼见或传闻的表相影响。徇,顺从,曲从。
[9] 心源:犹心性。佛教视心为万法之源,故称。
[10] 洗涤:意谓清洗、除掉恶习杂念等。
[11] 济世:救世;济助世人。
[12] 媚世:求悦于当世。

[13]愤世:愤恨世事的不平。

[14]玩世:谓以不严肃的态度对待生活。

[15]阴阳:这里谓不欲人知的行善与公开招摇的行善相互对立的两种行为模式。

[16]阴德:暗中做的有德于人的事。

[17]造物:即造物者,特指创造万物的神。

[18]奇祸:难以预测的灾祸。

[19]过咎(jiù旧):过失;错误。横(hèng恒去声):意外,突然。

[20]骤发:谓突然发达起来。

[21]微:精深;奥妙。

能 容 让（二则）

张 英

〔解题〕 张英(1638—1708)，字敦复，一字梦敦，号乐圃，又号倦圃翁，桐城（今属安徽）人。康熙六年(1667)进士，选庶吉士，历官内阁学士兼礼部侍郎、兵部侍郎，累官至文华殿大学士兼礼部尚书。本文二则节选自其家训《聪训斋语》，以其内容相近且相互关联，故缀于一处。题目为编注者所拟。桐城老张家的房基地与邻居产生纠纷，家人致书张英请求撑腰，张英回书七绝一首："千里修书只为墙，让他三尺又何妨。长城万里今犹在，不见当年秦始皇。"此诗还有另一版本："纸纸索书只为墙，让渠径寸又何妨。秦皇枉作千年计，今见墙成不见王。"达观大度，家人接书醒悟，礼让邻居三尺，邻居见状大受感动，也让出三尺，桐城从此留下"六尺巷"的遗迹。张英之子张廷玉(1672—1755)历仕三朝，官至大学士，绝不像一般"官二代"或"富二代"那般飞扬跋扈、不可一世，名声更超过其父，去世后成为清朝唯一一位配享太庙的汉臣。古代贤臣家教之严之有效可见一斑！

古人有言："终身让路，不失尺寸[1]。"老氏以让为宝[2]，左氏曰："让，德之本也。"[3]处里闬之间[4]，信世俗之言，不过曰渐不可长[5]，不过曰后将更甚，是大不然[6]。人孰无天理良心是非公道？揆之天道[7]，有满损虚益之义[8]；

揆之鬼神,有亏盈福谦之理[9]。自古只闻忍与让足以消无穷之灾悔[10],未闻忍与让翻以酿后来之祸患也。欲行忍让之道,先须从小事做起。余曾署刑部事五十日[11],见天下大讼大狱[12],多从极小事起。君子敬小慎微[13],凡事知从小处了[14]。余行年五十馀,生平未尝多受小人之侮,只有一善策:能转湾早耳[15]。每思天下事,受得小气则不至于受大气,吃得小亏则不至于吃大亏,此生平得力之处。凡事最不可想占便宜,子曰:"放于利而行,多怨[16]。"便宜者,天下人之所共争也。我一人据之,则怨萃于我矣[17];我失便宜,则众怨消矣。故终身失便宜,乃终身得便宜也。

古云:"终身让路,不失尺寸。"言让之有益无损也。世俗瞽谈[18],妄谓让人则人欺之,甚至有尊长教其卑幼无多让。此极为乱道[19]。以世俗论,富贵家子弟理不当为人所侮,稍有拂意[20],便自谓:"我何如人!而彼敢如是以加我!"从傍人亦不知义理[21],用一二言挑逗之,遂尔气填胸臆[22],奋不顾身。全不思富贵者,众射之的也,群妒之媒也[23]。谚曰:"一家温饱,千家怨忿[24]。"惟当抚躬自返[25],我所得于天者已多,彼同生天壤,或系亲戚,或同里闬,而失意如此,我不让彼,而彼顾肯让我乎?尝持此心,深明此理,自然心平气和,即有拂意之事、逆耳之言,如浮云行空,与吾无涉。姚端恪公有言[26]:"此乃成就我福德相[27]!"愈加恭谨以逊谢之,则横逆之来盖亦少矣[28]。愿以此为热火世界一帖清凉散也[29]。

——《文端集》卷四六《笃素堂文集十·杂著·聪训斋语》节选

[1]"终身让路"二句:《新唐书》卷一一五《朱敬则传》:"敬则兄仁轨,

字德容,隐居养亲。常诲子弟曰:'终身让路,不枉百步;终身让畔,不失一段。'"又《汉书》卷六八《霍光传》:"光为人沉静详审,……每出入下殿门,止进有常处,郎仆射窃识视之,不失尺寸,其资性端正如此。"作者或综合两者而用为古语。

[2] 老氏以让为宝:这里当谓老子"不敢为天下先"的思想,即谦让与不争。《老子》第六十七章:"我有三宝,持而宝之:一曰慈,二曰俭,三曰不敢为天下先。夫慈,故能勇;俭,故能广;不敢为天下先,故能成器长。"

[3] "左氏曰"三句:《左传·文公元年》:"卑让,德之基也。"《左传·昭公十年》:"让,德之主也,让之谓懿德。""德之本也"四字,系作者误记所致。

[4] 里闬(hàn汉):里门,代指乡里。

[5] 渐不可长:谓刚露头的不好事物不能容许其发展滋长。

[6] 是大不然:谓这绝非正确。

[7] 揆:揣度。天道:犹天理,天意。

[8] 满损虚益:意谓自满招致损失,谦虚得到益处。语本《书·大禹谟》:"满招损,谦受益,时乃天道。"

[9] 亏盈福谦:意谓使骄傲自满者受损害,使谦虚者得福。语本《易·谦》:"鬼神害盈而福谦,人道恶盈而好谦。"亏,义同"害",这里皆有损害的意思。

[10] 灾悔:又作"灾晦",谓灾难,晦气。

[11] 署:指代理或暂任。刑部:清代掌管刑法、狱讼事务的官署,属六部之一。

[12] 大讼大狱:谓影响很大的诉讼案件。

[13] 敬小慎微:谓对细微的事也持谨慎小心的态度。

[14] 从小处了:谓在事物处于苗头阶段加以处理,不令其发展。

[15] 转湾:同"转弯",谓改变想法,即换一种思考。

[16] "子曰"三句:语出《论语·里仁》。意谓依据个人利益而行动,就会招来很多怨恨。

[17] 萃:聚集;汇集。

[18] 瞽谈:瞎说。

[19] 乱道:妄言;胡说。

[20] 拂意:不如意。

[21] 从傍人:随从;仆从。义理:谓合于一定伦理道德的行事准则。

[22] 遂尔:于是乎。气填胸臆:意谓怒从心上起。

[23] "众射之的也"二句:意谓富与贵是为社会所妒恨的目标与诱因。的,箭靶的中心。媒,诱因。

[24] "一家温饱"二句:此与俗谚"一家饱暖千家怨"义同。怨忿,怨恨气愤。

[25] 抚躬自返:同"抚躬自问",即反躬自问,谓自我反省。

[26] 姚端恪公:即姚文然(1621—1678),字若侯,号龙怀,桐城(今属安徽)人。明崇祯十六年(1643)进士,入清官至刑部尚书。卒谥端恪。《清史列传》卷七、《清史稿》卷二六三皆有传。后者云:"文然清介,里居几不能自给,在官屏绝馈遗,晚益深研性命之学。"张英次子张廷玉娶姚文然第六女,张、姚两家为儿女亲家。

[27] 福德:福分和德行。

[28] 横(hèng 恒去声)逆:横暴无理的行为。

[29] 热火世界:热烈纷争的世界。清凉散:可退热祛暑的中医成药。

无怒轩记

李 绂

〔解题〕李绂(fú 福,1673—1750),字巨来,号穆堂,清临川(今属江西抚州)人。康熙四十八年(1709)进士,由编修累历官内阁学士、广西巡抚、直隶总督,雍正间被诬下狱,乾隆初起授户部侍郎,补光禄寺卿,迁内阁学士,后以病致仕归。他以理学著名,学宗陆王。

因人、因事发怒,人所难免,"怒发冲冠""怒气冲天""怒火中烧""怒从心上起,恶向胆边生",汉语中不乏形容人发怒的成语或俗谚,《战国策·魏策四》还分别讲述了"天子之怒"与"布衣之怒"的区别,可见"遇事不怒"实在为常人所难做到的。不怒既难,如何"制怒"就成为文人士大夫的寻常话题,这篇《无怒轩记》就是探讨如何制怒的。所谓"无怒",并非真的不生气,而是如何控制怒火蔓延的意思。轩,这里当以"屋室"释义。

怒为七情之一[1],人所不能无。事固有宜怒者,《诗》曰:"君子如怒,乱庶遄已[2]。"是已。顾情之发也[3],中节为难[4],而怒为甚。血气蔽之[5],克伐怨欲之私乘之[6],如川决防[7],如火燎原,其为祸也烈矣!

吾年逾四十,无涵养性情之学,无变化气质之功,因怒得过,旋悔旋犯[8],惧终于忿戾而已[9],因以"无怒"名轩。不必果无怒也。有怒之心,无怒之色;有怒之事,无怒之言。盖所怒未必中节也。心藏于中,可以徐悟,色则见于面矣;事未即行,犹可中止,言则不可追矣。怒不可无,而曰"无怒"者,矫枉者必过其正[110],无怒,犹恐其过怒也。

轩无定在,吾所恒止之地即是[11],以榜之[12]。

——《穆堂初稿》卷三〇

[1] 七情:人的七种感情或情绪。《礼记·礼运》:"何谓七情?喜、怒、哀、惧、爱、恶、欲,七者弗学而能。"

[2] "君子如怒"二句:语出《诗·小雅·巧言》:"君子如怒,乱庶遄沮。君子如祉,乱庶遄已。"全诗意在讽刺周幽王听信谗言,终酿祸乱,斥责小人厚颜无耻、搬弄是非。所引四句大意是:周王听到谗言若发怒,祸乱也许可以迅速平息。周王见到贤者若欢喜,祸乱也许可以立即终止。文中所引两句为四句中的首句与第四句。庶,或许,也许。遄(chuán 船),疾速。

[3] 顾:但是。

[4] 中(zhòng 众)节:合乎礼义法度。语本《礼记·中庸》:"喜怒哀乐之未发谓之中,发而皆中节谓之和。"

[5] 血气:谓气质、感情。蔽:遮蔽。

[6] 克伐怨欲:谓好胜、骄傲、忌刻、贪婪四种恶德。《论语·宪问》:"克、伐、怨、欲不行焉,可以为仁矣。"三国魏何晏集解引马融曰:"克,好胜人也;伐,自伐其功也;怨,忌小怨也;欲,贪欲也。"乘:凭借。

[7] 决防:冲破堤岸。

[8] 旋悔旋犯:意谓一边追悔,一边又生怒。

[9] 忿戾:蛮横无理,动辄发怒。

[10] 矫枉者必过其正:指为纠正偏差故意超过应有的限度,以防止达不到目的。

[11] 恒止之地:谓经常止息之所。

[12] 榜:题署。

情趣审美

各言其志

〔**解题**〕 本文题目系编注者据正文所拟。赋诗观志,行于春秋时代,《左传·襄公二十七年》:"郑伯享赵孟于垂陇,子展、伯有、子西、子产、子大叔、二子石从。赵孟曰:'七子从君,以宠武也。请皆赋以卒君贶,武亦以观七子之志。'子展赋《草虫》,赵孟曰:'善哉!民之主也。抑武也不足以当之。'……"《论语》中此一节与《左传》所记者类似,但并非赋诗言志,而是直截了当地道出个人的心愿。孔夫子最终认同曾皙"浴沂咏归"的人生情趣,并非否定"为国"乃至"为小相"的具体志向,而是从全方位人生向往逍遥自在的境界,属于儒家入世诉求以外的"诗意的栖居"。就此而论,儒家学人并非只是一脸严肃的正襟危坐,有时也自有其个性天趣的展现,甚至对生活不乏幽默感。汉刘向《说苑》卷一五《指武》:"孔子北游,东上农山,子路、子贡、颜渊从焉。孔子喟然叹曰:'登高望下,使人心悲,二三子者,各言尔志。丘将听之。'"这也是孔子考察诸弟子志向的一次记录,登高令人生悲,曾被钱锺书先生总结为"农山心境"。

子路、曾皙、冉有、公西华侍坐[1]。

子曰:"以吾一日长乎尔,毋吾以也[2]。居则曰[3]:'不吾知也[4]。'如或知尔,则何以哉[5]?"

子路率尔而对曰[6]:"千乘之国[7],摄乎大国之间[8],加之以师旅[9],因之以饥馑[10],由也为之[11],比及三年[12],可使有勇,且知方也[13]。"夫子哂之[14]。

"求,尔何如?"

对曰:"方六七十,如五六十[15],求也为之,比及三年,可使足民[16]。如其礼乐,以俟君子[17]。"

"赤,尔何如?"

对曰:"非曰能之,原学焉。宗庙之事[18],如会同[19],端章甫[20],愿为小相焉[21]。"

"点,尔何如?"

鼓瑟希[22],铿尔[23],舍瑟而作[24],对曰:"异乎三子者之撰[25]。"子曰:"何伤乎[26]?亦各言其志也。"曰:"莫春者[27],春服既成[28],冠者五六人[29],童子六七人,浴乎沂[30],风乎舞雩[31],咏而归。"

夫子喟然叹曰[32]:"吾与点也[33]!"

三子者出,曾晳后[34]。曾晳曰:"夫三子者之言何如?"

子曰:"亦各言其志也已矣。"

曰:"夫子何哂由也?"

曰:"为国以礼,其言不让[35],是故哂之。唯求则非邦也与[36]?安见方六七十如五六十而非邦也者?唯赤则非邦也与?宗庙、会同,非诸侯而何?赤也为之小,孰能为之大[37]?"

——《论语·先进》

[1] 子路:即仲由(前542—前480),字子路,又字季路,春秋末鲁国人,孔子的学生,曾追随孔子周游列国。后死于卫国的内乱。曾晳(xī西):即曾点,一作曾蒧(diǎn点),春秋末鲁国南武城人,曾参的父亲,小孔子六岁,孔门弟子中在七十二贤人之列。冉有:即冉求,字子有,春秋末鲁国人,孔子弟子,后为季孙氏家臣,孔子曾声称冉有不再是其学生,并要求弟子"鸣鼓而攻之"。公西华:即公西赤(前509—?),名赤,字子华,公西是复姓,春

秋末鲁国人,孔门七十二贤人之一。侍坐:在尊长近旁陪坐。

〔2〕"以吾一日长乎尔"二句:意谓不要因为我比你们年长,就有话不说出来。毋吾以,即"毋以吾"。

〔3〕居:平素家居。

〔4〕不吾知:即"不知我",意谓无人了解赏识我。

〔5〕"如或知尔"二句:意谓如果有人赏识你,你将有何作为?或,有人。以,用,表示作为。

〔6〕率尔:急遽貌。

〔7〕千乘(shèng剩)之国:有兵车千辆的诸侯国,春秋末期,相对于万乘之国为小国。乘,古以一车四马为一乘。

〔8〕摄:夹处。

〔9〕加之以师旅:意谓大国前来侵犯。师旅,师、旅为古代军队编制。后因用以指军队。这里当谓战事。

〔10〕因之以饥馑(jǐn谨):意谓紧接着国内有饥荒的灾祸。因,增添,累积。饥馑,庄稼收成很差或颗粒无收。《诗·小雅·雨无正》:"降丧饥馑,斩伐四国。"毛传:"谷不熟曰饥,菜不熟曰馑。"

〔11〕为之:谓治理此千乘之国。

〔12〕比及:及至,等到。

〔13〕知方:知礼法。

〔14〕哂(shěn审):微笑。

〔15〕"方六七十"二句:意谓国境纵横六七十里或五六十里的小国。如,连词,表示选择关系,或者。

〔16〕足民:使民富足。

〔17〕"如其礼乐"二句:意谓至于礼乐教化,只有等待贤者君子来承担了。这是冉有自谦的说法。如,连词,表示转折关系,至于。礼乐,礼节和音乐,古代帝王常用兴礼乐为手段以求达到尊卑有序远近和合的统治目的。

〔18〕宗庙之事:谓诸侯在宗庙中的祭祀仪式等。

〔19〕如会同:或者诸侯盟会事宜。会同,古代诸侯朝见天子的通称。

〔20〕端章甫:穿礼服,戴礼帽。端,即玄端,古代的一种黑色礼服,祭祀时,天子、诸侯、士大夫皆服之,这里用如动词。章甫,商代的一种冠,通释为

礼帽,这里用如动词。

[21] 小相:傧相的谦称。相,诸侯祭祀、盟会时的司仪官。

[22] 鼓瑟希:谓曾皙弹奏瑟渐趋缓慢。希,通"稀"。

[23] 铿(kēng 坑)尔:形容金石玉木等所发出的洪亮声,谓置放其瑟的声音。一说为弹奏结束的终止音。

[24] 作:谓挺身跪直,即长跪。唐以前人席地而坐,跪姿,臀部压于脚跟;长跪亦跪姿,但直起身来,伸直腰股,以示庄敬。

[25] 撰:才具,谓才智和能力。一说作"陈述"讲,指子路等三人所说的话。可参考。

[26] 何伤乎:有什么妨碍呢?伤,妨碍。

[27] 莫(mù 木)春:春末,农历三月。莫,"暮"的古字。

[28] 春服既成:谓春服已经穿定。春服,春日穿的衣服。

[29] 冠(guàn 贯)者:谓成年人。古代男子到成年则举行加冠礼,叫做冠,一般在二十岁。

[30] 浴乎沂(yí 移):宋朱熹集注:"浴,盥濯也,今上巳袚除是也。"另据清刘宝楠《论语正义》,谓在沂水边洗沐(洗头)以袚除不祥。一说在沂水中洗澡,暮春水尚寒,似不确。汉王充《论衡·明雩》:"浴乎沂,涉沂水也。"可参考。沂,水名,流经今山东曲阜市南。宋朱熹集注:"沂,水名,在鲁城南,地志以为有温泉焉,理或然也。"

[31] 风乎舞雩(yú 鱼):谓在舞雩台上乘凉,吹吹风。风,被风吹,引申为乘凉。舞雩,谓舞雩台,古代求雨时举行乐舞祭祀的场所,有坛,故称。

[32] 喟(kuì 溃)然:感叹、叹息貌。

[33] 与:赞许。这里体现了孔子在政治上难以有所作为的情势下,企盼过逍遥自在生活的向往。

[34] 曾皙后:谓曾皙最后走。

[35] 让:谦让。

[36] 唯求则非邦也与:意谓难道冉求所说的就不是诸侯之事了吗?唯,语首助词。邦,国。与,通"欤"。

[37] "赤也为之小"二句:意谓如果公西华只能做诸侯的小相,谁还能做那大相呢?之,代指诸侯。小,即前文所称"小相"。孰,谁。

曳尾涂中

庄　子

[解题] 本文题目系编注者据正文所拟。《秋水》在《庄子》一书中虽然属于《外篇》，但一般认为其内容最能体现庄子思想。清王夫之在其《庄子解》卷一七开首即说："此篇因《逍遥游》、《齐物论》而衍之。"而《逍遥游》与《齐物论》又是《庄子·内篇》中最为集中体现庄子哲学思想精髓的篇章。不为权力世界与世俗杂务所羁绊，而徜徉于逍遥自在的精神世界，一切任其自然，会通于超现实的"至人"境界，构筑了道家"无为而无不为"的自由天地。古代文人士大夫在庙堂与山林的抉择中，有时出处行藏可能完全身不由己，儒道互补或曰外儒内道往往成为内心躁动的平衡器。兼济天下时不妨板起一副儒家的面孔，独善其身时又可以摆出道家的超然姿态，从《庄子》的历代接受角度而论，"曳尾于途中"或许只是读书人百般无奈中的一种心理祈向而已。

庄子钓于濮水[1]，楚王使大夫二人往先焉[2]，曰："愿以境内累矣[3]！"庄子持竿不顾，曰："吾闻楚有神龟，死已三千岁矣，王巾笥而藏之庙堂之上[4]。此龟者，宁其死为留骨而贵乎？宁其生而曳尾于途中乎[5]？"二大夫曰："宁其生而曳尾途中。"庄子曰："往矣[6]！吾将曳尾于途中。"

——《庄子·秋水》

[1] 濮水:一名濮渠水,流经春秋时卫地,其下游分为两支,分别绕今与河南接壤的山东东明县南、北注入巨野泽与瓠子河。

　　[2] 楚王:这里当谓楚威王(?—前329),芈姓,熊氏,名商,公元前340年—前329年在位。大夫:古职官名。周代在国君之下有卿、大夫、士三等;各等中又分上、中、下三级。后因以大夫为任官职者之称。先:致意。

　　[3] 愿以境内累矣:意谓请庄子受累管理楚国国内的政事。

　　[4] 王巾笥(sì四)而藏之庙堂之上:意谓楚王将神龟以巾包裹再放置于箱箧中,藏于庙堂之上,以备占卜之用。巾笥,谓以巾包裹,藏入箱箧。笥,盛衣物或饭食等的方形竹器。庙堂,帝王的祖庙的殿堂。

　　[5] 曳尾于途中:谓拖着尾巴在泥途中爬行。

　　[6] 往矣:去吧。

王子猷（二则）

刘义庆

[解题] 本文题目系编注者据正文所拟。刘义庆（403—444），字季伯，南北朝时宋武帝刘裕之侄，历官秘书监、尚书左仆射、荆州刺史、江州刺史。病卒，谥康王。《世说新语》为魏晋南北朝时期"志人小说"的代表作。依内容分为"德行"、"言语"、"政事"、"文学"等三十六类，每类若干则，全书凡千馀则，记录魏晋名士的逸闻轶事和玄虚清淡，往往三言两语，人物形象即呼之欲出。王子猷，即王徽之（338—386），字子猷，王羲之第五子，曾官车骑参军、大司马参军、黄门侍郎。书法家，以生性高傲、放诞不羁、不拘小节著称于世。以下两则可见东晋名士审美情趣与注重自我、率意任性的个性特点，每为后世读书人所津津乐道，引为掌故。

　　王子猷尝暂寄人空宅住，便令种竹。或问："暂住何烦尔？"王啸咏良久[1]，直指竹曰："何可一日无此君？"[2]

　　王子猷居山阴[3]，夜大雪，眠觉，开室，命酌酒。四望皎然[4]，因起彷徨，咏左思《招隐诗》[5]。忽忆戴安道[6]，时戴在剡[7]，即便夜乘小舟就之。经宿方至[8]，造门不前而返[9]。人问其故，王曰："吾本乘兴而行[10]，兴尽而返，何必见戴？"

——《世说新语·任诞》

[1] 啸咏:犹歌咏。

[2] 何可一日无此君:南朝梁刘孝标注引《中兴书》云:"徽之卓荦不羁,欲为傲达,放肆声色颇过度。时人钦其才,秽其行也。"

[3] 山阴:今浙江绍兴。

[4] 皎然:明亮洁白貌。

[5] 左思:(250?—305?),字太冲,西晋著名文学家,其传世《招隐诗二首》,其一有云:"杖策招隐士,荒涂横古今。岩穴无结构,丘中有鸣琴。白雪停阴冈,丹葩曜阳林。"

[6] 戴安道:即戴逵(326—396),字安道,东晋谯郡铚县(今安徽濉溪)人,终生未仕,绘画工人物、山水,擅长雕塑,善鼓琴,博才多艺。

[7] 剡(shàn 善):古县名,治所在今浙江嵊州西南。

[8] 经宿(xiǔ 朽):一夜。

[9] 造门:到门口。

[10] 乘兴:趁一时高兴;兴会所至。

五柳先生传

陶渊明

〔解题〕根据逯钦立《陶渊明事迹诗文系年》,本篇带有作者自传性质的散文当作于陶渊明五十六岁时。南朝梁萧统《陶渊明传》有云:"渊明少有高趣,博学善属文,颖脱不群,任真自得。尝著《五柳先生传》以自况。"据"少有高趣"一句,似乎此篇撰写于作者青壮年时期。然而从全篇行文语气推断,以作于其暮年说较为可靠。清陆以湉《冷庐杂识》卷一《陶渊明祠堂记》有云:"陶渊明《五柳先生传》、《归去来辞》,皆有悠然自得之趣,视矫世绝俗之士,相去悬殊。后世但知其人品之高,卓越千古,即史氏亦仅以隐逸目之。惟宋罗端良愿《祠堂记》最能得其品谊之实。其略云:'渊明生百代之后,独颓然任实。虽清风高节邈然难嗣,而言论所表,篇什所寄,率书生之素业,或老农之常务。仕不曰行志,聊资三径而已。去不曰为高,情在骏奔而已。饥则乞食,醉便遣客。不藉琴以为雅,故无弦亦可。不因酒以为达,故把菊自足。真风所播,直扫魏、晋浇习。'"此评最得古代真正读书人之本色,甘于贫贱,自得其乐,率真而无一丝矫饰。

先生不知何许人也[1],亦不详其姓字。宅边有五柳树,因以为号焉。闲静少言[2],不慕荣利。好读书,不求甚解[3];每有会意,便欣然忘食[4]。性嗜酒,家贫不能常得。

亲旧知其如此[5],或置酒而招之。造饮辄尽[6],期在必醉;既醉而退,曾不吝情去留[7]。环堵萧然[8],不蔽风日[9]。短褐穿结[10],箪瓢屡空[11]。晏如也[12]。常著文章自娱,颇示己志[13]。忘怀得失,以此自终[14]。

赞曰[15]:黔娄之妻有言:"不戚戚于贫贱,不汲汲于富贵[16]。"极其言,兹若人之俦乎[17]?酣觞赋诗[18],以乐其志。无怀氏之民欤[19]?葛天氏之民欤[20]?

——《陶渊明集》卷六

[1] 何许:何处。

[2] 闲静:安闲宁静。

[3] 不求甚解:意谓读书只求领会要旨,不刻意在字句训诂上花工夫。

[4] "每有会意"二句:陶渊明《与子俨等疏》:"少学琴书,偶爱闲静,开卷有得,便欣然忘食。"会意,会心,领悟。

[5] 亲旧:亲戚故旧。

[6] 造饮辄尽:谓一去饮酒就喝光为止。造,至。

[7] 吝情:犹顾惜;顾念。

[8] 环堵:四周环着每面一方丈的土墙。形容狭小、简陋的居室。萧然:空寂;萧条。

[9] 不蔽风日:谓难以遮蔽风吹与日晒。

[10] 短褐(hè 贺):粗布短衣,古代贫贱者或僮竖之服。穿结:谓衣服洞穿和补缀。

[11] 箪(dān 丹)瓢:盛饭食的箪和盛饮料的瓢,亦借指饮食。屡空:经常贫困,谓贫穷无财。

[12] 晏如:安定;安宁。

[13] 颇示己志:谓略微表达一己之志向。颇,略微;稍微。

[14] 以此自终:谓如此生活到老。

[15] 赞:纪传体史书篇末用于赞颂或评价人物等,多为韵语,后亦作为一种文体。作者本篇有意模仿史书用赞,但未用韵语。

[16] 黔娄:春秋时期隐士名。"不戚戚于贫贱"二句:意谓不因贫贱而忧伤,对于富贵也不急切营求。语本汉刘向《列女传》卷二《鲁黔娄妻》记述黔娄去世后曾子与黔娄妻有关其谥号的一段对话:"曾子不能应,遂哭之曰:'嗟乎,先生之终也!何以为谥?'其妻曰:'以康为谥。'曾子曰:'先生在时,食不充虚,衣不盖形。死则手足不敛,旁无酒肉。生不得其美,死不得其荣,何乐于此而谥为康乎?'其妻曰:'昔先生君尝欲授之政,以为国相,辞而不为,是有馀贵也。君尝赐之粟三十钟,先生辞而不受,是有馀富也。彼先生者,甘天下之淡味,安天下之卑位。不戚戚于贫贱,不忻忻于富贵。求仁而得仁,求义而得义。其谥为康,不亦宜乎!'曾子曰:'唯斯人也而有斯妇。'君子谓黔娄妻为乐贫行道。"

[17] 极其言:谓推究黔娄妻的话。极,深探,穷究。兹:指代五柳先生。若人:那样一种人,指代黔娄一类的隐士。俦(chóu筹):同类。

[18] 酣觞:纵酒。

[19] 无怀氏:传说中的上古帝王。《管子·封禅》:"昔无怀氏封泰山。"唐尹知章注:"(无怀氏)古之王者,在伏羲前。"宋罗泌《路史·禅通纪三·无怀氏》:"无怀氏,帝太昊之先。其抚世也,以道存生,以德安刑……当世之人甘其食,乐其俗,安其居而重其生。"

[20] 葛天氏:传说中的远古帝名,一说为远古时期的部落名。《吕氏春秋·古乐》:"昔葛天氏之乐,三人摻牛尾,投足以歌八阕。"宋罗泌《路史·禅通记》:"葛天者,权天也,爰拟旋穹作权象,故以葛天为号。其为治也,不言而自信,不化而自行,荡荡乎无能名之。"陶渊明认为上古社会民风淳朴,故以作其民为理想。

山中与裴迪秀才书

王 维

[**解题**] 王维(701—761),字摩诘,祖籍太原祁(今山西祁县),生于蒲州(今山西永济)。盛唐著名诗人。裴迪(生卒年不详),关中(今属陕西)人,工山水诗,接近王维诗风,与王维、杜甫皆有唱酬。秀才,唐初曾与明经、进士并设为举士科目,旋停废。唐人或称应举的读书人为秀才。王维在蓝田辋川有别墅,风景优美,王维与裴迪等友人经常畅游其中,诗歌酬唱为乐。这篇小文即在蓝田山中所写,描写景物,富于诗情画意,古代读书人之审美趣味尽皆蕴含其中,凸显了古人对于心灵自由的憧憬。

近腊月下[1],景气和畅[2],故山殊可过[3]。足下方温经[4],猥不敢相烦[5]。辄便往山中[6],憩感配寺[7],与山僧饭讫而去[8]。北涉玄灞[9],清月映郭[10]。夜登华子冈[11],辋水沦涟[12],与月上下[13]。寒山远火,明灭林外[14]。深巷寒犬,吠声如豹[15]。村墟夜舂[16],复与疏钟相间。此时独坐,僮仆静默,多思曩昔[17],携手赋诗,步仄径[18],临清流也。

当待春中,草木蔓发[19],春山可望,轻鲦出水[20],白鸥矫翼[21],露湿青皋[22],麦陇朝雊[23]。斯之不远[24],傥能从我游乎[25]?非子天机清妙者[26],岂能以此不急之务相邀?然是中有深趣矣,无忽[27]!因驮黄蘖人往[28],不一[29]。山中人王维白[30]。

——《王右丞集笺注》卷一八

[1] 腊月下:谓农历十二月月末。腊月,因腊祭而得名,通常指农历十二月。下,这里指月末。

[2] 景气:景色;景象。和畅:温和舒畅。

[3] 故山殊可过:谓我的蓝田辋川别墅特别宜于游玩。故山,旧山,这里即指其辋川别墅。过,来访;前往拜访。

[4] 足下:古代下称上或同辈相称的敬词。温经:温习经书。

[5] 猥:副词,随便。不敢相烦:不敢干扰。这是宛转、客气的说法。

[6] 辄便:随即。

[7] 憩(qì器):休息,歇息。感配寺:似当作感化寺。王维有《过感化寺昙兴上人山院》诗,裴迪有《游感化寺昙兴上人山院》诗,张籍有《登咸阳北寺楼》诗(一作《登感化寺楼》),白居易有《感化寺见元九刘三十二题名处》诗。

[8] 山僧:住在山寺的僧人。饭讫(qì器):吃罢饭。

[9] 玄灞:即灞水。玄,黑色。晋潘岳《西征赋》:"南有玄灞素浐,汤井温谷。"唐李善注:"玄、素,水色也。灞、浐,二水名也。"灞水,即霸水,流经今陕西西安与蓝田。

[10] 郭:这里指蓝田县外城。

[11] 华子冈:王维蓝田辋川别墅中的一处景观。王维《辋川集·华子冈》诗:"飞鸟去不穷,连山复秋色。上下华子冈,惆怅情何极。"

[12] 辋水:即辋川,一作辋谷水,在今陕西蓝田县南,源出南山辋谷,西北流入灞河。沦涟:谓水波。

[13] 与月上下:形容月映于水,月影随水波上下浮动。

[14] 明灭:谓忽明忽暗。

[15] 吠声如豹:形容犬吠声凶猛。

[16] 村墟:村庄。夜舂(chōng充):夜晚用杵捣臼的响声。

[17] 曩(nǎng攮)昔:往日,从前。

247

[18] 仄径:狭窄的小路。

[19] 蔓发:蔓延滋长。

[20] 鯈(tiáo 条):又名白鯈、白鲦,一种生于淡水的小白鱼。化用《庄子·秋水》"鯈鱼出游从容"之典。

[21] 矫翼:展翅。

[22] 青皋:春天的水边,绿意盎然的水边。王维《自大散至黄牛岭见黄花川》诗:"青皋丽已净,绿树郁如浮。"

[23] 麦陇:同"麦垄",即麦田。朝雊(zhāo gòu 昭构):谓清晨野鸡鸣叫。

[24] 斯之不远:意谓春天的景象即将来临。

[25] 傥(tǎng 躺):或许,也许。

[26] 天机:犹灵性,谓天赋灵机。

[27] 无忽:谓不要忘怀。

[28] 因驮黄檗人往:意谓托运送黄檗药材的人给你捎信。黄檗,亦作"黄檗"或"黄柏",落叶乔木,树皮淡灰色,中医可入药,有清热、解毒等作用。

[29] 不一:同"不一一",即不详细说。旧时书信结尾常用语。

[30] 山中人:以战国楚屈原的自称而自称,有些许调侃意味。

至小丘西小石潭记

柳宗元

〔解题〕 柳宗元(773—819),字子厚,唐河东解县(今山西永济)人。唐德宗贞元九年(793)进士,贞元十四年(798)中博学宏词科。因参加以王叔文为首的政治改革运动遭到失败,被贬为永州(今湖南零陵)司马,后改柳州(今属广西)刺史。卒于任所。他在文学史上为唐宋八大家之一,曾与韩愈共同从事古文运动,有"韩柳"之号。柳宗元贬官永州,为后世留下了著名的"永州八记",所选此篇即为八记中的第四篇,或简称"小石潭记"。不同于古人游记多有欣然自得之趣的流露,这篇游记于工致细腻的写景中,总隐含一种淡淡的忧思,孤寂落寞中仿佛有难以自已的情怀,从而令山水打上了作者的主观印迹。清王国维《人间词话》论境界有云:"境非独谓景物也,喜怒哀乐,亦人心中之一境界。故能写真景物、真感情者,谓之有境界。"此虽论词之语,于散文游记亦榫卯相合。

从小丘西行百二十步[1],隔篁竹闻水声[2],如鸣佩环[3],心乐之。伐竹取道,下见小潭,水尤清冽[4]。全石以为底[5],近岸卷石底以出[6],为坻为屿[7],为嵁为岩[8]。青树翠蔓[9],蒙络摇缀[10],参差披拂[11]。潭中鱼可百许头[12],皆若空游无所依[13]。日光下澈,影布石上[14],怡然不动[15];俶尔远逝[16],往来翕忽[17],似与游者相乐。

潭西南而望,斗折蛇行,明灭可见[18]。其岸势犬牙差互[19],不可知其源。坐潭上,四面竹树环合[20],寂寥无人,凄神寒骨,悄怆幽邃[21]。以其境过清,不可久居,乃记之而去。

同游者:吴武陵、龚右[22],余弟宗玄[23]。隶而从者[24],崔氏二小生[25],曰恕己,曰奉壹。

——《柳宗元集》卷二九

[1] 小丘:永州八记中的第三篇为《钴铒潭西小丘记》,两篇相承接。

[2] 篁竹:竹丛。

[3] 如鸣佩环:形容流水声清脆悦耳。佩环,谓玉质佩饰物,古人系其组件于腰间,行走时相互撞击,叮当作响。

[4] 清洌(liè 列):清澄而寒冷。

[5] 全石以为底:谓潭底由整块石头构成。

[6] 近岸卷石底以出:谓靠近岸边处的潭底石向上翻卷而高出水面。

[7] 坻(chí 池):这里谓水中高地。屿(yǔ 雨):小岛。

[8] 嵁(kān 堪):石高峻状。

[9] 翠蔓:绿色的蔓生野草。

[10] 蒙络:蒙盖连接。摇缀:摇曳连缀。

[11] 参差(cēn cī 岑阴平疵):不齐貌。披拂:飘动。

[12] 可百许头:大约有百尾左右。

[13] 若空游无所依:意谓如在空中游动,无所凭借。明杨慎《丹铅馀录》卷一:"柳子厚《小石潭记》:'潭中鱼可百许头,皆若空游无所依。'此语本之郦道元《水经注》:'渌水平潭,清洁澄深,俯视游鱼,类若乘空。'沈佺期诗'鱼似镜中悬',亦用郦语意也。"

[14] "日光下澈"二句:意谓日光直透水底,鱼的影子投射于石上。

[15] 佁(ǎi 蔼)然:静止貌。一本作"怡然",未如"佁然"义胜。

[16] 俶(chù 触)尔:犹倏尔,谓忽然。

〔17〕 翕(xī西)忽:犹倏忽,急速貌。

〔18〕 "潭西南而望"三句:意谓向小石潭的西南面望去,流入潭的河水如北斗七星般的曲折,又如蛇行一样蜿蜒,忽隐忽现流淌而来。

〔19〕 犬牙差互:形容河岸的形势如犬牙般相互交错。

〔20〕 环合:围绕。

〔21〕 "凄神寒骨"二句:意谓因景物幽深,令人感到心神凄凉,寒气透骨。悄怆(chuàng创去声),忧伤,凄凉。幽邃(suì穗),幽深,深邃。

〔22〕 吴武陵:信州人,元和初进士,历官太学博士、韶州刺史,因事贬潘州司户参军,卒于任。柳宗元谪永州,而武陵亦坐事流永州,两人得以交往。龚右:一作"龚古",生平不详。

〔23〕 宗玄:柳宗元从弟柳宗玄。

〔24〕 隶而从者:作为随从而一起来的人。

〔25〕 崔氏二小生:谓柳宗元姐夫崔简的两个儿子。崔简(?—812),字子敬,进士,历官刑部员外郎,出刺连州,流驩州,卒。见柳宗元《故永州刺史崔君流配驩州权厝志》。

醉翁亭记

欧阳修

〔解题〕这篇文章撰写于宋仁宗庆历六年(1046),欧阳修在滁州刺史的贬官任上,时年四十岁。"不惑"之年即以"醉翁"自号,恰如同苏轼四十岁即在其《江城子》(老夫聊发少年狂)词中自称"老夫"一样,大约是古人自我作老的一种习气。赵宋王朝读书人的生态环境远较唐代宽松,即使仕途暂遇挫折,也能维持一定的人格尊严,这是欧阳修在被贬官的失意状态下仍能保持悠然自得以及"与民同乐"旷达精神的基础。文章二十一个"也"的虚词的运用,不觉累赘,反而有一唱三叹的抑扬顿挫之美,文人士大夫的审美情趣尽在其中。据《朱子语类》卷一三九,宋朱熹曾论欧文修改之妙云:"有人买得他《醉翁亭记》稿,初说'滁州四面有山'凡数十字,末后改定,只曰'环滁皆山也'五字而已,如寻常不经思虑,信意所作。"可见传世美文并非作者信笔挥洒所致,其间甘苦,唯有个中人方能体味。

环滁皆山也[1]。其西南诸峰,林壑尤美[2]。望之蔚然而深秀者[3],琅琊也[4]。山行六七里,渐闻水声潺潺[5],而泻出于两峰之间者,酿泉也[6]。峰回路转,有亭翼然临于泉上者[7],醉翁亭也。作亭者谁?山之僧智仙也[8]。名之者谁?太守自谓也[9]。太守与客来饮于此,饮少辄醉[10],而年又最高,故自号曰"醉翁"也[11]。醉翁之意不在酒,在乎山水之间也。山水之乐,得之心而寓之酒也[12]。

若夫日出而林霏开[13],云归而岩穴暝[14],晦明变化者[15],山间之朝暮也。野芳发而幽香[16],佳木秀而繁阴[17],风霜高洁[18],水落而石出者[19],山间之四时也。朝而往,暮而归,四时之景不同,而乐亦无穷也。

至于负者歌于途,行者休于树,前者呼,后者应,伛偻提携[20],往来而不绝者,滁人游也。临溪而渔,溪深而鱼肥;酿泉为酒,泉香而酒洌[21];山肴野蔌[22],杂然而前陈者,太守宴也。宴酣之乐,非丝非竹[23],射者中[24],弈者胜[25],觥筹交错[26],起坐而喧哗者,众宾欢也。苍颜白发,颓然乎其间者[27],太守醉也。

已而夕阳在山,人影散乱,太守归而宾客从也。树林阴翳[28],鸣声上下,游人去而禽鸟乐也。然而禽鸟知山林之乐,而不知人之乐;人知从太守游而乐,而不知太守之乐其乐也[29]。醉能同其乐,醒能述以文者,太守也。太守谓谁?庐陵欧阳修也[30]。

——《欧阳文忠公文集·居士集》卷三九

[1] 滁:谓滁州,今属安徽。

[2] 林壑(hè贺):山林涧谷。

[3] 蔚然:草木茂密貌。深秀:谓山色幽深秀丽。

[4] 琅琊(láng yá 郎牙):即琅邪山,在今安徽滁州市西南十里。西晋伐吴,琅邪王司马伷曾在此驻兵,因名。琅琊,又写作"琅邪"。

[5] 潺(chán 缠)潺:流水声。

[6] 酿泉:泉名,在今安徽省滁州市西南。

[7] 翼然:鸟展翅貌,这里形容建筑物亭顶呈高耸开张之状。临:居高面低。

253

〔8〕智仙:琅邪山开化寺僧人。

〔9〕太守:官名。秦置郡守,汉景帝时改名太守,为一郡最高的行政长官,宋以后改郡为府或州,太守并非正式官名,只用作知府、知州的别称。自谓:以自己的别号"醉翁"名亭。

〔10〕饮少辄醉:谓饮酒不多就醉。辄,就。

〔11〕故自号曰醉翁:欧阳修《赠沈遵》诗:"沈夫子,恨君不为醉翁客,不见翁醉山间亭。翁欢不待丝与竹,把酒终日听泉声。有时醉倒枕溪石,青山白云为枕屏。花间百鸟唤不觉,日落山风吹自醒。我时四十犹强力,自号醉翁聊戏客。"

〔12〕寓:寄托。

〔13〕若夫:至于,用于句首或段落的开始,表示另提一事。林霏:树林中的云气。

〔14〕暝(míng 明):昏暗。

〔15〕晦明:阴晴;明暗。

〔16〕野芳发而幽香:谓野花初放而散出淡淡的清香。此为春景。

〔17〕佳木秀而繁阴:谓嘉树茂盛,树荫浓密。此为夏景。

〔18〕风霜高洁:谓凝霜皎洁,天高气爽。此为秋景。

〔19〕水落而石出:谓冬季因水位下降而令石头显露出来。此为冬景。

〔20〕伛偻(yǔ lǚ 禹旅):脊梁弯曲,驼背,谓老年人。提携:领手牵扶,谓孩童。

〔21〕洌(liè 列):清澄。宋方勺《泊宅编》卷一:"欧公作《醉翁亭记》后四十九年,东坡大书重刻于滁州,改'泉洌而酒香'作'泉香而酒洌','水落而石出'作'水清而石出'。"洌,通"冽"。可参考。

〔22〕山肴野蔌(sù 素):野味和蔬菜。

〔23〕非丝非竹:谓不以演奏音乐为乐。丝,胡琴、琵琶一类的弦乐器。竹,箫笛一类的管乐器。

〔24〕射者中(zhòng 众):谓投壶获胜。投壶,古代宴会礼制,亦为娱乐活动,宾主依次用矢投向盛酒的壶口或投壶专用的高壶,以投中多少决胜负,负者饮酒。

〔25〕弈者胜:谓围棋博弈获胜。

[26] 觥(gōng公)筹交错:酒器和酒筹交互错杂,形容宴饮尽欢。觥,盛酒或饮酒器,古代用兽角制,后也用木或青铜制,这里泛指酒杯。筹,酒筹,饮酒时用以记数或行令的筹子。

[27] 颓(tuí推阳平)然:倒下貌。

[28] 阴翳(yì义):谓树木枝叶繁茂成阴。

[29] "然而禽鸟知山林之乐"四句:从庄子与惠子濠梁观鱼脱化而来,展现一种物我交融的愉悦心态。《庄子·秋水》:"庄子与惠子游于濠梁之上。庄子曰:'鲦鱼出游从容,是鱼之乐也。'惠子曰:'子非鱼,安知鱼之乐?'庄子曰:'子非我,安知我不知鱼之乐?'惠子曰:'我非子,固不知子矣;子固非鱼也,子之不知鱼之乐,全矣。'庄子曰:'请循其本。子曰"汝安知鱼乐"云者,既已知吾知之而问我,我知之濠上也。'"乐其乐,谓因众人之乐而感到快乐。前"乐"为动词,后"乐"为名词。

[30] 庐陵:今江西吉安市。欧阳修为宋吉州永丰(今江西吉安市永丰县)人,因吉州原属庐陵郡,故常以"庐陵欧阳修"自居。

爱莲说

周敦颐

〔解题〕周敦颐(1017—1073),字茂叔,号濂溪,宋道州营道(今湖南永州市道县)人。宋代理学开山祖,为程颢、程颐之师。黄庭坚谓其"人品甚高,胸怀洒落,如光风霁月"。莲花,通称荷花,其君子品格正是作者的自我写照!"说"作为一种文体,属于阐述某种道理或主张的文章,明杨慎《丹铅杂录·珊瑚钩诗话》:"正是非而著之者,说也。"

水陆草木之花,可爱者甚蕃[1]。晋陶渊明独爱菊[2];自李唐来,世人盛爱牡丹[3];予独爱莲之出淤泥而不染[4],濯清涟而不妖[5],中通外直[6],不蔓不枝[7],香远益清,亭亭净植[8],可远观而不可亵玩焉[9]。

予谓菊,花之隐逸者也[10];牡丹,花之富贵者也;莲,花之君子者也。噫!菊之爱,陶后鲜有闻[11]。莲之爱,同予者何人?牡丹之爱,宜乎众矣[12]!

——《周濂溪集》卷八

[1]蕃:众多。
[2]晋陶渊明独爱菊:南朝梁萧统《陶渊明传》:"尝九月九日,出宅边菊丛中坐久之,满手把菊。忽值弘(王弘,江州刺史)送酒至,即便就酌,醉而

归。"陶渊明《饮酒诗二十首》其六:"采菊东篱下,悠然见南山。"又《和郭主簿诗二首》其二:"芳菊开林耀,青松冠严列。"又《归去来兮辞》:"三径就荒,松菊犹存。"陶渊明,见本书所选《与子俨等疏》"题解"。

[3] "自李唐来"二句:唐李肇《唐国史补》卷中:"京城贵游,尚牡丹三十馀年矣。每春暮,车马若狂,以不耽玩为耻。执金吾铺官围外寺观种以求利,一本有直数万者。"唐刘禹锡《赏牡丹》诗:"唯有牡丹真国色,花开时节动京城。"李唐,即唐朝,唐代帝王姓李,故称。盛,极。

[4] 淤泥:犹污泥。染:沾染。

[5] 濯:洗涤。清涟:谓水清澈而有细波纹。妖:艳丽。

[6] 中通外直:谓莲茎内空直挺。

[7] 不蔓不枝:谓莲茎直而无分枝蔓生。

[8] 亭亭:独立貌。净植:洁净地直立着。

[9] 亵(xiè谢)玩:谓亲近不庄重而玩弄。

[10] 隐逸:犹隐居;隐遁。

[11] 鲜(xiǎn显)有闻:很少听说过。鲜,少。

[12] 宜乎:犹当然;无怪。表示事情本当如此。

记承天寺夜游

苏 轼

〔解题〕 苏轼(1036—1101),字子瞻,号东坡居士,宋眉州眉山(今属四川)人。宋代著名文学家。据明弘治十三年(1500)《黄州府志》卷四《寺观·本府》:"古寺,在今城南大云寺前,今为民居。"乾隆十四年(1749)《黄州府志》卷二〇《寺观·黄冈》:"承天寺,在城南,今废。即东坡乘月访张怀民处。"宋神宗元丰三年(1080)二月,苏轼因"乌台诗案"文字狱,被贬为黄州团练副使,无权签署公文,开始了在黄冈长达五年之久的流放生活。然而苏轼达观自处,自认是田舍翁躬亲农耕并且乐在其中。佛老与世无争的思想令其固有的"致君尧舜"的儒家理念逐渐淡薄,这是他排除极度精神苦闷的一种无奈选择。在寻常景物中发现美,发现可以任意驰骋想象的空间,正是寻求自我解脱的人生境界。正因为苏轼有此一人生境界,才令他安然度过了其人生此后更为凶险的惠州、儋州之贬。无疑,读这篇小品文字,作者那超凡脱俗之想将带读者进入一个精神无限自由的新天地。

　　元丰六年十月十二日夜[1],解衣欲睡,月色入户,欣然起行。念无与为乐者,遂至承天寺,寻张怀民[2]。怀民亦未寝,相与步于中庭。庭下如积水空明[3],水中藻荇交横[4],盖竹柏影也。

何夜无月,何处无竹柏,但少闲人如吾两人耳[5]。黄州团练副使苏某书[6]。

——《苏轼文集》卷七一

[1] 元丰六年:即公元 1083 年。元丰,宋神宗赵顼的年号(1078—1085)。

[2] 张怀民:即张梦得,一字偓佺,宋清河(今属河北)人。元丰六年亦因事贬谪黄州,初时寓居承天寺。后曾筑亭于住所之旁,以纵揽江山之胜概,苏轼名之为快哉亭。苏轼弟苏辙有《黄州快哉亭记》记其事。

[3] 庭下如积水空明:意谓庭院中洒满月光,如同一泓积水清澈透明。

[4] 藻荇(xìng 姓):前者为水生藻类植物,即水藻;后者为多年生水生草本植物,叶呈对生圆形。

[5] 闲人:清闲无事的人。这是对贬谪人生的一种自我调侃。

[6] 黄州:今湖北黄州市。团练副使:宋代散官官阶之一,多用于迁转,一般不任事。

游武林湖山六记

王士性

〔解题〕王士性(1540—1598),字恒叔,号太初,又号元白道人,临海(今属浙江)人。明神宗万历五年(1577)进士,历官确山知县、礼科给事中、四川参议、太仆少卿、鸿胪卿。平生喜游历。武林是旧时杭州的别称,因其地有武林山而得名。武林山即杭州城西灵隐、天竺诸山的总名。万历六年(1578)已考中进士的王士性被选为确山(今属河南)县令,从其家乡取道杭州上任,得便与友人畅游西湖山水,于是连同"昔游"所记,写下此文,作为游武林六记之首与代序。此文而外,其馀五文:《出涌金门过孤山至岳坟记》、《出清波门游湖南诸山至六桥记》、《出钱塘门观戒坛至灵隐上三天竺记》、《再出清波门至六和塔望潮记》、《登吴山记》。晚明是一个鼓吹个性解放的时代,文人士大夫大多流连山水,在其中寻觅自己的精神寄托是一个较为普遍的现象。王士性对杭州湖山胜概情有独钟,将其景致分为晴、雨、雪、月之观加以渲染,从而构筑自己的精神家园,找到人生的情感归宿。

苏子瞻云:"天目之山[1],苕水出焉[2]。龙飞凤舞[3],萃于临安[4]。"则堪舆氏言也[5]。临安胜以西湖为最[6],白傅之函[7],苏公之堤[8],唐、宋以前,夫非潴溉地耶[9]?南渡后[10],山有塔院,岸有亭台,堤有花木,水有舸舫[11],阴晴不问,士女为群[12],猗与白云之乡[13],遂专为歌舞之场矣[14]。

余自青衿结发[15],肄业武林[16],洎乎宦游于四方[17],几三十年,出必假道[18],过必浪游[19],晴雨雪月,无不宜者。语云:人知其乐,而不知其所以乐也[20]。余则能言,请尝试之。

当其暖风徐来,澄波如玉,桃柳满堤,丹青眩目[21],妖童艳姬[22],声色遝陈[23],尔我相觑[24],不避游人,余时把酒临风,其喜则洋洋然[25]。故曰宜晴。

及夫白云出岫[26],山雨满楼[27],红裙不来[28],绿衣佐酒[29],推蓬烟里,忽遇孤舟,有叟披蓑,钓得艖头[30],余俟酒醒,山青则归,雨细风斜则否[31]。故曰宜雨。

抑或琼岛银河[32],枯槎路迷[33],山树转处,半露楼台,天风吹雪,堕我酒杯,偶过孤山[34],疑为落梅,余时四顾无人,则浮大白[35],和雪咽之,向逋仙墓而吊焉[36]。故曰宜雪。

若其晴空万里,朗月照人,秋风白苎[37],露下满襟,离鸿惊起[38],疏钟清听[39]。有客醑客[40],无客顾影[41]。此于湖心亭佳[42],而散步六桥[43],兴复不减。故曰宜月。

余居恒系心泉石[44],几欲考卜湖畔[45],良缘未偶[46],聊取昔游记之。然吾游夥矣[47],每挟宾朋,止占一丘一壑,行踪未遍,夕阳旋归。惟戊寅春[48],捧檄朗陵[49],念走风尘[50],未卜再游何日,乃与所知蔡立夫、吴本学辈[51],纵目全湖一周,遂以斯游记。

——《五岳游草》卷三

[1]"天目之山"四句为苏轼《表忠观碑》中文字。天目之山:即天目

山,在今浙江西北部,东北至西南走向,分为东、西两支,是古今游览胜地。

[2] 苕(tiáo 条)水:即苕溪,在今浙江北部,有东、西两源,东苕溪(龙溪)源出天目山南,西苕溪源出天目山北,在湖州附近汇合注入太湖。

[3] 龙飞凤舞:形容山势水流奔放,姿态生动。

[4] 萃:聚集。临安:宋代府名,即今杭州。南宋绍兴八年(1138),宋高宗定都于此。

[5] 堪舆氏言:谓风水师的话。堪舆家,古代占候卜筮者的一种,以后专指相地看风水者。宋范坰、林禹《吴越备史》卷一云:"郭璞《临安地志》云:'天目山前两乳长,龙飞凤舞到钱唐。海门山起横为案,五百年生异姓王。'"苏轼之语或本此。另见明田汝成《西湖游览志馀》卷一。

[6] 胜:形容事物优越、美好。

[7] 白傅之函:谓石函桥。这里有颂扬唐白居易居官为民兴利除害之意。明田汝成《西湖游览志》卷八:"石函桥,唐刺史李泌建,有水闸,泄湖水以入下湖。"白傅,即白居易(772—846),晚年官授太子少傅,故称白傅。《新唐书》本传云:"为杭州刺史,始筑堤捍钱塘湖,钟泄其水,溉田千顷。复浚李泌六井,民赖其汲。"又,白居易有《钱塘湖石记》一文,为其离任杭州时所作,内有云:"钱塘湖一名上湖,周回三十里,北有石函,南有笕。凡放水溉田,每减一寸,可溉十五馀顷,每一复时,可溉五十馀顷。"又云:"予在郡三年,仍岁逢旱,湖之利害,尽究其由。恐来者要知,故书于石。"

[8] 苏公之堤:即苏公堤,又称苏堤。在西湖上,南起南屏路,北接曲院风荷。为苏轼于宋哲宗元祐四年(1089)任杭州知州时所筑成,堤上六桥,古朴美观。西湖十景之首,即苏堤春晓。

[9] 潴(zhū 猪)溉:蓄聚灌溉。

[10] 南渡:宋高宗建炎三年(1129),金兵南下,宋高宗渡长江南逃,后建都临安,史称南渡。

[11] 舸舫(gě fǎng 各上声仿):大船称舸,并连起来的船只称舫。

[12] 士女:青年男女。

[13] 猗与(yī yú 衣鱼):叹词,表示赞美。白云之乡:即白云乡,比喻仙乡。

[14] 歌舞之场:形容繁华之所。语本宋林升《题林安邸》:"山外青山

楼外楼,西湖歌舞几时休?暖风熏得游人醉,直把杭州作汴州。"

[15] 青衿:青色交领的长衫,明代秀才的常服。这里即指少年学子。结发:即束发。古代男子自成童开始束发,因指初成年。

[16] 肄(yì 亿)业:修习课业。

[17] 洎(jì 记)乎:等到,待及。宦游:旧时谓外出求官或做官。

[18] 假道:借路。

[19] 浪游:四方漫游。

[20] "语云"二句:似套用宋欧阳修《醉翁亭记》:"人知从太守游而乐,而不只太守之乐其乐也。"

[21] 丹青:红色与青色。这里泛指绚丽的色彩。

[22] 妖童:美少年,古代多谓男色,与"娈童"意近。艳姬:妖艳的美女。

[23] 遝(tà 踏)陈:聚积杂陈。

[24] 相觑:对看;互相看见。

[25] "余时把酒临风"二句:套用宋范仲淹《岳阳楼记》:"把酒临风,其喜洋洋者矣。"把酒临风,谓迎风举起酒杯畅饮。洋洋,自得貌,喜乐貌。

[26] 白云出岫(xiù 秀):反用晋陶渊明《归去来兮辞》:"云无心以出岫。"岫,峰峦。

[27] 山雨满楼:语本唐许浑《咸阳城西楼晚眺》:"山雨欲来风满楼。"这里即指风。

[28] 红裙:当谓歌妓。

[29] 绿衣:代指婢妾。佐酒:劝酒。

[30] 艖(chā 插)头:小船头。

[31] 雨细风斜:语本唐张志和《渔父》词:"青箬笠,绿蓑衣。斜风细雨不须归。"

[32] 琼岛银河:形容大雪覆盖下的杭州湖山景色。琼岛,传说中的仙岛,仙人的居所。银河,晴天夜晚,天空呈现的由大量恒星构成的银白色的光带。

[33] 枯槎(chá 茶):木船。

[34] 孤山:孤耸于西湖里湖与外湖之间,故名。又因山上多梅,一名

梅屿。

［35］浮大白：饮一满杯酒。

［36］逋(bū 补平声)仙墓：即林和靖墓，在西湖孤山放鹤亭附近。林和靖(967—1028)，名逋，字君复，北宋诗人，卒后，宋仁宗赐谥"和靖先生"。钱塘(今杭州)人。他隐居西湖孤山，不仕不娶，植梅养鹤，有《林和靖诗集》。吊：凭吊。

［37］白苎(zhù 住)：同"白纻"，即白衣，古代士人未得功名时所穿衣服。这里即谓作者未获功名时的装束。

［38］离鸿：失群的孤雁。

［39］疏钟清听：指西湖十景之一的"南屏晚钟"。唐宋时杭州南屏山麓西湖南之净慈寺内，有一铜钟，寺僧傍晚敲钟，悠扬动听，因名南屏晚钟。明洪武十一年(1378)，重铸一口大钟，传声更远。

［40］酹(lèi 类)客：谓与客举行以酒浇地的一种仪式，以表示祭奠。

［41］无客顾影：语本唐李白《月下独酌四首》其一："花间一壶酒，独酌无相亲。举杯邀明月，对影成三人。"顾影，自顾其影，这里有自矜、自负的意思。

［42］湖心亭：故址在今杭州西湖中。亭始建于明嘉靖三十一年(1552)，初名振鹭亭，万历间重建，又称清喜阁，金碧辉煌，规模壮丽。今亭重建于1953年，为一层二檐、四面厅之建筑。

［43］六桥：谓西湖苏堤上映波、锁澜、望山、压堤、东浦、跨虹六桥。

［44］恒：长久。系心：挂心。泉石：指山水。

［45］考卜：古代以龟卜决疑，称"考卜"。这里是问卜择居的意思。

［46］良缘未偶：谓未遇美好的缘分。偶，遇合，幸运。

［47］夥(huǒ 火)：众多。

［48］戊寅：即明神宗万历六年(1578)。

［49］捧檄：原谓为母出仕，这里就是做官之意。据《后汉书·刘平等传序》，东汉毛义有孝名。张奉去拜访他，正遇府檄至，令毛义出任守令，毛义拿到檄，表现出很高兴的样子，张奉因此看不起他。后毛母死，毛义就不再出去做官，张奉才知毛义出仕完全是为了让母亲高兴，感叹自己知他不深。朗陵：西汉所置县名，明代为确山县(今属河南)。王士性中进士后，出

任确山县令。

［50］风尘:宦途,官场。晋葛洪《抱朴子·交际》:"驰骋风尘者,不慭建德业,务本求己。"

［51］所知:相识的人;要好的人。蔡立夫:据汪道昆《太函集》卷七六《南屏社记》云:"自天台至者则蔡立夫。"可知蔡立夫曾于万历十四年（1586）参与汪道昆在西湖主持之南屏社。又明胡应麟《少室山房集》卷五八有七律一首,诗题为《蔡立夫素不事曲糵,入都下忽以酒人名,每一举觞,辄酣畅累日,夜乃醒,醒则复呼酒,酒已复醉,或至经月始复常,自名连环饮。得歌者苗凤,时置屏障间相酬酢。余甚高其风格,戏赠此章》,可见蔡立夫善饮酒,生活放荡不羁。吴本学:生平不详。

叙陈正甫《会心集》

袁宏道

〔解题〕这篇文章撰写于万历二十五年(1597),陈正甫时任徽州知府,适逢袁宏道解任吴令后畅游歙县一带。陈正甫,即陈所学(生卒年不详),字正甫,一字志寰,景陵(今湖北天门)人。明神宗万历十一年(1583)进士,其所编《会心集》今不传,大约是汇辑古人有关事迹者,偏重于"趣"的阐发。此叙即从"趣"生发议论,认为"趣"生于真与自然,在"童趣"、"山林隐士之趣"、"愚不肖之趣"的分殊中,以"童趣"全本真与自然,故为最上乘之趣。这显然与李贽的"童心说"有一脉相承的地方。从审美角度而言,所谓"趣"是主、客观两者相结合映发的产物。作者之弟袁中道《刘玄度集句诗序》曾论及"趣"与"慧"的关系:"凡慧则流,流极而趣生焉。天下之趣,未有不自慧生也。"这番议论与本文所谓"入理愈深,然其去趣愈远"之说异曲同工,都传达出"性灵说"的真义。明陆云龙《叙袁中郎先生小品》云:"中郎叙《会心集》,大有取于趣。小修称中郎诗文,云率真。率真则空灵现,空灵现则趣生,即其不受一官束缚,正不蔽其趣,不抑其性灵处。"此外,趣生于空灵,具备一定的审美情境是必须的,清初张潮《幽梦影》有云:"楼上看山,城头看雪,灯前看月,舟中看霞,月下看美人,另是一番情境。"明代文人士大夫审美重"趣",读此文可略见一斑。

世人所难得者唯趣。趣如山上之色,水中之味,花中之光,女中之态[1],虽善说者不能下一语,唯会心者知之[2]。

今之人慕趣之名,求趣之似,于是有辨说书画、涉猎古董以为清[3];寄意玄虚、脱迹尘纷以为远[4];又其下则有如苏州之烧香煮茶者[5]。此等皆趣之皮毛,何关神情[6]。

夫趣得之自然者深,得之学问者浅。当其为童子也,不知有趣,然无往而非趣也。面无端容,目无定睛,口喃喃而欲语,足跳跃而不定,人生之至乐,真无逾于此时者。孟子所谓"不失赤子"[7],老子所谓"能婴儿"[8],盖指此也。趣之正等正觉最上乘也[9]。山林之人,无拘无缚,得自在度日,故虽不求趣而趣近之。愚不肖之近趣也[10],以无品也[11],品愈卑故所求愈下,或为酒肉,或为声伎[12],率心而行,无所忌惮,自以为绝望于世,故举世非笑之不顾也,此又一趣也。迨夫年渐长[13],官渐高,品渐大[14],有身如梏[15],有心如棘[16],毛孔骨节俱为闻见知识所缚[17],入理愈深,然其去趣愈远矣。

余友陈正甫,深于趣者也,故所述《会心集》若干卷,趣居其多,不然虽介若伯夷[18],高若严光[19],不录也。噫,孰谓有品如君,官如君,年之壮如君,而能知趣如此者哉!

——《袁宏道集笺校》卷一〇

[1] 女中之态:意谓女子的神态、风度、气质等偏于精神方面的外在表现。宋王安石《明妃曲二首》其一:"意态由来画不成,当时枉杀毛延寿。"清初李渔《闲情偶寄·声容部·态度》有专论女子"态度"文字,可参考。

[2] 会心者:谓能于内心领悟的人。

[3] 涉猎:只作肤浅探求,不求深入研究。古董:珍贵希见的古物。清:清雅之趣。

[4] 玄虚:谓道家玄远虚无的学说。脱迹尘纷:谓将自身从世俗的纷扰中摆脱出来。远:淡远之趣。

[5] 苏州之烧香煮茶:事本唐李肇《唐国史补》卷下:"韦应物,立性高

洁,鲜食寡欲,所居焚香扫地而坐。"苏州,即韦应物(737—792?),唐京兆万年(今陕西西安)人。以曾任苏州刺史,后世称韦苏州。

[6] 神情:人面部的神态、表情。

[7] 不失赤子:语本《孟子·离娄下》:"大人者,不失其赤子之心者也。"赤子之心,即婴儿天真纯朴的心。

[8] 能婴儿:语本《老子》第十章:"专气致柔,能婴儿。"意即结聚精气以致柔顺,能像婴儿的状态吗?

[9] 正等正觉:佛学术语,或译为"阿耨多罗三藐三菩提",意即一切真理之无上智慧。最上乘:佛学术语,意即至极的教法。

[10] 愚不肖(xiào孝):愚昧不成材的人。

[11] 品:这里谓做人的品位。

[12] 声伎:亦作"声妓",旧时宫廷及贵族家中的歌姬舞女。

[13] 迨(dài代):及,到。

[14] 品:这里指官阶的品位。

[15] 梏(gù故):古代木质的手铐。比喻约束。

[16] 棘:牢狱。古代狱外种棘,故常以"棘土"指牢狱。心如牢狱即见识短浅,心胸不开阔。

[17] 闻见知识:以耳、目之感觉为基础所获取的知识,宋明理学家不分程朱一派或陆王一派,皆认为这种知识属于浅层次的,与"德性之知"或"良知"对立。宋朱熹编《二程遗书》卷二五《畅潜道本》云:"闻见之知,非德性之知,物交物则知之,非内也,今之所谓博物多能者是也;德性之知,不假见闻。"明王守仁《王文成公全书》卷二〇《咏良知四首示诸生》其一云:"个个心中有仲尼,自将闻见若遮迷。而今指与真头面,只是良知更莫疑。"又《王文成全书》卷三六收录王畿《刻阳明先生年谱序》有云:"良知不由知识闻见而有,而知识闻见莫非良知之用。"袁宏道受阳明心学影响很深,所以有"俱为闻见知识所缚"之语。又,明代禅僧德清(1546—1623),号憨山老人,约与袁宏道同时,其《憨山老人梦游集》卷三《示离际肇禅人》:"若论此事,本无向上向下,才涉思维,便成剩法。何况以有所得心,入离言之实际乎?禅人果能决定以生死为大事,试将从前厌俗心念,乃至出家以来,所有一切闻见知识,及发参求本分事上日用功夫,着衣吃饭,折旋俯仰,动静闲忙,凡所经

历目前种种境界,细微推求,毕竟以何为向上事?再将推求的心,谛实观察,毕竟落在什么处?凡有落处,便成窠臼,即是生死窟穴,皆妄想一边事,非实际也。"(《卍续藏》第一二七册)

[18] 介:耿介,有操守。伯夷:商代孤竹君之子,为逃王位,与弟叔齐逃至周。周武王灭商,两人耻食周粟,饿死于首阳山。古人认为伯夷是高尚操守的典型。

[19] 严光:字子陵(前37—43),汉会稽馀姚(今属浙江)人。少与刘秀同学,刘秀即位,即汉光武帝,召其为官,不受,退隐富春山。古人认为严光是清高人士的代表。

湖心亭看雪

张　岱

〔解题〕张岱(1597—1680),一名维诚,字宗子,又字石公,号陶庵,又号蝶庵,山阴(今浙江绍兴)人。出身于仕宦之家,早年生活富贵平和,艺术兴趣广泛。将近五十岁时,明朝覆亡,徙居卧龙山,贫困不堪,发愤著书,以明遗民身份走完了人生的最后旅程。一生著述宏富,约有三十馀种,内容涉及文史、经学、医学、地理、饮膳等,文学方面有《琅嬛文集》、《陶庵梦忆》、《西湖梦寻》等。湖心亭,参见本书所选《游武林湖山六记》注[43]。明崇祯五年(1632)的冬天,张岱旅居杭州,正值此地三日大雪,于是他就在万籁俱寂的夜色中乘船至湖心亭观赏雪景。这一行动本身就是晚明文人士大夫某种情趣的反映,即以自然为尚,只可意会,难以言传。而得趣与识趣,也是一种文化素养的体现。"趣"多萌生于空灵,因空灵是神韵的产生基础,而神韵又是"趣"所附丽者。作者有意将视角游移于身外,反观自我所处之情境,具有遗世独立的企盼,这正是那一时代读书人个性天趣之所在。

　　崇祯五年十二月[1],余住西湖[2]。大雪三日,湖中人鸟声俱绝。

　　是日,更定矣[3],余拏一小舟[4],拥毳衣炉火[5],独往湖心亭看雪。雾凇沆砀[6],天与云、与山、与水,上下一白。

湖上影子,惟长堤一痕[7],湖心亭一点,与余舟一芥[8],舟中人两三粒而已。

到亭上,有两人铺毡对坐,一童子烧酒炉正沸。见余大喜曰:湖中焉得更有此人!拉余同饮,余强饮三大白而别[9]。问其姓氏,是金陵人[10],客此。

及下船,舟子喃喃曰[11]:"莫说相公痴[12],更有痴似相公者。"

——《陶庵梦忆》卷三

[1] 崇祯五年:即公元1632年。崇祯为明思宗朱由检的年号(1628—1644)。

[2] 西湖:在今浙江杭州,又称武林水、西子湖、钱塘湖、明圣湖。湖周约十五公里,孤山峙立湖中,小瀛洲(三潭印月)、湖心亭、阮公墩三小岛鼎立湖中,苏堤、白堤将湖面分为外湖、里湖、岳湖、西里湖与小南湖五部分,风景优美。

[3] 更定:古代五更计时中的初更时分,相当于现代计时晚八时左右。每更约相当于现代计时的两小时。

[4] 拏(ná 拿):牵引。这里谓驾船。

[5] 毳(cuì 翠)衣:毛皮所制衣。

[6] 雾凇(sōng 松):雾滴因天寒在零度以下的树枝等物上所凝成的白色松散的冰晶,俗称树挂。沆砀(hàng dàng 杭去声荡):白气弥漫的样子。

[7] 长堤:指西湖苏堤,为宋代文学家苏轼任杭州知州时于元祐四年(1089)所筑,横贯西湖南北。

[8] 一芥:比喻小舟。语本《庄子·逍遥游》:"覆杯水于坳堂之上,则芥为之舟。"

[9] 大白:大酒杯。

[10] 金陵:今江苏南京市。

[11] 喃喃:形容人低语的象声词。

[12] 相公:旧时对读书人的敬称。

关 键 词

[**儒家**]

中国春秋末期孔子创立的学派。《汉书》卷三〇《艺文志》："儒家者流，盖出于司徒之官，助人君顺阴阳明教化者也。游文于六经之中，留意于仁义之际，祖述尧、舜，宪章文、武，宗师仲尼，以重其言，于道最为高。"近代有学者认为，"儒"的前身是古代专为贵族服务的巫、史、祝、卜；在春秋社会大动荡时期，"儒"失去原有的地位，由于他们熟悉贵族的礼仪，便以"相礼"为谋生职业。按这种说法，春秋末期，"儒"指以相礼为业的读书人。自孔子出，儒家始成学派，以崇尚"礼乐"和"仁义"，提倡"忠恕"和"中庸"之道为职志，重视伦常关系，主张统治者实行"德治"与"仁政"。刚健进取、积极入世构成儒家的基本特征。在先秦，儒家是诸子百家中较大的学派，孟子、荀子对儒家的发展，作用巨大，从而被韩非子称为"世之显学"（《韩非子·显学》）。秦朝"以法为教"，汉初崇尚黄老，儒家学说难以彰显。西汉汉武帝采纳董仲舒"罢黜百家，独尊儒术"的建议，儒家地位迅速提高，逐渐成为我国古代社会占统治地位的学派。唐中叶韩愈以儒家思想的承传者自诩，为对抗佛、老的传播，在其《原道》一文中提出儒家的"道统"说："尧以是传之舜，舜以是传之禹，禹以是传之汤，汤以是传之文武周公，文武周公传之孔子，孔子传之孟轲。"宋明理学，无论程朱学派抑或陆王学派，在传统儒家的哲学化建设中功不可没。其中程朱学派更适合于专制统治者的需要，因而在元、明、清三代被推奉为官方哲学。王阳明心学则对晚明文人士大夫个性解放思潮有推波助澜之功。"五四"新文化运动以后，以熊十力、牟宗三等为代表的新儒家兴起,力主会通中西,意图在中国传统哲学基础上发展出民主与科学等现代思想,是谋求中国社会与传统文化现代化的一个学术思想流派。吴光《儒学:中国传统文化的主导思想》一文归纳儒学有云:"将传承两千多年的儒学归纳为六种基本形态,即先秦子学、汉唐经学、宋明理学、清代实学、近现代新儒学和当代新儒学。"(载《教育文化论坛》2015年第4期)可参考。

[道家]

中国古代重要的思想学术派别之一,是以"道"为核心概念的哲学世界观,认为"道"是自然界和人类社会的最高法则。道家对中国政治所产生的影响仅次于儒家和法家,形成于春秋战国时期,创始人为春秋晚期的老子。其称最早见于汉代司马谈的《论六家之要指》,《汉书》卷三〇《艺文志》因之:"道家者流,盖出于史官,历记成败存亡祸福古今之道,然后知秉要执本,清虚以自守,卑弱以自持,此君人南面之术也。合于尧之克攘,《易》之嗛嗛,一谦而四益,此其所长也。及放者为之,则欲绝去礼学,兼弃仁义,曰独任清虚可以为治。"战国时期,道家思想进一步发展,代表人物为庄子、杨朱、列御寇、田骈等人。杨朱主张"贵己",列御寇主张"贵虚",田骈以"齐生死,等古今"为其思想主旨,庄子则较系统地发展了老子的思想。秦以后,道家思想随着历史条件的变化逐渐发生改变。西汉初的黄老之学和魏晋时期的玄学都是道家学派的演变形式。宋以后,由于宋明理学的出现,道家学派逐渐消失。道家认为天下万物生于有,有生于无,所谓"道生一,一生二,二生三,三生万物",其本质就是"无"。"无为而治","不尚贤,使民不争","绝圣弃智"等,是道家的基本政治主张,"邻国相望,鸡犬之声相闻,民至老死不相往来"则是其小国寡民社会的政治理想。逃避现实与向往隐逸,又是文人士大夫中信奉道家思想者的人生价值取向。

道教与道家有一定联系,但绝非等同。道教作为我国本土产生的宗教,以"道"为最高信仰,产生于东汉中叶汉顺帝时,张陵在四川鹤鸣山首创"五斗米道",并自称天师,故后世又称之"天师道"或"正一道",至元代与"全真道"同为道教之两大重要派别。道教将老子及其《道德经》加以宗教化,称老子为教主,尊为神明。其创始时主要流行于民间,并与农民反抗势力相结合。在其后的发展中,道教一部分势力在某些历史时期曾卷入宫廷斗争,其大部分势力则在民间以通俗形式流传,并从中演化出一些秘密宗教组织,起到民间反抗专制统治的纽带作用。道教在其发展过程中积累了大量的经籍书文,已多编入道藏,成为中国古代文化遗产的一个组成部分。中华传统文化中"儒道互补"中之"道"多指称道家学说,"三教合一"中之"道"则一般指称道教。

[佛教]

佛教与基督教、伊斯兰教并列为世界三大宗教之一,为距今三千多年迦毗罗卫国(故址在今尼泊尔境内)王子乔达摩·悉达多(尊称释迦牟尼,约前563—前483,是为佛祖)所创立。据说佛祖年十九(一说二十九)岁即入雪山苦行,六年出山,在迦耶山菩提树下得悟世间无常和缘起诸理,在鹿野苑初转法轮,说苦集灭道四谛及八正道,主张"众生平等"、"有生皆苦",以涅槃(超脱生死)为理想境界。佛祖四出传教凡四十余年,年八十示寂于拘尸那伽城跋陀河边娑罗双树间。佛教在后世传播中有小乘、大乘之分,并形成南传佛教、汉传佛教与藏传佛教三大派系。一般认为,汉传佛教于东汉明帝时传入我国,另有秦始皇时代传入、西汉哀帝元寿元年(前2)传入两说。汉传八宗为禅宗、天台宗、三论宗、法相宗、华严宗、律宗、密宗、净土宗。严格而论,禅宗不属于汉传佛教,却又是高度汉化的本土佛教,禅宗主张修习禅定,传说创始人为菩提达摩,下传慧可、僧璨、道信,至五祖弘忍下分为南宗惠能,北宗神秀,《六祖坛经》、《五灯会元》等是禅宗的经典。因宣扬直指心性,顿悟成佛,故在历代文人士大夫中广有市场。净土宗由东晋慧远大师(334—416)开创,唐代善导大师(613—681)传播,奉《无量寿经》、《观经》、《阿弥陀经》为正依经典,以宣念"南无阿弥陀佛"佛号求"往生西方极乐净土"为目的。因入门简易,净土宗在底层民众中传播迅速。佛教的经典全集称为《大藏经》,在隋以前称《一切经》。北宋开始雕印《大藏经》,以后历代皆有续刻。1982年开始编辑《中华大藏经》(汉文部分),于1984年陆续出版。全书共收佛书四千馀种,合计两万三千馀卷,是迄今为止世界上收集最全的汉文佛教全集。

[五经]

古代儒家五部经典的总称,即《诗》、《书》、《易》、《礼》、《春秋》。其称始于汉武帝建元五年(前136)。其中《礼》,汉时指《仪礼》,南北朝以后指《礼记》;《春秋》,后世并《左传》而言。汉班固《白虎通·五经》:"五经何谓?谓《易》、《尚书》、《诗》、《礼》、《春秋》也。"《新唐书》卷四八《百官志三》:"《周易》、《尚书》、《毛诗》、《左氏春秋》、《礼记》为五经。""五经"基本上是经过孔子和他的后学不断整理、补充而流传下来的,原有六种,《乐经》早佚。

《诗》亦称《诗经》,是中国最早的诗歌总集,共305篇,大抵为周初至春秋中叶的作品,分为"风"、"雅"、"颂"三类。《风》有15国风,《雅》有《小雅》、《大雅》,《颂》有《周颂》、《鲁颂》、《商颂》。

《书》亦称《书经》或《尚书》,为中国古代历史文献汇编。西汉初存28篇,即今文《尚书》。后来又出现了古文《尚书》。东汉末古文《尚书》失传,东晋时又出现了一批古文《尚书》,现在通行的《尚书》就是这样一部今、古文《尚书》的合编本。清代学者已经作出结论,东晋时出现的古文《尚书》是伪撰的,所以也称为伪古文《尚书》。

《易》亦称《易经》或《周易》,内容包括《经》和《传》两部分。《经》主要是64卦和384爻,说明卦和爻的为卦辞、爻辞;《传》包括解释卦辞、爻辞的七种文辞,共10篇。

《礼》亦称《仪礼》,后来加上《周礼》和《礼记》,合称"三礼"。《礼记》分《大戴礼记》和《小戴礼记》,以《小戴礼记》为主,系秦汉以前各种礼仪论著的选集,共49篇,是研究中国古代社会情况、儒家学说和文物制度的参考书。

《春秋》是一部编年体史书,起于鲁隐公元年(前722),终于鲁哀公十四年(前481),凡242年。解释《春秋》的有《左氏》、《公羊》、《穀梁》三传。《左氏传》即《左传》,又称《春秋左氏传》或《左氏春秋》,为编年体春秋史,据说为春秋时鲁国的左丘明所撰。以《春秋》记事为纲叙事,记述从鲁隐公元年(前722)至鲁哀公二十七年(前468)共二百五十余年的史实,比《春秋》经文多出十三年,多用事实解释《春秋》,其中也不乏一些古代传说。明清科举考试,八股文有"五经"题,应试者"各占一经",称本经。

[四书]

古代四部儒家经典《论语》、《大学》、《中庸》、《孟子》的合称。南宋理学家朱熹注《论语》,特从《礼记》中摘出《中庸》、《大学》,分章断句,加以注释,再配以《孟子》,题称《四书章句集注》,"四书"之名始立,后世即用作学习的入门书。

《论语》是孔子弟子及其再传弟子关于孔子言行的记录。西汉时有今文本的《齐论》和《鲁论》及古文本的《古论》三种,今本《论语》是西汉张禹糅合各本而成,内容记载孔子言行,是代表儒家思想的主要典籍,从汉代起就成为学生的必读教材。

《大学》是《礼记》中的一篇,其内容提出三纲领和八条目。

三纲领是"明明德"、"新民"、"止于至善";八条目是"格物"、"致知"、"诚意"、"正心"、"修身"、"齐家"、"治国"、"平天下"。上述纲领要目成为南宋以后理学家伦理、政治、哲学的基本纲领。

《中庸》亦属《礼记》中的一篇,内容肯定"中庸"是道德行为的最高标准,把"诚"看成是世界的本体。书中还提出"博学之,审问之,慎思之,明辨之,笃行之"的学习过程和认识方法。

《孟子》系战国时孟轲及其弟子万章等所著,一说是孟轲弟子和再传弟子的记录,现存七篇。书中记载了孟轲的政治活动、政治学说以及哲学、伦理、教育思想等。元仁宗皇庆二年(1313)定考试课目,必须在"四书"内出题,发挥题意规定必须以朱熹的《集注》为依据。明清科举考试,八股文有"四书"题,是决定考生中式与否的主要依据,其重要性超过八股文"五经"题。

[儒道互补]

作为哲学体系,儒家与道家两者异中有同,在中华传统文化中同属重要的思想学术资源,于各自发展的历史中取长补短,势所必然。儒家居于中国文化的显层,道家则处于中国文化的深层,魏晋玄学与宋明理学皆带有儒道互补乃至儒道释互补的印迹。作为个人修为,儒道互补或称"外儒内道",传统文人士大夫则多以之为处世保身之法,具有社会实践意义。刚健进取、积极入世,究心"克己复礼为仁",属于儒家的基本特征,遁世退隐、消极出世,讲求"自然无为",则是道家的基本特征。儒道互补即不同人格理想、人生态度与审美情趣的兼容并包,但它又不是杂糅并陈,而是有序的统一体。正因为这一统一体的隐性存在,才有可能令历代读书人实现"穷则独善其身,达则兼善天下"的人生境界。儒与道两者的人生价值取向截然不同,能够在一定条件下会通融合,完全取决于专制社会体制的生态环境,是士人行为约束与精神自由、人生责任与现实逃避、务实与超然的对立统一,"身在江海"而"心居魏阙",就体现了古代士人重智慧与重理性两种人生态度的相辅相成。面对社会理想与现实的矛盾,正是"儒道互补"提供了古代文人士大夫于艰苦卓绝中可以泰然处之的哲学基础。与士大夫"外儒内道"处世原则相联系的是从汉朝一直到明清的历代统治者"外儒内法"的治国理念,即在"仁德"的外衣下,崇尚权术,遵循霸道的法家路线。《汉书》卷九《元帝纪》记述汉宣帝教诲其太子说:"汉家自有制度,本以霸王道杂之,奈何纯任德教,用周政乎!且俗儒不达时宜,好是古非今,使人眩于名实,不知所守,何足委任?"可见无论"儒道互补"还是"儒法互补",对于文人士大夫或帝王而言,都是以实用性、有效性为第一要务。

[三教合一]

在中国古代思想史中,"三教合一"说常被用来总结唐代以后传统文化的发展趋势,但有所针对性的议论,文献典籍中又难以寻觅。儒家学派能否以"教"为名,姑且不论,三教并称,正史中始见于《周书》卷五《武帝纪上》:"(建德二年)十二月癸巳,集群臣及沙门、道士等,帝升高座,辨释三教先后,以儒教为先,道教为次,佛教为后。"所谓"三教",自魏晋南北朝时期并立于社会之日起,相互间就既有竞争排斥的一面(如东汉以后有关"老子化胡"的争论),又有融通互补的可能;而执"三教一致"说者又各自皆立于本位立场会通融合其他两者,也无非出于弘扬自身的目的。如两宋间临济宗大慧宗杲(1089—1163)就意图援儒入禅,光大禅门。而金代全真教的创始者王重阳(1113—?)主张三教同源、三教合一,以《道德经》、《般若波罗蜜多心经》、《孝经》为主要经典,也是以道教为本位兼取佛、儒家言。明代主张"致良知"的阳明心学,就曾用"三间屋舍"比喻三教只是一家。晚明三一教主林兆恩(1517—1598)因崇尚阳明心学而悟三教合一之理,其后民间宗教在创立发展过程中也多用"三教合一"说以招徕信众。清初蒲松龄《王如水〈问心集〉跋》:"佛曰'虚无',老曰'清净',儒曰'克复',至于教忠教孝,则殊途而同归。"然而部分文人士大夫对于"三教合一"不无抵触情绪,如明清之际理学家陆世仪(1611—1672)在其《思辨录辑要》卷三一就说:"三教合一之说,若粗粗看去,未有不以为然者。予少时亦每有此想。自丁丑用力于斯道之后,日渐将二氏来比并,始知二氏之于吾道相去天渊,实有强之而不能合者。非欲护持吾道而漫为此辟异端之论也。世人不察,群奉其说,只是不曾用力于吾道耳。""三教合一"说至今仍是一个值得深入研究的问题。

[内圣外王]

"内圣外王"属于儒家传人对儒家学说一个高度概括的术语,简言之即指内具圣人之才德而对外施行王道。但"内圣外王"一词并非源于儒家文献,而是出自道家经典《庄子·天下》:"是故内圣外王之道,暗而不明,郁而不发,天下之人各为其所欲焉以自为方。"这里的"内圣外王之道"是概括中华学术精华的用语,属于人格理想与政治理想的统一体。诚如清末梁启超所释:"'内圣外王之道'一语,包举中国学术之全部,其旨归在于内足以资修养而外足以经世。"(见陈鼓应《庄子今注今译》)儒家传人借用此四字术语概括自家学术,意在强调儒家思想在中华传统文化中所占据的首要地位。详言之,《大学》有关教育八条目中的"格物"、"致知"、"诚意"、"正心"、"修身"五项即属于所谓"内圣"范畴,意即通过自我修养成为圣贤。八条目中的后三项"齐家"、"治国"、"平天下"则属于"外王"范畴,外王即是在内心修养的基础上通过社会活动推行王道,是创造大同和谐社会的一门学问。内圣是基础,外王是目的,"内圣外王"的统一是儒家学者追求的最高境界。以孔子的言行而论,他主张仁德的实现全凭自己,《论语·颜渊》:"克己复礼为仁。一日克己复礼,天下归仁焉。为仁由己,而由人乎哉?"《论语·述而》:"仁远乎哉?我欲仁,斯仁至矣。"这是实现"内圣"的主观必要条件。孔子又主张通过自我修养逐步达到自我人格的完善,《论语·宪问》所谓"修己以敬"、"修己以安人"、"修己以安百姓",这可以视为达到"外王"境界的三个步骤。"内圣外王"历经春秋战国时代、魏晋南北朝时代、隋唐时代、宋元明时代、清代、近代乃至现代,"内圣"的要求变化不大,"外王"则有其不同的时代要求,但"仁义"的核心地位,在儒家看来则是不可动摇的。

后 记

《易》曰:"飞龙在天,利见大人。"盖同气同声,各从族类;不愤不启,惟在恒心。周公躬吐握之劳,故有圉空之誉;齐桓设庭燎之礼,乃成匡合之功。欲风云际会,必求贤若渴。抱荆玉,垂光虹霓;握蛇珠,增晖日月。然而十年树木,百年树人。剖蚌求珠,滥施何益?凿石索玉,豪赌难为。古人崇道德,重仁孝,谨庠序之教;陈礼乐,倡弦歌,行教化之方。晨作夜兴,张良得书于圯上;朝闻夕死,黄霸受经于狱中。苏秦之锥铦达,车胤之囊淳燿。为仁由己,学为人师。坐帷诵书,隔幔讲礼。善诱博喻,孜孜谆谆。移风易俗,即朽木亦可雕;重情尚义,乃金石真可镂。得士者富,亭长之过仲已多;失士者贫,重瞳之逝骓绝唱。见说龙蛇来复,原本鸡虫得失。具臣扬眉,贤者束手。兹为天意,抑岂人谋?与师处,天子有帝者之尊;与臣处,人君有霸者之暴。霸王道杂之,汉家自有制度。是以分阴辨阳,柔刚迭用;外儒内法,仁术并行。故而群贤俯首,导向内圣外王;至于末造经纶,系心中体西用。补天可待,有女娲之巧施;移山何忧,看夸娥之伟力。异代接武,殊途同归。此则中土治国用人之大较也。

黄金累万,不如一贤。儒者待沽,惟求善贾;人臣恋主,意在良禽。致道忘心,或养威严于军旅;修德虚己,或逞慧业于庙堂。"冀以尘露之微,补益山海;萤烛末光,增辉日月。"八斗才何谦逊乃尔！至于园绮之栖商山，管宁之默辽海，皆高节自守，亦非钓誉沽名者比。又有修身于内，成名于外者：濠梁之气特多，跌宕之情弥远。韬光遁世，慕道同尘。确乎之情，峰横海外；介然之志，峭耸霜崖。鸥鸟无猜，水云得意。荣期之三乐，张衡之四愁，亦已焉哉。挥嵇弦而蜡阮屐，趣登三径；操吴戈而舞越剑，意在四方。封侯庙食，居闲养志，富贵情与澹泊心同在；梁竦自负，适见两难。仕隐虽有分途，萝衮原无二致。燕雀之谋可嘉，爽鸠之乐安在？言贵则金张耿邓，说富则卓郑猗陶。权乎祸福之门，古今之通义；终乎荣辱之算，天地之常经。得鹿非真，失马为福。苦乐相倚，吉凶互伏。贺者在门，吊者在闾。华胥畅目，奈何庄叟称蝶；丹穴困身，却是错枝来凤。此则士君子处世之万象也。

　　人生电谢，世事云浮。修身者，智之符也；爱施者，仁之端也。厚味来殃，艳色危身。浴者振衣，沐者弹冠。修己以敬，难免砥砺攻错；与人为善，即须柔立宽容。讲信归仁，儒家之仪轨；明心见性，禅宗之宝筏。至于荣辱等观，物我兼忘，诚老庄之无为，因循以为用也。三教同源，或曰互补之托始；八政齐举，咸谓同休之有终。郭伋守信西河，季札挂剑徐墓。幼安有挥金之举，子罕标让玉之贤。席门瓮牖，四壁之室不空；蓬户蒿床，一瓢之水多旨。光参日星，德象天地。克勤克俭，知微知彰。缟纻结情，鹡鸰生爱。胸中自有丘壑，目下岂无阿奴。潜心五噫，伯鸾因而多思；知己一人，仲翔可以无恨。痂嗜无非偏至，书淫亦属痴心。室无勃豀，世非凿枘。人知礼让，官识廉隅。不乏青眼人，颇多素心侣。此则历代读书人修齐治平之要义也。人民文学出版社筹划"中国传统价值观丛书"，责予应《修己以敬》之选编，以为当世借鉴赓续之资。《诗》曰:"周虽旧邦,其命维新。"此之谓乎!

　　是为记。

乙未冬月赵伯陶记于京北天通楼